KB267045

유교사상과 한국사회

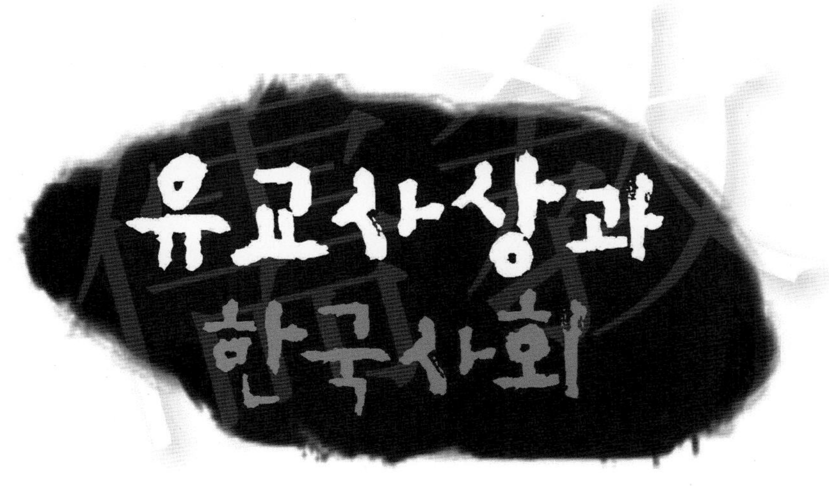

금장태 지음

한국학술정보㈜

머리말

　유교에서 세계를 이해하는 방법에는 다분히 식물적 생명의 유기체적 구조로 접근하는 경향이 있다. 유교가 농경사회의 전통 속에서 발생하고 성장하였기 때문일까? 그래서 유교사상은 항상 토양의 조건과 뿌리의 생명력에 관심을 모으는가 보다. 생명은 무엇이나 이 토양과 절후에 순응하여 살아갈 수 있다는 기본적인 제약을 받고 있다. 유교사상의 존립을 위해서는 그 뿌리가 무엇인지를 확인하고, 절후에 때맞추어서 해야 할 일을 알아야 한다.

　유교가 뿌리내리고 자랐던 토양은 가정과 국가와 천하라는 크고 작은 사회의 들판이다. 들판이야 넓거나 좁거나 유교가 내린 씨앗의 뿌리는 하나이다. 그것은 나의 생명이면서 백성의 생명이기도 하다. 물론 백성은 객체요 나의 존재는 주체로서 엄격하게 구별되는 입장이다. 백성을 통치 대상으로만 파악하던 신분주의적 지배자중심의 논리에서 빠져 있는 것이 아니다. 오히려 유교사상은 백성을 뿌리로 하고 그 기반 위에 통치계층이나 사회제도를 구성한다는 민본사상의 새로운 차원을 열어놓았다. 유교 이념에서는 나의 존재를 인격적으로는 선비로 파악하면서 사회적으로는 백성으로 파악하고 있음을 유의할 필요가 있다. 백성의 뿌리가 튼튼하였을 때 유교사회는 건강하였고 좋은 결실도 풍성하였으나, 백성의 뿌리가 메말랐을 때에는 유교사회가 병들고 아무 결실도 못 맺는 껍질만 남기고 말았다.

　한국 사회는 오랜 역사를 통하여 유교사회를 형성하였다. 유교사상은 사회의 토양에 적합한 자신의 성격을 형성하였지만, 다른 한편으로는 이 사회 기반을 유교사상이 성장하는 데 적합하도록 개량하는 역할도 하였던 것이 사실이다. 따라서 한국 사회가 지닌 유교 이념적 기반과 그 깊이를 파악한다는 것은 오늘날에도 매우 중요한 의미를 지닌다고 하겠다.

오늘날 한국 사회는 역사적, 사회적으로 급격한 변동을 겪고 있다. 그리고 전통사상으로서의 유교 이념도 심한 충격과 동요를 겪고 있다. 이러한 역사적 변동을 겪은 다음에 전통 이념의 재해석과 새로운 사회질서와의 만남에서 일어나는 문제를 검토해보는 것은 매우 의미 있는 문제이다. 오늘날 유교가 지녀야 할 사회사상은 시대사회 속에서 변화하는 요소와 변화 속에서도 지속시켜 가야하는 불변의 요소를 훨씬 섬세하게 가려내고 엮어가는 무척 꼼꼼한 작업이 요구된다.

이 책의 제1부에서 유교사상이 지닌 사회사상의 체계를 전반적으로 이해하면서, 특히 유교적 사회사상의 뿌리를 이루고 있는 백성[民]의 문제와 사회질서의 기본 규범인 정의[義理]의 문제에 별도의 관심을 기울였다. 제2부에서 우리의 전통사회에서 유교 이념이 역할 하였던 다양한 기능과 유교적 사회구조를 이해하려는 시도를 하고 있다. 제3부에서는 오늘의 한국 사회에서 사회질서의 변동과 더불어 유교적 이념의 자기 변혁 내지 그 역할의 다양한 가능성을 검토해 보고자 한 것이다.

이 책에는 나의 미숙한 관심과 서툰 솜씨로 문제를 찾아다니며 방황하였던 과정을 그대로 드러내놓았다. 부끄럽고 두렵기 짝이 없다. 다만 앞으로 동학 선후배가 함께 가는 길에 많은 교시를 받으면서 징검다리에 돌 하나를 놓을 수 있었으면 하는 작은 소망을 가져본다.

이 책은 1987년 초판이 나오고 오랫동안 절판이 되었었는데 한국학술정보(주)에서 기회를 얻어 재출간하게 되었다. 출판을 허락해 주신 채종준 사장님께 깊이 감사드리며, 교정을 맡아준 서울대 대학원 종교학과 박병훈 군에게 고마운 마음을 밝혀둔다.

2008년 7월
관악산 그늘에서 금장태 적음

목 차

제3부 현대 한국사회와 유교 / 207

제1부 유교의 사회사상

1. 유교에서의 사회문제

　가장 일반적으로 유교를 정의할 때 '자신을 수양하여 사람을 다스리는 도리[修己治人之道]'라 한다. 여기서 사람이라는 말은 인간일반을 뜻하기도 하지만, 나 자신에 상대한 남, 곧 다른 인간을 의미하기도 한다. 나와 남이 함께 만나는 인간관계의 결합이 사회의 기초이고 유교는 사회적 인간관계를 근본과제로 삼고 있는 것이다. 자신을 수양하는 것은 남을 다스리는 것을 목표로 삼고 있는 것이고, 남을 다스리는 일은 자신의 수양을 기초로 하여 가능한 일이다. 따라서 나와 남은 서로 분리된 것이 아니라 결합된 하나의 사회적 세계 안에 있는 것이라 할 수 있다.

　유교의 기본 성격으로 흔히 인간중심적이라거나 현세주의적이며 도덕적인 성격을 지적하고 있다. 인간의 문제는 내면적 성품에 관한 문제를 포함하여 인간관계의 문제를 중요시하고 있음을 의미한다. 그런데 '人間'이라는 말 자체가 사람과 사람 사이의 인간관계를 가리키는 것이다. 나와 남이 만나는 인간관계에서, 유교의 기본적 인식은 본말론적(本末論的) 논리에 따라 나를 근본으로 하고 남을 지말로 하는 것이다.

곧 인간사회의 구성에서 자신을 근본(뿌리)으로 삼은 주체적 중심성을 전제로 한다. 이러한 자기 중심성의 의식은 사회를 부수적인 수단으로 삼을 수도 있다. 그러나 유교의 입장은 나의 존재를 중심으로 하면서 나와 남을 분리시키는 개인주의적 의식이 빈약하고, 오히려 남과의 결합을 중요시하는 사회성을 지향하고 있다. 여기서는 개인과 사회가 대립적 구조로 이해되는 것이 아니라 상호 완성적 관계로 파악되는 것이다. 현세주의도 사후세계에 대한 관심이 부족하다는 평가이기는 하지만, 사실상 유교의 중심 영역이 인간관계의 사회적 범위에 놓여 있음을 의미한다. 또한 유교적 도덕성은 인간관계의 생활규범이 주제가 되고 있다. 모든 인간의 내면적 덕성은 그 자체로서 사회적 덕목이 되고 있는 것이 사실이다.

유교는 사회가 인간관계의 결합으로서 어떻게 이루어져야 할 것인가에 많은 관심을 기울이고 있다. 결합의 규모에 따라 여러 형태의 사회적 양상이 드러나고 있으며, 이러한 사회형태들을 형성하는 구조와 체계에 대한 이해에는 유교적 이해의 독특한 의미가 부여되고 있다. 사회는 단순한 인간의 집합이 아니라 질서 있는 결합으로서의 사회적 법칙이 있다. 여기에 유교적 사회규범이 제시된다. 유교적 사회규범은 도덕성의 원리들을 실현하고 있는 것이기도 하다. 그것은 사회적 관계에 질서와 조화를 부여하고, 이러한 질서를 통하여 인간적 삶을 성취하는 이상이 제시되고 있다.

유교적 사회체계와 규범들은 역사적 조건을 반영하고 있다. 유교의 보편적 신념은 사회적 내지 역사적 조건을 통하여 실현되는 것이다. 따라서 사회의 변동과 역사적 변화에 적극적인 관심을 지니고 있다. 그리고 변화의 결과를 수용하여 합법화시키는 수동적 태도를 넘어서, 적극적으로 변화를 이끌어가는 능동적 태도를 내포하고 있다. 이러한 능동적 변화는 유교의 보편적 이상에 따라 시대사회 속에 제시되는 것이요, 여기에 유교의 현대사회적 역할도 제기될 수 있다.

2. 유교적 사회구조와 체계

유교의 전통사회는 기본단위가 가정이고, 향당(鄕黨; 지역사회)·국가·세계(천하)의 범위로 확장되는 체계를 보여준다. 이러한 사회단위는 자신을 중심으로 위와 아래(상하) 그리고 좌우(수평)의 계층적 구조를 이루고 있다. 가정·향당·국가·천하의 단위가 결코 단절된 관계가 아니라 확장적 체계를 이루고 있다는 사실은 자신을 중심으로 하여 동심원적 확대를 의미하는 것이다. 또한 작은 단위의 사회형태가 더욱 기초적 단계를 이루는 계층적 층 구조를 보여주는 것이라고도 할 수 있다. 이때 사회단위들 사이는 배타적 관계가 아니다. 가정을 중요시하는 것이 국가를 배제할 때 가능한 것이 아니요, 국가를 강조한다고 가정이 해소되지도 않는다. 이러한 사회 체계에서는 모든 부분적 단위가 전체적 단위와 유기적으로 결합되어 있고 조화를 이루고 있다. 유교적 사회체계가 유기적 연관성을 갖고 동일한 중심의 확장으로 파악될 수 있다는 점에서, 사회는 법률적 약속에 의해 인간이 조직한 구성체로 이해되는 것이 아니라, 인간의 자기실현과정에서 성장되는 결실로서 받아들여진다고 볼 수 있을 것이다.

먼저 가정은 유교에서 가장 핵심적이고 기초적인 사회단위라 할 수 있다. 가정은 혈연적 결합인 부모자식과 씨족 사이의 성적결합인 부부로 이루어진다. 곧 가정은 혈연단위이면서 다른 혈연으로 열려 있는 조직이다. 유교의 가족의식에서는 조상에서부터 후손에로 혈연적 연결의 연속성을 중요시한다. 이미 돌아가신 조상들도 가정과의 소속관계를 유지하고 있다. 가묘에 모신 신주와 후손의 관계나 제사를 통한 조상신과의 만남을 통하여 살아 있는 후손은 돌아간 조상을 가족의 구성원처럼 받아들이고 있다. 조상과의 유대는 가정을 친족에게로 확대시켜 준다.

가족단위에서는 다르지만 같은 조상을 모시는 후손으로서의 친족은 유교적 공동체로서 강한 결속력을 보여준다. 오늘날에도 한국 사회에서는 핵가족화 현상이 확산되어 가고 있지만, 친족의식이 강하게 남아 있고 종친회가 활발하게 운영되고 있는 것이 사실이다.

유교사회의 가정에 내재하는 기본 구조는 부모자식의 상하관계에 따른 수직적 성격과 형제 사이에 장자(長子)·중자(衆子)로 구분되는 계통적 성격이라 할 수 있다. 부계사회의 원칙에 따라 부부 사이에도 '아내는 남편을 따른다.' [女必從夫]는 남자 중심의 구조가 지배한다. 부모와 자식 사이에 명령과 순종의 수직적 상하관계는 권위적 지배질서의 원형을 이루고 있는 것이다. 『주역』(周易) 「서괘전」(序卦傳)에서는, "부모와 자식이 있은 다음에 임금과 신하가 있고, 임금과 신하가 있은 다음에 위와 아래가 있고, 위와 아래가 있고 난 후에 예절과 의리를 둘 곳이 있다."라고 언급한다. 이는 모든 사회적 권위와 지배의 질서나 규범과 도덕성이 가정에서 부모와 자식의 상하관계로부터 발생되는 것이라 이해되는 것이다. 가정에서는 평등의 원리가 이끌어져 나오기 어려운 것이 사실이다.

형제 사이에서 장자(宗子)가 중심이 되는 계통적 성격은 종법제도로 나타난다. 형제가 성장하여 분가하더라도 장자가 중심으로 계통을 잇는 것은 친족집단 속에 구심점을 확립하는 것이다. 친족 속에서 가족단위가 수평으로 집합하는 것이 아니라, 장자를 중심으로 결합하는 구조를 보여준다. 종법적인 장자의 계통이 확립됨으로써, 친족집단은 가족단위를 넘어서 결합의 구심점을 확보하고, 동시에 친족의 연속성을 보장받을 수 있게 된다. 한 사회조직이 결합의 구심점과 공동체의 연속성을 형성하는 원리로서 종법적인 계통성이 가족 내지 친족단위에서 제기되고 있는 것이다. 또 부부 사이에서 남편이 기준이 되는 가부장적 질서도 권위의 단일한 정점을 확립하는 데 기능하고 있는 것이다.

가족과 그 확산인 친족의 범위를 넘어서 지역사회인 향당에서는 가족질서의 연장으로 어른과 젊은이의 연령별 등급에서 상하구조를 중요시한다.[1] 자기 부모를 존경하는 마음은 남의 부모에게까지 미치는 것을 요구한다.[2] 우리의 언어관습에서는 이웃을 친족의 호칭으로 부르고 있는 현상이 매우 뚜렷한 특징이다. 친밀감의 표현방법일 수도 있으나, 친족의식은 폐쇄적인 것이 아니라 매우 확산적인 성격임을 보여주고 있다. 지역사회 속에서 만나는 동일한 연령층 사이에 벗(붕우)의 관계가 형성된다. 붕우는 서로의 이해를 통한 친밀성으로 결합되면서 평등적인 관계를 이루는 것이다. 지역사회의 이웃에서 만나는 붕우관계는 사회 속에서 수평적 질서를 제기하는 것이라 할 수 있다.

국가는 가정과 더불어 유교적 공동체의 가장 중요한 형태로 이해된다. 유교의식에서는 국가도 가정의 확장이다. 가정은 축소된 국가요, 국가는 확장된 가정이라 할 수 있다. 임금은 백성의 아버지라는 뜻에서 '군부'(君父)라 일컬어지고, 아버지는 가정의 임금이라는 뜻에서 '가군'(家君)이라 일컬어진다. 장횡거는 『서명』(西銘)에서, "하늘을 아버지라 일컫고 땅을 어머니라 일컫는다. ……임금은 우리 부모의 맏아들(宗子)이요, 대신은 맏아들 집에 살림을 맡은 책임자(家相)이다"라고 하였다. 국가를 넘어서 천지의 우주도 가정의 연장으로 보았고, 임금과 백성의 관계를 가족에서 큰형과 아우의 관계로 설명하기도 하였다. 국가에는 최고의 통치구조가 내포되어 있다. 유교적 전통은 국가의 통치권위는 하늘이 부여해준다는 신념을 제시하였다. 임금은 천명을 받아서 백성을 통치하는 것이다. 이러한 왕권천명설은 왕권의 확고한 권위를 뒷받침하는 것이기도 하지만, 동시에 왕권은 하늘의 의지 내지 원리에 따라 시행되어야 한다는 책임을 규제하는 것이기도 하다. 하늘의 명령은 인간의 내면 속에 성품으로 부여되는 데서부터 모든 단계의 사회적 규범을 규정하고 있으며, 국가의 단위에서 통치권의 권위와 의무를 제시하고

---

1) 『孟子』, 「公孫丑上」, "鄕黨莫如齒."
2) 『孟子』, 「梁惠王上」, "老吾老以及人之老, 幼吾幼以及人之幼."

있다. 국가의 정치적·경제적·사회적·문화적 모든 생활양식과 제도는 천명의 수준에서 최고의 권위와 구속력이 있는 것으로 받아들여진다.

유교적 통치구조는 전통적으로 봉건신분제였다. 천자·제후·대부·사·서인의 신분계급은 사회구조의 가장 넓은 범위를 규정짓고 있다. 이러한 수직적 상하구조는 피라미드형의 안정성을 확보하는 것이었다. 한 국가에서는 한 사람의 천자나 제후의 통치 아래 관료계층으로 대부와 사가 있고 피지배층인 서인 곧 백성은 다시 중인·양인·천인으로 신분계층화하고 있다. 백성을 직업과 관련시켜 관료층인 사와 농·공·상의 직업에 따라 '四民'으로 분류하기도 한다. 신분계급은 국가적 조직에서 발생하는 것이요, 누구나 신분에 예속되어 제약을 받게 된다. 봉건적 신분제도는 유교전통이 뒷받침하였고, 사회적 질서를 유지하는 데 기능하였던 것도 사실이다. 그러나 유교 이념에는 신분적 질서와 더불어 인간의 인격성에서 보편적 평등성에 대한 신념도 제기되어 왔다.

유교전통에서는 가정의 부모, 향당의 어른, 국가의 임금과 관장이 모두 교육을 담당하는 스승의 역할을 맡고 있다. 임금은 백성을 가르치는 임무를 지녔다는 뜻에서 '군사'(君師)로 일컬어진다. 물론 유교 이념을 전문으로 교육하는 선생은 특별한 권위와 존경을 받고 있다. 유교사회는 하나의 커다란 학교조직으로서의 성격을 지니고 있는 것이 사실이다. 문화는 교육을 통하여 계승되고 발전될 수 있는 것이다. 한 사회의 풍속은 인간의 욕망과 의지가 자연 상태로 발현된 것이 아니라 사회의 통치자가 바른 길로 이끌어가고 변화시키는 것이다. 유교의 사회적 기본기능은 곧 교화(敎化)[가르쳐서 착하고 아름답게 변화시키는 것]이다. 어떤 의미에서 유교의 정치는 교화를 추구하는 것이며, 유교사회의 통치체계는 교화체계라 할 수 있다. 예절이 유교의 기본적인 사회규범이라 한다면, 사회의 상층은 예절의 모범을 보이고 하층을 예절로서 교화하는 것이다.

유교의 사회체계는 가족에서 국가로 범위가 확장하는 데 따라 이전의 작은 규모의 질서를 버리는 것이 아니라, 가족의 구조를 국가에서까지 유지하면서 새로운 질서를 첨가하는 형태의 누적적인 성격을 지니고 있다. 이러한 사회체계의 층 구조는 서로 극복되고 단절된 것이 아니요, 서로 침투되어 유기적으로 결합되어 있다. 정약용은 국가도 개인의 한 신체적 유기성을 그대로 내포하고 있는 것으로 파악한다. 곧 정부는 백성의 심장과 간에 해당하며, 백성은 정부의 팔다리에 해당한다. 심장·간과 팔다리 사이에는 근육과 신경이 이어져 있고 핏줄이 통하는 것이어서, 한순간도 끊어질 수 없는 것이라 보았다.3) 유교사회에서는 가정과 국가가 이해관계에서 서로 대립하는 상황에 부딪힐 경우가 있다. 가족의 이익을 앞세우면 국가에 손해를 끼칠 수 있고, 국가의 이익을 앞세우면 가정에 손해를 끼칠 수 있다. '대의멸친'(大義滅親;『春秋左傳』, 隱公 4년)이라는 언급처럼 국가적 문제에 있어서 가족적 이익을 희생하라는 요구로 나타나기도 한다. 그러나 신라의 김흠춘이 전쟁터에서 아들 김반굴에게 "(국가의) 위기를 당하여 생명을 바치는 것이 (국가에 대한) 충성과 (부모에 대한) 효성을 다하는 것이다"4)라고 말하는 경우처럼, 국가적인 요구가 가정의 요구에 진정한 깊이에서 일치하는 것으로 파악되고 있는 것이 사실이다.

사회체계 속에서 상하적인 구조는 사회의 질서를 확보하는 기능을 갖고 있다. 개별적인 이해관계의 대립이나 판단의 대립에서 하나의 통일된 권위는 분쟁을 해소시켜줄 수 있는 것이 현실이다. 그러나 유교사회의 통치 질서는 반드시 권위적인 지배체계에 의하여 유지되는 것은 아니다. 가정에서나 국가에서도 전체의 조화를 통합의 기본 원리로 받아들이고 있다. 여기서 조화는 개별성이 보존되는 것으로서 획일적인 동화와 구별된다. "군자는 조화하지만 동화되지 않고, 소인은 동화되지

---

3) 『與猶堂全書』, 第1集, 卷 19, 15張, 「與金公厚」, "朝廷者生民之心肝, 生民者朝廷之四體也, 筋絡連湊, 血脈流通, 不能一息容有隔絶."
4) 『三國史記』, 「列傳 金欽春條」.

만 조화하지 못한다."(『논어』·「子路」)라는 공자의 언급에서 동화가 아니라 조화를 사회질서의 기준으로 확인할 수 있다. 조화는 상하적 신분질서에도 불구하고 서로의 자주적인 입장을 존중하는 평등의 원리를 제기한다. 가정에서 부모와 자식의 위계가 아무리 엄격하다할지라도 가족구성원의 자기 위치는 독립된 인격으로 확립되어 있다. 남편이 아내의 역할에 관여하지 않고, 아내가 남편의 역할을 넘어서지 않는다. 형제가 서로 자기 독립성을 침해하지 않는다. 국가에서도 신분제도와 더불어 가정의 상호 독립성이 침해되지 않고 있다.

공자가 "임금은 임금답고, 신하는 신하답고, 부모는 부모답고, 자식은 자식다워야 한다"(『논어』·「顔淵」)라고 제시한 명분론에는 신분적인 상하관계와 더불어 직분적인 상호관계가 포함되어 있다. 상하의 수직적 질서는 지배의 하향적 권위구조로 강화될 때에 유교사회가 속박이 심하고 불평등한 상태에 빠져버리게 된다. 역사적으로 볼 때 유교사회에 인간성을 억압하는 권위주의가 번성하였던 것이 사실이다. 그것은 유교의 이념이 쇠퇴하고 세속적인 욕망에 의하여 권위적 지배기능만 강화된 현상이다. 즉 상하적인 구조와 상호적인 관계의 조화가 깨어지면서 유교전통사회는 비인간적인 지배 체제로 타락하였던 것이다.

개인과 개인 사이나 가족구성원으로서 부모와 자식 사이나 국가에서 임금과 백성 사이에 서로의 개체성을 존중하지 않으면서 조화가 깨어졌을 때, 거역과 침탈의 혼란이 일어났다. 공자에서 맹자에 이르는 시기의 춘추전국시대는 이러한 혼란기의 표본이었다. 여기서 공자와 맹자 등에 의해 제기된 유교 이념은 전통의 상하적 질서를 폐기하는 것이 아니라 재건하면서 상호적인 조화의 질서를 강화하는 것이었다. 명분론에서는 상하구조 속에서 상호 역할을 확립하고자 한다. 유교 이념은 먼저 사회구조의 핵심이요 주체인 인간의 근원적 인격성을 확인하고 정립하는 데서 출발하였다. 상하관계의 위계도 지배적 기능보다는 의무적 의미로 해석하였다. 부모는 자식에게 명령하는 권리를 갖는 사실이 중요한 것이 아니라 자식을 사랑하고 가르치는 책임이 중요하며, 임금은 백성을 지배하는 권력보다도 백성을 안정하게 하고 보호하는 의무를 확인하고 있다. 유교의 사회구조는 유교적 사회규범을 통하여 정립될 수 있는 것이다.

3. 유교적 사회규범

  유교적 사회규범은 인간의 본성에 근거를 두고 있는 것이다. 인간의 본성을 '인'(仁)이라 할 때에, '인'은 공자에 의하여 '사람을 사랑하는 것'[愛人]으로 정의된다.(『논어』·「顔淵」) 사람을 사랑하는 것은 곧 인간이 다른 인간과 관계를 맺는 것이요, 인간의 본성은 다른 인간과의 관계를 통하여 드러나는 것임을 보여준다. 부모의 자식에 대한 사랑인 '자'(慈)와 자식이 부모에 대한 '효'(孝)와 형제 사이의 사랑인 '제'(弟)가 가족관계 속에서 '인'을 드러내는 것이다.(정약용, 『大學公議』) '인'은 인간이 인간에 대한 사랑으로서 평등의 원리이다. 부모와 자식 사이에도 '효'와 '자'를 통하여 상하적 관계를 존중하면서도 '인'의 상호적 표현이 이루어지는 것이다. 형제 사이의 '제'는 형이 아우에 대한 '우'(友)와 아우가 형에 대한 '공'(恭)으로 상하적 위계를 존중하면서 수평적 '인'을 실현한다.

  가족 사이의 유교적 규범은 '친'(親)으로 제시되기도 한다. '친'은 서로의 사랑을 통한 친밀함이요, 곧 '인'의 현상이다. '인'은 가족에만 머무는 것이 아니라 이웃과 국가와 세계 속으로 확장되어 간다. 맹자가 "부모에게 친애하고, 백성에게 '인'을 베풀며, 사물을 사랑한다."(『맹자』·「盡心

上」)라고 한 것도, '친'·'인'·'애'가 가족과 사회와 자연까지 '인'의 확장으로 나타나고 있음을 보여주는 것이다. 공자의 일관하는 '도'(道)를 증자가 '충서'(忠恕)라고 규정하였을 때, 주자는 '서'(恕)를 정의하여 '나를 미루어 남에게 이르는 것'[推己及人]이라 하였다. 나와 남이 같은 마음으로 일치되는 결합은 곧 '인'의 표현이라 할 수 있다. '인'을 통하여 인간은 다른 인간과 사랑으로 결합할 수 있다.

'나를 미루어 남에게 이르는 것'으로서 '서'는 용서(容恕)와 구별하여 추서(推恕)라 규정되고 있다.5) 용서는 나의 정당성을 전제로 하고 남의 잘못을 용납하는 자기 우월성을 내포한다. 이에 비하여 추서는 나와 남이 평등한 관계에서 한마음이 되어 일치하는 원리이다. 공자는 평생토록 실행할 한마디 말을 가르치면서, 그것을 '서'라 하고, "자기가 원하지 않는 것은 남에게 베풀지 말라"[己所不欲, 勿施於人]라는 격률로서 설명해주고 있다.(『논어』·「衛靈公」) 『대학』에서는 "윗사람에게서 미워하는 것으로 아랫사람에게 시키지 말고, 아랫사람에게서 미워하는 것으로 윗사람을 섬기지 말며, 앞사람에게서 미워하는 것으로 뒷사람을 앞서지 말며, 뒷사람에게서 미워하는 것으로 앞사람을 따르지 말고, 오른쪽 사람에게서 미워하는 것으로 왼쪽 사람과 사귀지 말고, 왼쪽 사람에게서 미워하는 것으로 오른쪽 사람과 사귀지 말라"는 훈계를 통하여 인간이 다른 인간과의 관계에서 상대방을 자기와 꼭 같은 인격으로 대하여야 한다는 평등의 사랑을 가르친다. 이것이 '혈구(絜矩)의 도(道)'라 일컬어지는 것이요, 바로 '서'이며 '인'이기도 하다.6)

유교의 사회규범은 '인'에 근거를 두고 있지만, 사회적인 인간관계의 구체적인 다양성에 따라 기본적인 규범체계가 제시되고 있다. 곧 부모

---

5) 『與猶堂全書』, 第2集, 卷 1, 35張, 「大學公議」, "恕有二種, 一是推恕, 一是容恕, 其在古經, 止有推恕, 本無容恕."

6) 朱子의 「仁說」에서는, "仁하면 사랑하니, 孝悌는 이를 쓰는 것이요 恕는 이를 베푸는 것이다"[仁則愛, 孝悌其用也, 而恕其施也]라 하여 仁과 愛·孝悌·恕의 연관성을 밝혀주고 있다.

와 자녀의 관계, 임금과 신하의 관계, 남편과 아내의 관계, 어른과 젊은이의 관계, 친구 사이의 관계로 5가지 유형을 나눈다. 이러한 인간관계의 유형을 인간사회의 가장 기본적인 형식으로 규정하여, 그 규범들을 '인륜'(人倫) 또는 '천륜'(天倫)이라 하고, 그 불변성을 강조하여, '강상'(綱常)이라 일컫는다. 그것은 친(親)·의(義)·별(別)·서(序)·신(信)의 오륜(五倫)이다. 그중에도 부자·군신·부부에서 부모와 임금과 남편은 기준이 되어야 한다는 의식에서 삼강(三綱)이 제기된다. 오륜은 인간사회의 상호 관계에 관한 규범으로서 결합의 원리를 제공하는 것이다. 이에 비하여 삼강은 인간관계에서 기준이 되는 지위를 밝히는 것으로 상하적 질서를 정립하는 데 의도가 있다. 이런 의미에서 오륜은 선진시대의 규범체계요, 삼강은 한대유교의 규범체계인 데도 불구하고 오히려 오륜이 중세적 계층질서를 벗어난 근대적 성격을 지니는 것이라 할 수 있다. 전통사회에서는 사실상 삼강과 오륜(5常)을 불변의 근본적 규범이라 하여 강상으로 일컬었다. 그러나 현대사회에서는 유교적 규범체계로서 삼강과 오륜은 심각하게 도전을 받고 있으며, 그만큼 개혁의 요구가 높아진 것이 사실이다.

오륜의 규범체계에 상응하는 인간심성의 도덕적 근거는 인·의·예·지·신의 5상이다. 처음에 맹자는 인간으로서 없어서는 안 될 심성적 조건으로서 4단(端)의 마음과 관련하여 인(仁)·의(義)·예(禮)·지(智)의 4덕(德)을 제시하였다. 이러한 4덕을 한대에 와서 오행설(五行說)에 따라 '신'(信)의 조목을 첨가하여 5상의 덕목이 성립된 것이다. 여기서 '인'이 모든 덕목의 기본이요, 단초가 되는 것이라면, '신'은 중심의 구심점으로 인식된다. '의'는 행위의 정당성이라면 '예'는 행위의 구체적 실천규범이요, '지'는 도덕성의 객관적이고 합리적인 판단기준을 제공하는 것이다. 이제 먼저 '의'를 해명하고 그다음에 '예'를 검토하고 끝으로 '신'을 논의하겠다.

'의'는 사회적 인간관계 속에서 가장 뚜렷하게 드러나는 규범이라 할 수 있다. '의'는 보편적인 당위규범으로서의 의미와 더불어, 사회적·정치적 질서와 경제적 질서 속에서 구체화되고 있다. 맹자는 '인'과 '의'를 대비시켜서, "'인'은 사람의 편안한 집이요, '의'는 사람의 바른 길이라"고 지적하였다. 집은 안이라면 길은 밖이라 할 수 있으며, 집은 정적이라면 길은 동적이라 할 수 있다. 『주역』(坤卦, 文言)에서는 '경'(敬)과 '의'(義)를 대비하여, '경'으로서 속을 곧게 하고 '의'로서 밖을 반듯하게 한다."고 언급하였다. 여기서도 '의'는 밖으로 향한 인간의 행동영역과 관련되어 있고, 또한 사회적 영역을 지향하고 있는 것임을 알 수 있다. 맹자가 모든 인간의 마음에 공통된 가치로 '이'(理)와 '의'(義)를 제시한 데 대하여, 주자는 주석하면서, "사물에 있는 것은 '이'이고, 사물에 대처하는 것은 '의'이다."(『맹자집주』·「告子上」)라고 해명하였다. '의'는 인간이 대상적 세계와 사회에로 지향하는 원리이며, 따라서 인간이 사물이나 다른 인간과의 관계에서 지켜야 할 정당성의 법칙이라 할 수 있다. 공자는 '의'를 인간의 보편적인 행동규범으로 확인하여, "군자가 천하의 모든 일에 대처하여서는 꼭 이렇게 해야 한다고 하거나 꼭 그렇게 하지 않아야 한다고 고집하지 않으며, 오직 '의'에 좇아서 행할 뿐이다."(『논어』·「里仁」)라고 언급하고 있다. 따라서 '의'는 고정된 행동양식을 결정해주는 것이 아니다. 인간의 모든 행동에서 작용하는 보편적 원리로서 인식되고 있다. '의'는 또한 실천되어야 할 규범이기 때문에 행동을 결단하는 용기를 요구한다. 공자는 '의'를 보고도 행하지 않으면 용기가 없는 것이다."(『논어』·「爲政」)라 하고, "군자는 '의'를 으뜸으로 삼는다. 군자가 용기는 있는데 '의'가 없으면 난을 일으킬 것이요, 소인이 용기는 있으나 '의'가 없다면 도적이 될 것이다."(『논어』·「陽貨」)라 하였다. '의'는 정당성의 원리이므로 실천의 용기를 추진력으로 추구하지만, 어떠한 경우에도 용기는 '의'에 어긋난다면 정당성을 지닐 수 없는 것이 되고 만다.

　사회적 인간관계에서 '의'를 기본규범으로 삼는 가장 뚜렷한 현상은 오륜에 의하면, 국가단위의 질서인 임금과 신하의 관계이다. 전통의 군주제 국가에서 임금과 신하의 관계는 확고한 상하관계이다. 그러나 '의'는 통치자인 임금이 결정하는 것이 아니라, 임금이나 신하를 동시에 제약하는 원리로서 상호적인 규범인 것이다. 신분의 상하적 계층질서에 적용되는 규범이라 하여 권위적이고 수직적 규범으로 이해될 필요는 없다. 이와 더불어 국가사회의 관계규범으로서 '의'는 가족 속에서의 부자관계에 적용되는 '친'의 규범과 특징적인 대조를 보여준다. "신하의 예법은 3번 간언하여도 듣지 않으면 떠나버리며, 자식이 부모를 섬길 때에는 3번 간언하여도 듣지 않으면 울부짖으며 따른다."(『예기』·「曲禮」)는 언급에서 볼 수 있는 것처럼 군신관계는 '의'로 맺어져서 '의'에 합치되지 않으면 떠날 수 있지만 부자관계는 '친'으로 맺어져서 '의'에 합치되지 않아도 떠날 수 없는 사실이다. '의'는 그만큼 가족 범위를 넘어선 사회질서 속에서의 객관적인 규범이라 할 수 있다. 공자가 군자의 4가지 도리를 제시하면서 "백성을 부리는 것은 의로워야 한다."(『논어』·「公冶長」)라 언급한 것이나, '지'를 설명하면서 "백성의 의로움을 힘쓰는 것이다."(『논어』·「雍也」)라고 언급한 것은 국가의 영역에서 백성을 통치하는 행위의 정당성 내지 국가 안에서 백성의 올바른 삶의 태도를 가리키는 정치적 규범으로 확인하고 있는 것이다.

'의'는 사회적 규범으로서도 가장 강렬하고 엄격한 행동규범을 제공해준다. 인간의 욕망에 따른 이해관계는 '의'에 의해 정당화되지 않으면 그릇된 것으로 규정되기도 한다. 한걸음 나아가 '의'를 지키기 위하여서는 살아갈 수 없는 어려운 상황에서는 "생명을 버리고서라도 의를 지켜라"[捨生取義]는 맹자의 격언이 있다. 이처럼 인간의 사회생활은 인간이 사물이나 다른 인간을 만날 때 모든 만남에서 이해의 조건까지도 '의'(의리)에 위배되지 않아야 하는 엄격한 도덕규범에 지배되고 있으며, 어떤 사회적 지위와 역할도 '의'에 합하는가 아닌가를 따라서 나갈지 물러설지를 결정하게 되는 이른바 '출처(出處)의 의리'에 지배되기도 한다. 나아가 국가와 국가 사이에도 '왕도를 높이고 패도를 낮추거나'[尊王賤覇], '중국을 높이고 오랑캐를 물리치는'[尊中華攘夷狄] 원칙의 춘추의리가 적용되기도 하였다. 이렇게 사회의 모든 범위에서 '의'를 행위의 결단에 기준을 제공하는 것으로 받아들인다.

'의'가 사회적 규범으로서 특별히 중요한 작용을 하는 것은 경제적 분배문제와 관련이 있다. 이익의 문제는 의리의 규범과 결합되어야 한다. 공자는 "이익을 만나거든 의리를 생각하라"(『논어』·「憲問」)고 언급하여, 이익이라는 소유의 문제는 '의'에 의해 정당화되어야 할 것을 요구하였다. 그러면서도 그는 "군자는 '의'에 밝고, 소인은 이익에 밝다"(『논어』·「里仁」)고 하여 이익과 의리의 상반성을 보여주기도 한다. 이익과 의리와의 관계는 전통적으로 상호 관련성을 강조하는 당위적인 지적과 상호 배타성을 지적하는 현실적인 반성 사이의 양면성을 보여주는 것이 사실이다. 『주역』(乾卦·文言)에서는 "이익은 '의'가 조화한 것이다"라 하여 '의'와 이익의 조화성을 당위적으로 지적하기도 하였다. 맹자도 혜왕에게 "임금께서 하필 이익을 말씀하십니까. '인'과 '의'가 있을 따름입니다."(『맹자』·「梁惠王」 上)라고 말하면서도, "어진 정치는 반드시 경계로부터 시작한다. 경계가 올바르지 않으면 정전의 땅을 분배하는 것이 고르지 못하고, 관리에게 봉급으로 지급하는 곡식의 분배가 공평하지 않게 된다."(『맹자』·「藤文公」 上)라 언급하여 '의'를 현실의 경제적인 분배제도 속에 기초를 두는 것으로 밝혀주고 있다. 경제적 분배문제는 정의를 실현하는 여부가 가장 민감하게 반영되는 곳이다.

전통사회는 신분사회요 따라서 신분의 세습적 고정화에 따라 각각의 주어진 분수가 다른 것으로 해명되고 있는 것이 사실이다. 그러나 신분주의 이념적 기초로서 확인되는 명분론은 단순히 봉건제도의 신분체제를 유지하기 위한 주장이 아니라 오히려 인간이 사회 속에서 부여받는 지위와 한계를 올바르고 균형 있게 지키도록 요구하는 당위적 명령의 성격을 갖고 있는 것이다. 공자가 제나라 경공에게 정치를 설명하면서

"임금은 임금답고 신하는 신하다우며, 부모는 부모답고, 자식은 자식다 워야 한다."(『논어』·「顔淵」)고 하였다. 그리고 그는 위나라에서 정치를 하게 된다면 먼저 해야 할 일을 제자인 자로에게 설명하면서, "이름을 바르게 하여야 한다."라 하고, 나아가 "이름이 바르지 않으면 말이 순조롭지 않고, 말이 순조롭지 않으면 일이 성취되지 않으며, 일이 성취되지 않으면 예악이 일어나지 못하고, 예악이 일어나지 못하면 형벌이 적중하지 못하고, 형벌이 적중하지 못하면 백성들이 손발을 둘 곳이 없게 된다."(『논어』·「子路」)고 하였다. 각각의 신분에 따른 역할이 규정되고 있어서 신분을 올바르게 조화시키자는 데 목적이 있는 것이지 신분적 권위를 절대화시키자는 신분주의적 입장은 아니다. 따라서 이러한 명분론은 명분을 바르게 한다는 정분론(正分論)이지, 신분을 고정시켜 유지하려는 정분론(定分論)이 아니다. 명분론의 진정한 의미는 각 인간의 사회적 역할을 바르게 함으로써 조화를 이루고자 하는 것이요, 그것은 신분에 관심을 갖기보다는 직분에 관심을 갖는 것이다. 이러한 명분론의 이상은 명분을 바르게 실현하는 것인 동시에 조화와 균형을 이루는 것인 만큼 '균분론'(均分論)이라 할 수도 있다.

　정약용은 정치를 규정하여 '바르게 하는 것'이라 하고, 동시에 '우리 백성을 균평 있게 하는 것'이라 하였다. (<原政>) 공자도 나라를 다스리는 자는 "백성이 적은 것을 근심하지 않고 소득이 고르지 못함을 근심하며, 빈곤한 것을 걱정하지 않고 상하가 편안하지 못함을 근심하라"(『논어』·「季氏」)고 언명하였다. 사회의 구성요소들 사이에 각각의 역할을 바르게 하고 서로의 균형과 조화를 이룰 수 있는 것이 사회의 정의로운 상태라고 할 수 있다. 유교전통사회에서는 고대 중국의 정전제도를 이상형으로 추구해 왔던 것도 분배의 균등을 기준으로 삼았던 사실을 보여주는 것이다. 유교가 지배계층의 이익을 중요시한다는 비난이 있어 온 것이 사실이지만, 유교 이념은 백성들에게 생활의 기반을 확보하고 균등한 사회를 실현하는 데 있다. 맹자는 "살아 있는 사람을 양육하고 죽은 사람을 장사지내는 데 유감이 없어야 하는 것이 왕도의 시작이다.”(『맹자』·「梁惠王」 上)라고 하였고, 임금이 자기만 즐거워하는 ‘독락’(獨樂)의 정치가 아니라 백성들과 함께 즐거워하는 ‘여민동락’(與民同樂; 與民偕樂)의 정치가 성왕의 바른 정치임을 강조하였다. 통치자와 백성의 관계에서도 “백성은 식량을 하늘로 삼고, 임금은 백성을 하늘로 삼는다.”는 격언에서처럼 백성을 중심으로 하는 민본정치의 원리에 따르면 백성이 착취의 대상이 아니라 보호하여야 할 대상이다. 균등한 분배는 많은 쪽에서 덜어다가 적은 쪽에 보태야 하는 것이다. 『주역』에서는 이익을 정의하여, “위에서 덜어다가 아래에 보태는 것이다”[益卦]라 하고, 손해를 규정하여, “아래서 덜어다가 위에 보태는 것이다”[損卦]라 하였다. 진실한 공익은 균등하기를 지향하는 것이다. ‘의’는 경제적 분배에서 균등을 기준으로 삼고 있음을 보여주고 있다.

‘의’는 인간관계의 사회적 행동 속에서 정당한 행위의 기준을 제시해주는 것이라면, 정당한 행동의 구체적 절차를 규정해주는 것은 ‘예’라고 할 수 있다. ‘예’는 인간관계 속에서 순서를 규정해주고 서로 사양하는 행동절차를 제공한다. ‘예’가 인간관계에서의 지위에 관심을 두고 있으며, 인간의 생활 속에서 부딪히는 문제의 진행절차에 매우 엄격한 형식적 규정을 제시하지만, ‘예’의 근본정신은 조화를 실현하는 것이다. 또한 ‘예’와 ‘의’는 결합하여 행동절차가 정당성을 갖게 됨을 밝혀주고, 맹자가 “예의가 없으면 상하가 어지러워진다.”(『맹자』·「盡心」 下)라고 한 말처럼 예의는 사회의 질서를 확보해주는 기초가 된다.

인간관계는 사회적 지위나 가족적 부모·자식관계 등에 의하여 상하와 좌우로 구별되고 있다. 이러한 구별을 예의는 더욱 엄격하게 행동규범으로 정착시키고 있으며, 구별을 통하여 사회의 질서가 유지되는 것으로 이해하여 왔다. 그러나 인간사회는 상호 관계의 구별을 통하여 역할의 정립을 통한 질서를 확보하는 것만큼이나 서로의 결합을 요구한다. 서로 결합되지 않은 사회는 단순히 집합일 따름이지 결코 공동체를 이룰 수 없다. 인간관계의 결합을 이루는 가장 중요한 규범은 믿음[信]의 원리이다. '신'의 덕목은 마치 소달구지에서 소와 수레 사이를 맺어주는 멍에를 매는 대와 같은 것으로 비유된다. 소와 수레가 묶어지지 않으면 소의 가는 힘과 수레의 싣는 기능이 분리되어 버리고 만다. 마찬가지로 인간과 인간 사이에 믿음이 없으면 인간관계의 결합이 이루어질 수 없다.

공자가 정치에 요구되는 3가지 조건인 식량(경제)·병갑(국방)·백성의 믿음(사회적 결합)에서 부득이 하면 식량과 병갑을 제거하더라도 최종적으로 백성의 믿음이 없으면 나라가 성립될 수 없음을 지적한 사실에 유의할 필요가 있다.(『논어』·「顔淵」) 통치자가 백성을 통치하는 데도 신뢰의 조건이 선행되어야 한다. 백성의 신뢰를 못 받는 통치자는 통치자로서의 자격을 가질 수 없는 것이다. "백성의 신뢰 없이 백성을 수고롭게 하면 백성은 자신을 학대하는 것으로 여길 것이요, 아랫사람이 윗사람의 신뢰를 받지 못하고 윗사람에게 충고하면 윗사람은 자기를 비방한다고 여길 것이다."(『논어』·「子長」) 신뢰가 없이는 인간관계가 조화와 결합을 이루지 못하고 적대적인 대립을 일으키게 됨을 말해주는 것이다. 인간관계의 이상은 서로 신뢰를 통하여 조화하고 결합하는 것이라 할 수 있다. 『주역』에서는 조화의 형상으로서 '地天 泰(태)' 괘를 보여주고, 대립하는 형상으로 '天地 否(비)' 괘를 보여준다. '태' 괘에서는 하강하는 '지'(地)가 위에 있고 상승하는 '천'(天)이 아래에 있어서 서로 만나지만, '비' 괘에서는 '천'이 위에 있고 '지'가 아래에 있어서 서로 유리되는 형상을 이루는 것이다. 백성과 임금의 관계에서도 지위는 임금이 높고 백성이 얕지만, 맹자의 언급처럼 "백성은 귀하고 사직은 다음이요, 임금은 가볍다"(『맹자』·「盡心」 下)라고 하여 낮은 백성을 귀하게 여기고 높은 임금을 가벼이 여겨서 서로 만날 수 있는 결합의 방법을 제시하고 있다. 모든 인간관계는 신뢰를 통하여 사회적 공동체의 결합을 강화하는 것이다.

4. 유교사회의 변혁과 계승

  유교 이념은 사회를 하나의 고정된 인간관계의 구성으로 보고 있는 것이 아니라 시간의 진행과 더불어 끊임없이 변화하는 현실을 중요시한다. 모든 현상은 변화하는 것임을 전제로 받아들이고 있으면서 동시에 불변적 진리 내지 가치가 변화 속에 내재하고 있음을 인식하고 있는 것이다. 정이천(程伊川)의 역전서(易傳序)에서는 '역'(易)을 변역(變易)이라 규정하고 "때를 따라 변역하여 '도'(道)를 따르는 것이다"라고 정의하였다. 여기서 때[時]라는 조건은 변역을 일으키는 기반을 제공해 주는 것이라면, 변역은 '도'를 원리로 삼아 이루어진다. '도'는 변역의 목적이면서 방향으로 그 자신은 변화를 넘어서 있는 것이다. 유교의 세계관에서는 언제나 변화의 시간적 영역과 불변의 이념적 영역이 표리관계처럼 결합되어 있는 것이다. 불변의 기준인 '경'(經)과 변화의 현실인 '위'(緯)가 베를 짜듯이 짜여져 있다. 경전이 불변의 진리를 드러내는 것이라면 역사는 변화하는 현실을 보여주는 것이다. 여기서 경전은 역사 속에 나타나고 역사는 불변의 진리를 드러내준다는 상관관계에 따라, '경경위사'(經經緯史)로 결합된 것으로 이해된다. 상(常)과 변(變), 경(經)과 권(權), 체(體)와 용(用), 도(道)와 기(器), 이(理)와 기(氣) 등의 관계들은 모두 불변적 기준과 변화하는 현실의 상응관계를 보여주는 것으로 파악되고 있다. 권근(權近)은 『입학도설』(入學圖說)의 <오경각분체용지도>(五經各分體用之道)에서 『역』(易)의 본체를 '이'(理)라 하고 응용을 '도'(道)라 하면서, 『춘추』(春秋)의 본체를 '도'(道)라 하고 응용을 '권'(權)이라 하였다. 또한 5경 전체의 본체를 『역』이라 하고 응용을 『춘추』(春秋)라 파악하여 원리와 변화의 현실을 체용(體用)으로 통합시켰으며, 『역』의 응용이 『춘추』의 본체를 이루는 사실에서 본체와 응용의 통합구조를 보여주었다.

유교의 역사이해는 변화의 사실에 주목하고 변화의 단계적 양상을 파악하는 데서 특징을 엿볼 수 있다. 맹자가 말하는 "천하는 한번 다스려지고 한번 어지러워진다"(「藤文公」下)라는 변화과정이나, 왕조의 변천단계를 창업(創業), 수성(守成), 경장(更張)의 3단계로 규정하는 것은 순환론적 역사관의 특징을 보여준다. 그러나 청말 강유위는 공양학(公羊學)의 3세설인 '거란세(據亂世)−승평세(升平世)−태평세(太平世)'와 『예기』「禮運」편의 '소강(小康)−대동(大同)'의 단계를 역사의 발전론으로 설명하는 진보주의적 역사관을 제시하였다. 공자가 각 시대마다 앞 시대의 전통을 덜어내는 부분과 새로 첨가하는 부분이 있음을 지적하여 '소손익론'(所損益論)을 제기한 것도 역사의 발전론을 제시한 것이라 할 수 있다. 유교의 성인·군자가 역사 속에 끼치는 역할을 '옛 성인을 계승하고 앞으로 일어날 학문을 열어주는 것'[繼往聖開來學]이라 언급하고 있는 것도 학문과 진리가 끊임없이 발전하는 것임을 말해주는 것이다. 학문은 고전에서 완결되는 것이 아니라 '옛것을 익혀서 새로운 것을 아는 것'[溫故知新]이라 하는 것도 미래를 향하여 열려 있는 발전과정을 보여준다. 이처럼 유교의 역사관에 순환적 성격과 발전적 성격이 복합되어 있다면, 유교의 사회의식에도 복고적 의식과 발전적 의식이 복합되어 있다고 할 수 있다.

유교의 사회제도는 시대에 따라 변천하는 변역의 조건과 시대를 넘어서 지속적으로 유지되고자 하는 계승적 요구가 병존하고 있는 것이다. 경전적 고전에서 제시하는 제도나 선왕이 설치한 조종(祖宗)의 유법(遺法)은 계승해야 할 가치가 있는 것으로 존중된다. 유교의 전통사회에서 『주례』에서 제시한 육관(六官)제도를 최근세까지 유지해온 사실은 전통의 계승적 의지가 얼마나 강한지를 잘 보여주는 것이라 하겠다. 그러나 다른 한편 모든 법제는 세월이 지나면 폐단을 낳게 되는 사실을 중요시한다. "역(易)에서는 궁하면 변하고 변하면 통하게 되고, 통하면 오래 갈 수 있다"(『주역』·「繫辭」下)라는 언명에서처럼 변혁을 통하여 새로운 질서를 지속해갈 수 있는 것이다. 율곡도 경장론을 전개하면서 '때와 세력을 아는 것'[知時識勢]이 중요함을 강조하고, 폐단을 낳는 법제에 대해서는 "크게 변혁하면 크게 유익하고, 작게 변혁하면 작게 유익하다"라 하여 변혁을 강조하였던 것이다. 이러한 변혁은 사회제도를 편의에 따라 임의로 바꾸는 것을 의미하는 것이 아니다. 항상 변혁에는 정당성과 적합성에 관한 평가의 기준이 제기되어야 한다. 따라서 한 시대의 사회적 모순과 폐단을 개혁하는 것은 '올바른 데로 돌아가는 것'[反正, 歸正]이라는 인식이 제기되고 있다.

유교 이념에 있어서 사회변화의 기준과 이상을 의미하는 것은 '도'의 실현이요, 동시에 평화롭고 질서 있는 이상의 사회를 이루는 것이다. 통속적으로 유교의 이상사회는 '요·순 시대'라 할 수 있다. 그것은 단순히 원시적 고대를 의미하는 것이 아니다. 성인의 통치가 이루어지는 시대로서 왕도정치의 이상이 실현되는 것을 말한다. 왕도는 인간이 인간답게 살 수 있는 '인도'(人道)요 동시에 하늘의 뜻에 어긋나지 않게 사는 '천도'(天道)를 의미하는 것이라 하겠다. 유교적 이상사회는 혼란과 무질서를 벗어난 태평의 세상이요, 모든 인간이 자신의 직분을 다할 수 있고 평등하고 화합한 '대동'(大同)의 사회로 제시되기도 한다.

유교는 역사를 통하여 자신의 이념을 실현하기 위한 사회제도를 추구하고 제시하여 왔으나, 특히 근대로 들어오면서 광범위한 개혁이 요구되고 있다. 근대사회를 형성하기 위한 유교의 개혁의식을 먼저 정치적 개혁의 측면에서 지적한다면 봉건적 군주사회로부터 민주적 사회를 지향하는 것이다. 유교의 근본적 정치원리는 민본원리이다. 봉건제도와 군주제도는 전통사회에서 유교의 민본원리를 실현하기 위한 제도라 할 수 있다. 세습군주제도와 봉건적 세습신분제도를 이제는 더 이상 받아들일 수 없는 만큼, 민주제도의 방법으로 민본의 이념을 추구할 수 있을 것이다. 민본원리는 백성을 정치의 객체로 대상화하는 반민주적 원리가 아니라 정치는 백성을 떠나서는 있을 수 없다는 정치의 근거를 규정하는 이념이다. 따라서 백성을 정치의 주체로 삼는 민주주의와 쉽게 조화할 수 있는 이념이라 할 수 있다. 정약용은 임금이 모든 관리를 임·해면하고 백성을 지배하는 전제군주제도에 대하여 백성이 지도자를 선출하는 군주추대론을 제시하였던 일도 있다(정약용 「湯論」). 근대적 정치제도로서 전통의 군주민본제도로부터 민주민본제도로의 혁신이 유교의 정치이념으로 추구될 수 있을 것이다.

민본원리는 평등원리를 내포하고 있다. 상층의 지배 체제가 하층의 대중을 억압하는 것은 민본원리에 배반된다. 전통적으로 혁명론은 천명을 받아 통치자가 등장하는 것을 말한다. 왕권의 정당성을 제공해주는 근거로서 천명은 초월적 존재의 의지에 앞서서 민심을 가리키는 것으로 이해되어 왔다. 따라서 백성은 통치자를 자신의 의지에 따라 선택하는 혁명을 자신의 기본적 권리의 하나로 확보하는 것은 정당한 일이다.

사회적 개혁의 대상으로서 가장 중요한 것은 인간개인의 위치가 신분적으로 제약받고 있는 전통사회의 제도라 할 수 있다. 신분적 사회계급은 더 이상 인정될 수 없고, 이제는 직분의 기능을 중요시하고, 인간관계가 어떠한 경우에도 친애의 '인'의 원리에 의하여 결합되어야 할 것이다. 남녀의 문제나 부부의 관계도 불평등하고 남성위주의 의식을 적극적으로 개혁해야 할 것이다. 유교사회의 전통에서는 음양론적 우주론에 따라 남성의 '양'(陽)을 높이고 여성의 '음'(陰)을 낮추는 '억음존양'(抑陰尊陽)의 원리를 내세웠지만 이미 근대적 의식 속에서는 음양의 조화를 강조하는 '조양율음'(調陽律陰)의 원리가 제기되었다.[7] 더구나 유교전통은 부부의 기본규범을 서로 공경하는 '상경'(相敬)의 원칙에 근거하고 있는 만큼 남녀의 평등정신을 적극적으로 확립할 필요가 있다.

경제적인 측면에서도 생산계층을 천시하거나 노동을 천시하는 의식

---

7) 金一夫, 『正易』.

이 유교의 진실한 면모가 아님을 자각할 필요가 있다. 분배의 균형을 추구하는 만큼 생산의 중요성을 각성하여야 할 것이다. 풍요는 결코 사회적으로 악이 될 수 없고 부유하면서도 예법을 좋아하는 인격을 유교사회가 추구해가야 한다. 절약과 근면이 유교의 중요한 덕목이었던 사실을 다시 살려내어 경제적 윤리체계를 정립하는 것이 중요한 과제라 할 수 있다. 이익과 정의는 결코 모순된 개념이 아니며 조화를 이룰 때 건전한 경제윤리가 확보될 수 있을 것이다.

5. 현대 한국유교가 지닌 사회적 과제와 책임

오늘날 한국유교가 지닌 사회적 과제는 무엇보다 먼저 전통의 능동적인 개혁을 통하여 창조적 계승을 할 수 있어야 한다. 역사적으로 근대는 외세의 침략을 당하면서 지향적 태도가 폐쇄적 의식을 낳고, 폐쇄화는 낙후화를 초래하여 역사의 단절을 겪는 악순환을 거치면서 전통에 대한 파괴적이고 부정적인 의식이 일반화한 데 문제가 있다. 유교는 외국에서 새로 수입하는 문화체계가 아닌 만큼 전통에 대한 올바른 관계의 회복이 시급하고 중요하다.

우리의 모든 사회적 개혁에 있어서는 개혁의 기준으로서 유교 이념 속에 내재한 보편적 가치를 확인하고 이를 역사적 현실 속에서 재해석하는 데서 지혜를 얻을 수 있어야 한다. 이러한 재해석을 위하여서는 서구적 문화의 우수성을 과감하게 수용하는 개방적인 정신을 동시에 지녀야 한다는 과제도 내포하여야 할 것이다. 유교의 인간성에 근거한 사회성의 인식이나, 합리적 정신과 사회규범적 도덕성 및 사회적 결합력의 확인은 우리시대에서도 적극적으로 활력을 갖고 기능할 수 있도록 개발하여야 할 것이다.

오늘날 유교가 한국 사회에서 맡아야 할 과제를 항목별로 다음과 같이 열거해 볼 수 있을 것이다.

첫째, 유교 이념은 한국 사회 속에서 문화적 창조기능을 수행할 수 있어야 한다. 풍속·예술·사상 등에서 창의적으로 사회적 기능을 발휘할 때 살아 있는 유교로서 위치를 갖게 될 것이다.

둘째, 사회적 모순과 불합리성에 비판적 지도기능을 수행할 수 있어야 한다. 서구적 현대문명이 가져온 폐단에 대하여 치료를 할 수 있는 능력이 있어야 하고, 도덕적 타락에 욕망의 절제를 통한 인간정신의 숭고한 가치에 따른 조화된 사회상을 제시하여야 한다.

셋째, 유교 이념은 자주의식을 강화하는 민족정신의 토대가 될 수 있어야 한다. 한국역사를 통해 발휘한 유교의 지혜가 민족정신을 강화하는 기초가 되면서, 세계로 향한 전진적이고 개방적 의식을 확립하여야 할 것이다.

넷째, 유교 이념은 사회대중적 신념으로 확산되어야 할 것이다. 유교의 전통이 근대적 질서에 가장 역행하는 것으로 비판을 받고 있는 점이 바로 양반위주의 신분적 의식이라 지적될 수 있다. 유교가 대중 속에서 생활화되고 대중을 이끌어갈 수 있는 신념체계로서 자신의 성격을 확립하는 것은 매우 중요한 문제이다. 이와 더불어 유교는 종교적 신념으로서 자기 성격을 확인하고 대중적인 조직화를 이루어야 할 필요가 절실하다고 하겠다.

1. 민본유교라는 문제

　백성은 가까이할 수 있지 하대할 수 없는 것이니라. 백성은 나라의 근본이니 근본이 굳어야 나라가 편안한 것이니라. 내 천하를 보건대 어리석은 지아비와 지어미가 한결같이 나를 이길 수 있으리라. 한 사람이 실수함이 셋이나 되니 원망이 어찌 밝은 데 있게 하리오. 나타나지 않았을 때 도모할지니라. 나는 만백성에 임하되 두려워하여, 썩은 새끼로 여섯 필의 말을 몰고 가는 것같이 하노니, 사람의 위에 있는 자가 되어서 어찌 공경하지 아니하리오.[8]

　B. C. 2138년 중국 하(夏)왕조 태강(太康)이 임금 자리에서 쫓겨났을 때 이를 탄식하는 다섯 아우가 읊은 노래의 한 구절이다. 통치자가 백성이 나라의 근본임을 알고 따라서 진실로 백성을 두려워할 줄 알아야 한다는 말이다. 그것은 4천 년의 세월이 흘러도, 원시적 사회에서 봉건사회를 거쳐 자유민주사회에 이르도록 변화에 변화를 거듭했지만 더욱

---

8) 『書經』, 「夏書・五子之歌」, “民可近, 不可下, 民惟邦本, 本固邦寧, 予視天下, 愚夫愚婦, 一能勝予, 一人三失, 怨豈在明, 不見是圖, 予臨兆民, 懷乎若朽索之馭六馬, 爲人上者, 奈何不敬.”

절실한 진리로서 우리에게 부딪혀 온다. 우리 사회가 이 시대에 지닌 역사적 과제는 곧 민주주의를 실현하고 정착시키는 것이라 할 수 있다. 여기서 유교는 우리 사회의 민주화를 추진하는 데 그 지혜와 역량을 발휘할 책임을 다시금 각성하지 않을 수 없다.

"어리석은 지아비와 지어미가 누구나 임금을 이길 수 있다"는 선언은 백성의 힘과 권리와 지위를 밝혀주는 것이다. 백성은 결코 피지배로 굴복되어야 하는 존재가 아니다. 이 시대 사회 속에서 백성의 정당한 권리를 확보해주고 통치권력의 한계를 보다 명확히 규정해주는 것은 유교의 근본적인 과제이다. 따라서 유교가 지난 시대에서 지배세력을 옹호하였다는 비난의 지탄에서 벗어나 유교의 참된 사회적 역할과 본질적 정신을 다시 살려내기 위해서는 백성을 유교정신의 초점으로 조명할 시점에 왔다고 하겠다. 여기서 유교는 그 시대적 내지 과제적 특성을 드러내어 '민본유교'라는 이름으로 일컬어질 수 있는 것이다.9)

민본원리는 우리의 전통사회였던 봉건사회요 군주제사회에서도 존재했었다. 그러나 민본의 이념은 봉건사회의 유산이 아니라 보편적 원리라 본다. 곧 민본은 군주제사회에서 적용되기도 하였지만 민주주의 사회에서도 기능할 수 있다. 군주제 아래에서는 민본원리가 아직 온실 속에 있는 시기라 한다면 민주주의 체제에서는 들판에 나가서 자라는 시기라 하겠다. 민본은 민주주의라는 제도 속에 작용할 때 더욱 뚜렷하게 그 원리로서의 성격을 새롭게 보여줄 수 있을 것이다. '민본유교'는 바로 민본원리라는 깊은 맛을 지닌 묵은 술을 전통유교의 군주제사회라는 낡은 푸대에서 꺼내어 민주주의라는 새 푸대에 담기 위하여 유교의 근본이념을 새롭게 재인식하는 데서 나타나는 모습이다.

---

9) '民本儒教'라는 말은 民本사상을 유교의 시대적인 중심과제로 삼고 추구한다는 이념적 입장을 가장 강력하게 표현하고자 한 것이다. 유교의 새로운 宗派的 獨立의 의미가 있는 것이 아니다. 마치 先秦儒學·宋明儒學이라는 시대적 특징으로 일컫듯이, 이념적 특징을 표현한 것으로서 訓詁學·性理學·心學 등으로 일컬어지던 유학체계의 현대적 표출을 시도하는 것이라 할 수 있다.

  유교가 자신의 인격을 연마하는 일과 이웃 인간을 다스리는 일을 가
장 기본적인 두 과제로 규정하고 있다는 사실에서 민(백성)과 자기 존
재의 문제가 초점으로 드러난다.[10] 나(개인)와 민(사회)은 인간 삶의 두
가지 기본 양상이요, 두 차원이라 할 수 있다. 오늘의 시대에서 유교는
인간 삶의 양상을 어떻게 구체적으로 제시할 것이냐의 문제에 부딪히
게 된다. 거기에는 개체로서의 인간과 더불어 집합으로서의 '민'이 유
교의 근본문제로 제시되지 않을 수 없다. 이러한 '민'을 주체로 하는
민본유교는 유교의 근본인 동시에 목표가 되는 인간의 삶을 해명하는
것이다. 따라서 민본유교는 인간에 기초하고 인간을 지향하는 사실에서
인간학이라고 할 수 있다.

  인간의 진실성과 존재가치는 곧 민본유교의 성립근거가 된다. 유교가
인간을 밝혀주고 인간에 봉사하여야 하는 것이라면, 유교의 역사도 인
간을 위한 기여에 대해 칭송되며 인간에 대한 장애에서 비난받아야 한
다. 역사의 각 시대에서 유교는 그 제도가 인간을 위해 기능할 수 있
도록 감시하고 지도해왔다. 그러나 지난 19세기 말에 동아시아의 유교
문화적 전통사회가 서양의 압력 앞에 붕괴해 버렸을 때, 그것은 유교사
회가 인간에 대한 봉사에서 자기의 역할을 저버린 데 대한 징벌의 증
거를 가리킨다고 하겠다. 민본유교는 자신의 본질에 대한 각성과 함께
역사 속에서 실패를 성찰하는 데서 발아하는 것이다.

---

10) 유교를 '修己·治人의 道'라 하거나, 『大學』의 綱領으로서 '明明德·親民'이
   나, 孔子가 말씀한 '修己·安人'의 내용이 모두 '나'의 존재와 '백성'[民衆]의
   문제이다.

2. 민본유교의 개념과 체계

1) 민본유교의 개념

'백성은 나라의 근본이다'[民爲邦本]라는 말에서 '민본'이라는 이념이 이끌어진다. 곧 '民'은 나라에 상대된 개념이요, '本'(근본)은 '末'(지말)에 상대되는 개념이다.

첫째 '민'은 나라를 구성하는 국민이다.11) 나라를 전제로 하여 민(백성)이 성립된다면, 개인이나 가정의 단계는 백성과 구별될 수 있다. 나라는 가정의 혈연적 관계에 한정되지 않고 여러 가정이 모이는 부족사회 이후에 이루어지는 것이다. 따라서 나라는 여러 씨족이 모이는 것인 만큼 많은 성씨 곧 백성으로 이루어지게 된다. 여기서 천민은 성씨도 없어서 백성에 끼지도 못하였던 사실이 있다. 성씨를 가진 '백성'은 귀족의 지위를 갖는 것이라 하여 성씨도 없는 '민'과 구별시키기도 한다. 『설문해자』(說文解字)에서 '民'은 풀의 싹이 무성하게 자라는 모양을 뜻하는 것이라 설명하고 있는 것처럼 가장 저변에서 풀처럼 사는 인생이다. 따라서 '민'은 지극히 다수의 군집이요, 어리석은 생활인이자 어떤 계층이나 특권의 지위를 갖지 않는 민중이다. 이러한 '민'은 성씨를 부여받아 백성과 동일시되어도 사회 지변에서 민중으로 남고 있다.

둘째 '민본'의 '本'은 존재와 생명의 중심적 뿌리이다. 근본과 지말은 뿌리와 가지의 연관관계로 이해되어야 한다. 뿌리와 가지는 생명의 유기적 일관성을 의미하는 동시에 뿌리에서 자라나 가지로 커가는 발생론적인 선후관계를 내포하고 있다. 따라서 '백성은 나라의 근본이다'

---

11) 民本儒教에서 '民'의 개념은 백성·국민·민중의 어떤 개념과도 소통시켜 쓸 수 있다고 생각한다. 그만큼 사회구조적 개념을 엄격하게 규정하고 있는 것은 아니라 할 수 있다.

[民惟邦本]라는 언명에는 백성이 나라의 뿌리요 백성으로부터 나라가 나온다는 말이다. 나라가 백성으로부터 나온다는 입장은 백성을 나라의 도구로 예속시킬 수 있는 것이 아니라, 나라가 백성을 근원적인 모체로 받아들여야 한다는 것을 의미한다. 백성이 나라의 뿌리란 말은 나라가 백성의 가지란 말이 된다. 백성이 자신을 표출시킨 것이 나라요, 나라는 백성의 삶이 표현된 성취이다. 백성은 나라를 구성하고 유지하며 성취하는 중심의 주체이다. 곧 민본유교는 국가중심주의가 아니라 민중중심주의라 하겠다.

셋째 '민'은 생명의 뿌리요 국가의 주체이다. 민본은 나라의 뿌리인 만큼 모든 국가적 제도나 질서는 백성의 의지와 희망에 의해 결정되어야 한다는 주장을 내포한다. 백성은 존중되고 보호되어야 하지만 통치의 대상일 뿐이요, 통치의 주체가 될 수 없다는 평가가 있지만, 그것은 봉건체제에서 일어났던 제약일 뿐이다. 봉건체제에서의 민본원리는 백성을 통치의 목적으로까지는 인식하였지만 백성을 새로 돋아나는 싹처럼 보호하는 데 치중하였다. 보호와 지도는 미성숙기에는 필요할 수도 있으며, 봉건체제가 인류역사 속에서 기여한 공적을 부인할 필요는 없다. 그러나 민본원리가 봉건체제에서 자신을 발휘하였다고 하여 봉건체제와 동일시하는 것은 엄청난 오해이다. 겨울에 털옷을 입다가 여름에 모시옷을 입을 수 있고, 또 그렇게 입어야 하는 것이 인간이다. 겨울에 털옷을 입었던 사람이 여름에도 털옷을 입어야 한다면 옷과 사람의 관계를 오해한 것이 된다. 털옷은 여름에도 털옷이지만, 사람은 철에 따라 옷을 바꾸어 입는다. '민본' 이념은 봉건체제의 산물이 아니라 시대적 사회체제를 넘어서 통시적으로 지속하는 보편적 유교 이념이다. 민본원리에 내포된 백성의 주체적 지위는 민주주의체제 안에서 더욱 자유롭게 발휘될 수 있다. 명백히 민본원리는 민주주의라는 새 옷을 입고 자신의 이념적 본질을 실현하여 성공적인 업적을 쌓을 수 있다. 따라서 민본유교는 민주주의와 연관하여 백성의 주체성을 실현하는 것을 그

과제로 추구하는 입장이다.

넷째 '민'은 天[하늘]과 人[인격]을 근거로 내포한다. 민본원리는 나라에 대한 백성의 위치를 밝혀주는 것이다. 여기서 이 백성이 나라의 근본이라 하여 백성을 그 자체에서 근본존재라 주장하는 것은 아니다. 민본유교는 백성이 백성다울 수 있는 가치 근거와 백성이 추구해야 할 이상을 내포하고 있다. 백성은 하늘이 산출하는 인간존재로 이루어진다. 마치 나라가 백성으로 구성되고 있는 것처럼, 백성은 인간으로 구성된다. 백성에는 위로는 하늘과 속으로는 인간으로부터 내려오는 두 원천이 담겨 있다. 하늘의 명령은 백성이 따라야 할 가치 기준이다.[12] 하늘은 개인의 인격에도 성품을 부여하지만, 인간의 공동체에도 인륜이요, 강상이라는 인간관계의 규범을 제시한다. 백성은 한 개체로서 인간 본성을 실현하여야 할 임무를 부여받고 있으며, 동시에 공동체의 구성원으로서의 규범을 부여받는다. 자신의 인격을 연마하는 문제와 사회적 인간관계를 온전하게 실현하는 문제는 겉과 속의 관계처럼 한 몸체의 두 측면이라 할 수 있다. 민본유교는 나라의 근본이 되는 백성이 더 근원적으로 하늘의 보편원리와 인간개체의 인격성이라는 기초적 근거를 포함하고 있음을 이해한다.

요약하면 민본유교는 나라에 대한 그 뿌리요, 주체로서 백성을 중심으로 파악하며, 백성은 보편적 법칙성과 개체적 인격성을 그 기초에 내포하고 있는 것이다. 그리고 백성은 대지에 돋아나는 풀싹처럼 집단적이고 소박한 생명체이다. 이 백성에서 유교 이념의 역사적, 사회적 과제를 확인하고, 또한 유교 이념의 실현주체로 이끌어 내려는 것이다.

---

12) 梁啓超는 『先秦政治思想史』(1950, 中華書局)에서 天道的 사상과 民本的 사상을 先秦政治思想의 기본 원리로 제시하고 있다.

2) 민본유교의 체계

민본유교는 유교 이념의 민본원리를 오늘의 민주주의시대에서 재정립시키고 그 사회질서의 건전한 성숙을 기본과제로 하고 있다. 이러한 민본유교의 정립을 위해서는 몇 가지 기본체계를 통하여 추구하는 것이 마땅하다고 본다. 첫째는 유교사회의 역사적 전통에 있어서 민본사상의 전개내용을 반성적으로 성찰하는 역사적 성찰이 전제되어야 한다. 둘째는 민본원리의 보편적 정당성을 우리시대 속에서 재확인하는 이념적 인식이 필요하다. 셋째는 민중의 자각을 통하여 자신의 권리와 역할을 해명하는 주체적 지위의 측면을 말한다. 넷째는 민본유교를 실현하는 사회의 제도와 그 이상을 검토하는 사회적 체제의 문제이다. 이러한 4가지 조건들은 역사의 시간성과 이념의 보편성, 주체적 능동성과 사회적 제도의 대조 상응하는 구조를 의미한다.

역사는 각 시대에 있어서 그 시대의 현실이다. 따라서 모든 이념은 현실 속에서 자신을 드러내고 실현하지 않을 수 없다. 곧 역사는 이념이 남긴 발자국을 통해서 이념의 성격과 의지를 엿볼 수 있게 된다. 또한 역사는 이념이 실현하는 과정에 나타나는 시대적 한계와 좌절을 보여준다. 따라서 역사는 언제나 비판의 대상이 되고 반성의 자료를 제공해준다. 유교역사의 각 시대에는 모래땅에서 더디게 걸은 걸음걸이도 있고 수렁에서 허우적거린 자취도 있다. 이러한 자취를 통해 민본이념이 지녔던 노력의 성취와 함께 시대적 한계를 인식하고 또한 수정해야 할 방향과 문제점을 확인해 볼 수 있게 된다.

민본원리가 우리시대에서 어떻게 정당화될 수 있는가에 대한 이념적 근거를 확인해야 할 필요가 있다. '민'(백성, 민중)이 그 구성기초인 인간 개체적 요소에서의 근원적 가치와 개인이 민중으로 결속되는 과정의 정당성의 확신을 얻을 수 있어야 한다. 곧 인간이 지닌 인격내재적 가치와 사회집단적 가치의 근거를 확인하여야 하는 것이다. 자연 상태의 인간 자체에 최종적 정당성을 인정하는 것은 유교의 입장이 아니다. 유교에 있어서 초월적 궁극존재가 인간의 성품으로 내재한다는 것을 이해하고, 이 성품으로부터 부여받는 명령은 개인 내면적인 동시에 사회적인 규범을 이루고 있다는 것을 이해하여야 한다. 인간은 이 규범을 자율적 의지로 지켜야 하며, 이를 통하여 개인과 사회의 차원에서 인간으로서의 품위를 확보할 수 있다. 또한 유교적 인간은 개인을 토대로 사회에로 확장되면서 사회적 공동체 속에서의 관계질서를 자기 존재의 중요한 본질적 요소로 받아들인다. 개인과 공동체는 일방적으로 뿌리와 가지(본, 말)의 관계를 갖는 것이 아니라 서로 상대방의 뿌리가 되기도 한다.

'민'(민중)은 개인의 사회적이고 집합적인 구성이므로 사회적 역할과 위치를 갖게 된다. 사회에는 통치체계가 있고 그 통치체계도 존재이유와 정당성을 갖고 있는 만큼, 민중은 통치체계와의 관계에서 통치권력을 직접 담당하는 소수에 상대되는 다수의 사회대중이다. 민중은 사회체제 속에서 정치적, 경제적, 문화적 등의 여러 분야에서 권력을 갖지 못하였지만 자기의 보존과 발휘를 위한 권리를 가질 수 있다. 곧 이들은 개인으로서 삶을 충족시키기 위한 조건에서나 공동체로서의 행동을 위한 권리를 확보하여야 한다. 이 권리의 인식이나 확보는 민중자신의 과제이고, 또 그 수행에 책임도 져야 할 것이다.

민본유교는 민본원리를 우리시대 속에 구현하기 위한 제도적 장치를 필요로 한다. 그것은 무엇보다 민중의 권리가 침해되지 않고 더욱 적극적으로 실현될 수 있도록 보장하기 위한 장치이다. 이러한 제도는 고정된 것이 아니라 민중의 자각 속에 새롭게 개방되고 혁신되어야 한다. 또한 제도는 민본유교의 이상을 실현하기 위한 추구과정에서 구체화되는 만큼 이상형에 대한 자각이 항상 길을 비쳐주어야 한다.

민본유교는 전통의 한계를 넘어서는 자기 혁신이며, 민본정신의 보편성을 시대정신 속에서 재확인하는 것이다. 민중의 자각으로 억압을 해소하고 권리를 확인하면서, 사회체제와 조화할 수 있는 이상형을 제시하여야 한다. 이를 통하여 유교는 인간에 봉사하고 사회를 신성화시킬 수 있는 가능성을 찾을 것이다.

3. 민본사상의 역사적 전개

민본의 문제는 유교 이념의 핵심에 자리 잡고 있으므로 유교사상사 자체가 민본사상의 발휘와 실현의 역사라 할 수 있다.

> 큰 덕을 밝혀서 9족(친족)을 사랑하시니, 9족이 이미 화목하게 되고, 백성을 균평하게 하고 그 덕을 밝히시니 백성의 덕이 밝게 드러나며, 천하 만방이 협력하고 화합하며, 인류가 오호라 착하게 변하고 조화롭게 되니라.[13]

유교사상의 시원을 이루는 성왕인 요(堯)임금의 덕을 드러내면서도 백성에서 이루어진 화평하고 조화로움을 들고 있다. 이 덕은 자신의 덕이 친족으로, 백성으로 천하의 나라와 인류에로 확장되는 전개 형식을 보여준다. 그것은 『대학』(大學)에서, 수신(修身)·제가(齊家)·치국(治國)·평천하(平天下)의 확충론적(擴充論的) 전개형식의 원형을 이루는 것이다. 여기서는 백성을 언급하여 나라를 포함하고 천하 국가를 말하면서 그 모든 백성인 인류도 언급하고 있다. 순(舜)임금에게 우(禹)임금은 "사랑할 이는 임금이 아니며 두려워할 이는 백성이 아니리오. 민

---

13) 『書經』, 「虞書·堯典」, "克明俊德, 以親九族, 九族旣睦, 平章百姓, 百姓昭明, 協和萬邦, 黎民於變時雍."

중은 임금이 아니고는 누구를 받들며, 임금은 민중이 아니고 누구와 나라를 지키리오."라고 충고하였다.14) 백성을 두려워해야 하고 백성 없이는 나라도 없다는 인식이 명백하다. 그러나 여기서 이미 백성은 임금을 받들어야 한다는 의식이 제시되었다. 또 신하인 고요가 우임금에게 충고하면서, "하늘의 총명하심은 우리 백성으로부터 총명하시며, 하늘의 밝고 두려움은 우리 백성으로부터 밝고 두려운지라 위로 하늘과 아래로 백성이 서로 사무치니 공경할지어다. 땅을 차지한 이여"라 언명한다.15) 백성을 하늘의 눈과 귀로 지적한 것은 하늘과 백성을 일치시켜 백성의 배경을 하늘에 둠으로써 백성의 근원적 정당성과 두려워해야 할 이유를 밝혀주었다.

백성은 하늘이 인식하고 판단하는 원천이요, 하늘의 의지를 대변하는 것이라는 이해는 하늘과 백성의 일치를 확립시킨다. 곧 천민합일(天民合一)[하늘과 백성의 일치]은 천인합일(天人合一)[하늘과 인간의 합일]에 앞서서 나타났다고 할 수 있다. 하, 은, 주 3대에 이미 하늘의 명령에 의해 백성을 다스린다는 통치원리로서 천명통치사상이 제시되었다. 『서경』(書經) 「洪範篇」에서 "천자가 백성의 부모가 되어 천하의 임금이 된다."라는 말에서도 천명에 따라 백성을 보호할 능력이 있는 덕을 가진 인물이 천하의 임금이 된다 하여 임금의 자격조건이 백성을 사랑하는 덕이라 규정한다. 따라서 임금이 백성을 학대하면 하늘이 명령을 바꾸어 임금을 바꾸는 혁명론도 제시된다. "하(夏)나라 임금이 죄를 짓고 하느님을 속여서 백성에 명령을 내리니 상제께서 나쁘게 여겨서 상(商; 殷)나라에 명을 받게 하여 그 대중을 밝게 하시니라."16)

공자는 백성에 대한 통치자의 책임과 의무를 강조하고 있지만 백성

---

14) 『書經』, <虞書·大禹謨>, "可愛非君, 可畏非民, 衆非元后何戴, 后非衆罔與守邦."
15) 『書經』, <虞書·皐陶謨>, "天聰明 自我民聰明, 天明畏自我民明威."
16) 『書經』, <商書·仲虺之誥>, "夏王有罪, 矯誣上天, 以布命于下, 帝用不臧, 式商受命, 用爽厥師."

을 통치의 목적으로 하는 민본이념으로 관철하였다. 그는 '백성에게 널리 베풀고 대중을 구제할 수 있는 것'을 성인의 경지라 언급한다.(『논어』, 「雍也」) 또한 그는 군자의 4가지 도리를 언급하면서 '백성의 생활을 돌보는 데에 은혜로움'과, '백성을 부려서 시키는 데에 의로워야 한다'는 2가지 도리를 지적하였다.(『논어』·「公冶長」) 그리고 그는 "통치자가 예법과 의리와 믿음을 좋아해야 백성이 통치자를 공경하고 따른다."고 언급한다.(『논어』·「子路」) 무엇보다 진지하게 "백성을 부릴 때에는 큰 제사를 받들듯이 경건한 마음으로 해야 한다"(『논어』·「顏淵」)라 하여 통치자가 지켜야 할 마음의 자세를 신앙적 경건성 속에 두어야 할 것을 강조하였다. 또한 공자는 백성의 능동적 입장으로서 통치자에 대한 신뢰의 조건을 제시하였다.

"백성에게 믿음이 없으면 나라가 존립할 수 없다."(『논어』·「顏淵」)

"군자는 백성들의 신뢰를 받은 다음에 그들을 수고롭게 부릴 수 있다."(『논어』·「子張」)

아직 백성의 주장이 논의되지 못하였지만 백성의 통치자에 대한 믿음은 백성 스스로 제시하고 통치자를 제약하는 것으로 민본사상의 적극적 표현이라 할 수 있다.

맹자에서는 민본정신이 보다 구체적이고 적극적으로 나타난다. 그는 임금이 되는 조건으로 백성의 마음을 얻어야 한다고 지적하고 백성과 즐거움과 근심을 함께 하는 것이 올바른 임금노릇이라 보았다. 그에 의해 임금도리 곧 왕도의 규범이 구체적으로 제시되었다. 임금은 백성의 기본적 생활조건을 보장하여야 하는 책임을 진다.

"백성들이 가족을 먹여 살리고 돌아가신 부모를 장사지내는 데 유감이 없도록 하는 것에서 왕도가 시작한다."(『맹자』, 「梁惠王」)

그는 백성에게 기본적 생활조건을 확보해 주지 못하여 빈곤에 허덕이는데 지배층이 부유한 것을 정치가 아니라 보았다. "어진 정치는 반드시 경계(토지 소유제도)에서 비롯한다."(『맹자』·「勝文公」)고 밝힌 데서도 민본의 이념을 실현하는 왕도정치가 현실적인 경제적 조건에 기초한다는 사실에 얼마나 깊이 관심을 기울이고 있는가를 잘 보여주고 있다. 그가 백성과 함께 즐기는 여민동락(與民同樂)의 왕도정치를 강조한 것도 백성들에서 착취한 풍요가 아니라 백성들과 함께 물질적 재화를 향유하도록 요구한다.

맹자는 한마디로 "백성이 귀하고, 사직(국가)이 다음이요, 임금은 가볍다."(『맹자』·「盡心」) 하여, 백성과 국가와 임금의 비중에 대한 차례를 정해주었다. 백성이 나라와 임금(통치계층)의 근본으로서 얼마나 존중될 것인가에 대한 가장 직설적이고 명백한 주장을 보여준다. 맹자가 "인을 해치고 의를 해치는 사람은 한 필부라 한다. '한 필부를 죽였다'(殺)고 들었으나 '임금을 시해했다'(弑害)고는 듣지 못했다"(『맹자』·「梁惠王」)고 한 것도 난폭한 임금을 제거하는 탕왕이나 무왕의 혁명을 정당화하는 것이다. 그는 왕도에 어긋난 폭군은 임금이 아니라 하여 내용에 어긋난 명칭을 내용과 분리시키는 실질적 입장을 밝혀 명분주의에 빠지지 않았다.

이처럼 공자에서 맹자에 이르기까지 중심문제는 통치자의 백성에 대한 의무규범이며, 백성이 받아야 할 보호내용인 것이다. 그것은 백성을 국가와 군왕에 예속시키려는 왕권중심의 지배논리에 대해 유교가 민본사상으로 이를 제약하고 백성의 지위와 가치를 각성시키는 입장이었다. 이 시기에 더욱 두드러진 것은 인간의 본성에 내포된 보편적이고 궁극적인 가치로서 인·의 또는 인·의·예·지를 제시하면서 모든 인간의 인격적 가치를 확인하였다. 그것은 백성의 기초적 존재로서 개인을 독립적 인격으로 확립하였고, 나아가 민중의 근원적 정당성을 열어주는 중대한 전환이다.

진한시대에 법가가 출현하면서 국가의 권위와 법률의 절대권을 강화하였다. 이 법가는 유가의 한 인물인 순자의 제자들 속에서 나오고 있지만 유교의 정통에서는 거부되었다. 한무제에게 유교를 국교로 채택하도록 청원하여 성공한 동중서(董仲舒)는 "하늘이 백성을 낳았으니 성품은 착하지만 기질이 아직 착하지 못하여 임금을 세워 착하게 하는 것이요, 이것이 하늘의 뜻이다"(『春秋繁露』)라 하여 왕권의 정당근거를 밝히고 있다. 그는 임금이 백성의 마음이고 백성은 임금의 형체라 하여 임금이 명령하는 것을 백성이 반드시 따라야 한다는 군왕중심의 지배논리를 강화한다. 한나라시대에 유교가 국교가 되면서 충과 효의 규범이 지배복종의 질서를 위해 강조되었던 것이다.

송대의 도학이 심화되면서 우주와 인간에 관한 형이상학적 근원에 대한 성리학적 탐구가 이루어졌다. 이러한 성리학적 인간심성에 대한 내면적 탐구과정에서 인간의 개체적 근원성은 극대화하였고, 그 본성의 보편적 초월성과의 일치가 확고하게 논증되었다. 이처럼 개인 속에서 보편적 원리를 발견하게 되자 민중의 사회적 집단성은 매우 쇠퇴하고 말았다. 모든 다양성은 보편적 원리로 추상화할 때 단일성에 수렴되고 그 단일성은 위로는 하늘이요, 인간에게는 마음 또는 성품이며, 사회적으로 성인 또는 임금 한 사람에 상응될 수 있다. 주렴계(周濂溪)는 "성인이 위에서 어진 성품으로 만물을 양육하고 의로운 성품으로 만백성을 바르게 한다. ……천하의 대중은 근본이 한 사람에 있으니 도리가 어찌 멀리 있겠는가, 방법이 어찌 여러 가지이겠는가"(『通書』)라 하여 성인중심의 세계를 제시하고 최고 원리를 강조하였다. 장횡거(張橫渠)는 성리학의 천인합일론적 세계관을 간명하게 설명해 준다. "하늘은 아버지라 일컫고 땅은 어머니라 일컫는다. 나는 아득히 섞여서 그 가운데 있다. ……백성은 나의 동포요, 만물은 나와 더불어 있다. 임금은 나의 부모의 큰 아들이요, 대신은 이 큰 아들의 집안 살림을 돌보는 사람이다"(「西銘」) 여기서 인간이 우주와 조화되고 그 중심에 있음을 제시하고 백성이 동포형제로 임금은 큰형님으로 가족적 일체감에서 확인된다. 그러나 백성의 위치는 형제적 친애감에 융해되어 어떤 능동적이고 주체적인 작용도 찾아보기 어렵다.

"천하의 일이 천만가지로 변화하여 그 실마리가 무궁하지만 한 가지도 임금의 마음에 근본을 두지 않는 것이 없다. 이것은 자연의 이치이다. 임금의 마음이 바르면 천하의 일이 하나도 바른 데서 나오지 않는 것이 없다."17)

주자의 임금마음에 대한 강조는 임금의 도덕성을 경계하는 것이지만 곧 그의 철학적 근본입장에 따른 연역적 체계에서는 임금의 한 마음에 모든 정치 현상의 귀결이 있다. 이러한 사회구조 속에서는 군주의 책임도 크지만 권력도 절대화하고 백성은 군주의 마음에 곡식이 자라는 들판처럼 대상화하여 비쳐질 수 있게 된다. 명나라시대에는 주자학이 국가의 정통이념으로 받아들여지면서 그 이념의 보편적이고 근본적 원리가 엄격한 지배 체제의 강화에 이용되었다. 따라서 인간은 개인적 내면화에 가라앉거나 보편원리의 절대적 권위에 순종해야 하는 데 대항하여 보편원리의 객관적 절대성을 거부하고 인간주체의 자율적 근원성을 주장하는 양명학이 대두하였다. 여기서 양명학의 심학적 주관주의적 입장은 규범적 권위의 지배는 거부하였지만 공동체적 사회조직으로서 민중의 주체적 존재는 별다르게 이끌어내지 못한 것으로 보인다.

"옛날에는 천하가 주인이라면 임금이 객(손님)이어서, 무릇 임금이 일생 동안 경영한 것은 천하를 위해서였다. 지금은 임금이 주인이고 천하가 객이 되어 무릇 천하가 어디든지 안녕을 얻지 못하는 것은 임금 때문이다. ……임금이 천하를 얻은 후에는 천하 사람들의 골수를 두들겨 쪼개고 천하의 자녀를 이산시켜서 자기 한 사람의 음탕한 즐거움에 바치고는 그것을 당연한 짓이라 생각하며, '이것은 내 재산에서 불어난 이식'이라고 한다. 그러니 천하에 큰 해를 끼치는 것은 임금뿐이다."18)

---

17) 『宋朱子年譜』(王懋竑纂訂, 商務印書館, 1982, p.146), 59歲 冬 10月條, <戊申封事>, "天下之事, 千變萬化, 其端無窮, 而無一不本於人主之心者, 此自然之理也, 故人主之心正, 則天下之事, 無一不出於正."

18) 黃宗羲, 『明夷待訪錄』, <原君>, "古者, 以天下爲主, 君爲客, 凡君之所畢世而經營者, 爲天下也, 今也, 以君爲主, 天下爲客, 凡天下之無地而得安寧者, 爲

청나라 초기에 황종희(黃宗羲; 1610~1605)는 고전적 유교 이념의 경우와 전제군주사회의 경우에서 임금과 백성의 관계가 어떻게 상반되어 나타나는가를 잘 보여준다. 그는 임금이란 존재를 천하의 백성을 착취하여 자신의 이익을 도모하는 해독 요소였다고 지적하며, 백성이 주인이 되어야 한다고 강조한다. 그것은 민본사상의 진정한 의미를 회복하기 위하여 유교 이념을 기반으로 한 중국사회의 전통 체제를 예리하게 비판하는 것이다. 같은 시기 고염무(顧炎武; 1613~1682)도 "필부의 마음이 천하의 마음이다"라 하여 서민대중의 의식이 사회 전체의식을 대표한다는 민중중심적 민본사상을 확신하고 있었다.

청나라 말기의 금문경학파(또는 공양학파)들은 이미 중국전통의 한계와 근대적 전환에 대한 요구를 자각하고 개혁운동을 추진하는 입장에 놓여 있다. 이들의 대표적 인물인 강유위(康有爲; 1858~1927)는 삼통삼세설(三統三世說)을 기초로 유교전통의 역사적 변천을 해명하고, 새롭게 출현하는 질서의 정당성과 그 모형을 제시한다. 그는 사회가 '거란세'(據亂世)에서 '승평세'(升平世)로 또다시 '태평세'(太平世)로 진보하는 과정임을 믿고 군신제도에서 입헌제도로 변하고 입헌제도에서 다시 공화제도로 변할 것을 지적하였고, 개인 – 부부 – 부자 – 석류(착한 친족) – 대동(大同)으로 진보하는 사회질서의 양상을 밝히고 있다. 이러한 근대적 변혁 속에서 백성은 완전한 개인의 자유와 행복을 보장받는 이상사회에 이르는 것으로 이해된다. 곧 백성을 천자(하늘의 아들)에 예속되는 신민(신하로서의 백성)이 아니라 필부 누구나 하늘의 아들로 인식된다. 따라서 모든 인간은 평등하고 자유로운 세계 속에 존재하게 된다. 여기서 백성은 억압받고 천대받는 현실을 각성하며, 또한 백성의 공동체적 권리를 획득하기 위한 투쟁과정이 없다. 다만 이념적 이상형을 새롭게 해석함으로써 새로운 이상사회에 도달할 것으로 예견하고

君也, ……其旣得之也, 敲剝天下之骨髓, 離散天下之子女, 以奉我一人之淫樂, 視爲當然, 曰此産業之花息也, 然則爲天下之大害者, 君而已矣."

있다. 그의 저술 『대동서』(大同書)에 나타나는 대동사상은 『예기』 <예운편>의 대동개념을 이상형의 모형으로 제시한 것이다. 담사동(譚嗣同; 1866~1898)은 정치의 실제에서 민권문제가 중심이 될 것이라 파악한다. 그러나 그는 "뭇 용(龍)을 보니 머리가 없으면 길하다"(『주역』, 「乾卦」)라는 규정을 해석하면서 "하늘의 덕은 머리를 둘 수 없다" 하여 천하가 다스려지면 "교주(敎主)가 없을 뿐 아니라 종교(宗敎)도 없는데 이르며, 군주(君主)가 없을 뿐 아니라 민주(民主)도 없는데 이른다."(『仁學』)라 하여 완전히 초월하는 불교적 해탈의 경지를 말하고 있다. 이처럼 청말 공양학파의 변법(變法)사상가들은 자유와 평등과 민권의 이상사회를 제시하지만 민중의 권리를 어떻게 획득하고 어떻게 지켜 가는가에 대한 현실적 고민이 빈약한 상태에 있는 것이다.

4. 민중의 정당성과 권리

1) 민중의 근원적 정당성

인간은 개인적으로 능력이나 성격에서 천차만별의 다양한 차이를 지니고 있다. 이러한 개인차는 쉽사리 평가의 대상이 될 수 있고, 그 평가의 결과에 따라 계층적 순위가 나타나기도 한다. 이러한 차이가 인간의 뚜렷한 특징적 모습이지만 그러나 전부는 아니다. 모든 인간에 있어서 개인적 차이를 인정하면서도 그 관계를 긴밀하게 결합시켜주는 두 가지 방법을 찾아볼 수 있다. 그 하나는 인간이 더 넓게 다른 사물에 비교할 때 같은 무리에 속한다는 심리적 유대감이고, 다른 하나는 인간은 누구에게나 공통된 요소를 근본적으로 갖추고 있다는 동질성에 대한 합리적 인식이다. 인간은 서로 적대감을 갖기도 하지만 더욱 근원적으로 유대감을 갖는다. 인간이 다른 인간을 자신의 생활에 이용될 수 있는 수단으로 파악하거나 경쟁의 상대 또는 적대적인 투쟁의 상대라 파악하기 이전에 함께 사귀고 놀아야 할 친구로 받아들인다. 말하자면 인간은 사랑의 감정이 경쟁의 감정보다 더 근원적이라는 의견이다. 물론 낯선 사람에게 처음부터 친밀감이 생기는 것은 아니다. 그러나 인간은 태어났을 때 먼저 부모와의 사이에서 사랑을 배우면서 눈과 귀를 뜬다.

인간이 서로 사랑하고 친밀한 유대관계로 깊어지고 이 친밀감을 확장해가면 인간은 모든 인간을 사랑하는 인류애로까지 나아가게 될 것이다. 맹자가 「진심장」에서 말하고 있는 것처럼, 유교의 사랑에 대한 논리는 인간이 가장 가까이 부모와 친족을 사랑하고 나아가 이웃인 백성을 사랑하고 더욱 나아가 만물을 사랑하는 데까지 나아간다. 그것은 마치 고요한 못에서 파문이 퍼져나가듯 더욱 멀리 가고자 하는 것이다. 여기서 물아일체론(物我一體論)[사물과 나의 일체감]도 가능하지만 사해동포론(四海同胞論)[인류의 형제의식]이 의미 있다. 인간의 유대감은 곧 인간이 다른 인간을 이용하고 억압하거나 해치는 것이 정당하지 못함을 말하며, 유대를 강화하여 집단으로 결속하는 것이 정당함을 뜻한다. 곧 인간은 이웃과 친밀한 인간적 유대를 맺는 데서 민중의 집단성이 정당성을 가질 수 있다. 개인이 자신의 문제에 폐쇄되면 민중으로 성립하지 않는다. 그것은 동류의식과 유대감으로 맺어진 대중이다. 물론 개인마다 자신의 삶이 있고 자신의 독특한 세계가 있다. 그러나 어떤 목적 없이 단순히 인간이라는 조건으로 서로 자연스럽게 동류감을 일으키고 결속할 수 있어야 한다. 때때로 어떤 특정한 이유에서 다른 인간으로부터 구분하는 집단의식이 있다면 그것은 민중이 아니다. 같은 혈통의 문벌이나 같은 생활경험의 동료들이거나 직업적 동업자 또는 취미가 같거나 생활수준이 유사한 사람들의 친목집단도 민중일 수 없다. 민중에는 아무 자격 없이 들어올 수 있고 배타적인 것이 없다. 다만 그 속에서 어떤 의도적 목적의식이 없이 가장 자연스럽게 인간적 친밀감으로 결합하여야 한다. 『대학』의 3강령에서 '明明德'(인격의 연마)의 개인 인격적 성취는 '親民'(사회적 결합)의 대중적 유대 속에 참여하며, 동시에 '친민'을 통하여 '명명덕'도 구체화되는 것으로 해석할 수 있다. 곧 『대학』의 기본 원리가 인간 삶의 사회적 결합으로 확장하는 것이다.

인간의 성품에는 모든 개별적 차이를 넘어 선천적이거나 기질적으로도 공통성이 나타난다. 인간의 본성에서 보편성을 발견하는 것은 송대 성리학의 기본과제였지만, 우리는 인간의 본성적 공통요소를 모든 인간의 결합근거로서 인정하고 또한 그 공통의 본성이 인간존재의 가치근거임을 강조하고자 한다. 한 인간의 개별성이 아니라 모든 인간의 공통성으로 본성은 인간이 지켜야 할 모든 규범의 근거가 될 수 있다. 여기에 민중은 숫자로서 다수라는 양적 개념인 세력에 머무르지 않고 인간의 공통성을 근거로 하는 보편성이라는 질적 개념인 정당성을 확인할 수 있다. 이 보편적 성품은 너무 숭고하여 평범한 일상적 인간이 실천할 수 없는 지극히 높은 이념이 아니라 모든 인간이 누구나 해낼 수 있고 해내어야 하는 최소한의 조건이어야 한다. 유교전통은 인간이 실천할 원리요 방법으로 도(道)를 제시하면서, 이 '도'의 형이상학적 이념적 측면을 지나치게 강조하였다. 그러나 이 길[道]은 인간이 반드시 지켜야 하며, 누구나 지킬 수 있고, 지키는 것이 쉬운 것이라야 한다.

민중은 이러한 인간의 공통적 성품에 따른 길을 즐거워하며 함께 가는 대열이다. 이 길은 사랑하고, 의롭고, 겸손하고, 사리 밝으며, 그리고 믿음이 있는 길이다.19) 물론 이 길은 모든 인간을 편안하게 해주고,

---

19) 인간의 性稟인 仁·義·禮·智·信의 五常을 말한다.

그 삶을 즐겁고 의미 있게 해준다. 또한 이 길은 많은 인간이 다녀서 이루어진 것이며, 그러기에 외롭지 않게 해주며, 누구와도 이 길에서 동무할 수 있다. 민중은 역사의 길을 함께 걸으며, 진실의 길을 함께 걷는다. 어떤 힘도 이 길을 막을 수 없다. 이 길은 인간의 보편적 본성에서 나온 길이기에 하늘의 길이요, 이 길을 막는 것은 하늘을 막고 나서는 꼴이다. 일시적으로 바리케이드를 칠 수 있지만 그 장애가 무너지는 것은 시간문제요, 필연의 추세이다.

길은 아무리 정당하고 필연적인 것이라 하더라도 길이 움직여 가는 것이 아니라 인간이 길을 걸어간다. 인간은 길 위에서 자신의 선택과 결단으로 자신의 걸음을 걷는 것이다. 눈을 높이 들어 멀리 앞을 보면서 힘차게 걸어갈 수도 있고, 길가에 핀 꽃들과 경치를 즐기느라고 매우 느리게 갈 수도 있다. 앞장서 가기도 하고 남들을 따라 가기도 한다. 때로는 어린아이처럼 길을 벗어나 노는 데 정신이 팔려 있는 경우도 있다. 어떤 경우에도 민중은 이 길을 닦았고 또 그 길을 가는 주인이다.

2) 민중의 권리와 책임

민중이 함께 가는 길에도 여러 가지 조건들이 있다. 길의 가장 바람직한 상태는 넓고 평탄하지만 그러나 이 길에 때로는 장애물도 있을 수 있고, 교통순경도 있어야 한다. 또한 많은 사람이 함께 갈 때에는 서로 지켜야 할 규칙도 필요하다. 이러한 일들은 더욱 능률적으로 길을 갈 수 있도록 조절되어야 한다. 민중의 사회적 삶에는 자신의 삶을 질서 있고 편리하도록 설치한 규칙과 시설들이 오히려 불편과 부담을 주기도 한다는 사실에 주목하여야 한다.

먼저 민중의 유대감을 깨고 민중을 구별하여 특정한 일부에 혜택을 주는 경우를 들 수 있다. 특히 필요한 물자는 적고 필요로 하는 사람이 많을 때 고르게 나누지 않고서 어디는 두텁게 어디는 얇게 나누는 행동이다. 균형을 깨뜨리면서 민중은 횡적인 친밀한 유대감에 금이 가고 사방으로 흩어진다. 이렇게 민중이 분열되면 분배를 맡은 자는 더욱 자기의 욕심을 발휘하기 쉬워진다. 민중이 분열되어 서로 충돌하거나 방향을 상실하면, 분배를 맡은 자는 자기 몫을 크게 할 수도 있고, 또 물자를 필요로 하는 사람을 자기가 조종하며 지배할 수 있다. 분배를 고르게 하지 않는 데서 모든 독재권력이 나오게 된다. 원래 권력이란 저울이다. 고르게 나누기 위해 저울이 필요한 것처럼 권력이 필요하다. 그러나 저울을 속이면서 균형이 깨어지고 부정이 발생한다. 균평한 데서 평등이 가능하다. 민중은 모두 불균형과 불평등을 거부하고 서로가 서로에 아무런 위축을 받지 않는 평등을 누려야 한다. 또한 민중은 항상 저울을 유심히 관찰하는 소비자처럼 권력의 운영을 관찰하여야 한다. 권력은 저울의 경우처럼 의심하고 관찰하는 데서 믿음이 나오지 눈을 감고 믿어줄 수 있는 것이 아니다. 민중은 권력을 믿어야 할 의무가 없다. 권력의 균형 있는 운영을 보고 믿을 수 있을 따름이다. 따라서 민중은 통치권의 균형을 감시하고 감독할 권리가 있다. 공자가 "부족한 것을 염려하지 말고 고르지 못한 것을 염려하라"(『논어』·「季氏」)고 통치자의 임무를 지적한 것은 민중의 삶에 기초적이고 절실한 의미를 갖는다.

권력은 '길'을 따라 이루어지면 권도(權道)라고 한다. 따라서 길의 방향에 관심이 적은 권력은 강제력일 뿐이다. 이치에 순응하면 힘이 많이 들지 않지만, 이치를 어기고 억지로 끌고 가려면 힘이 많이 필요하다. 최소한의 권력으로 튼튼한 정치체제도 있고, 엄청난 경찰력과 감옥 시설을 갖고도 허약한 체제도 있다. "법률과 금지령으로 이끌고 가고 형벌로 균일하게 만들면 백성이 형벌을 피해가면서 부끄러워하지 않는다. 덕으로 이끌어가고 예절로 균일하게 하면 악을 부끄러워할 줄도 알고 바로잡힌다."(『논어』·「爲政」)는 공자의 말은 민중이 권력의 강제력에 능동적으로 따르지 않고 있음을 제시해주었다. 민중은 강제력이 아니라 자율적인 의지에 따라 자신의 길을 걸을 수 있다. 민중에게 자율성을 주지 않는 것은 올바른 길을 벗어나 자기의 욕심을 펴려는 독재적 권력의 강제력에 저항할 권리가 있다. 민중은 길을 따라가는 한, 자기 의지의 자유로움을 보장받아야 한다. 이웃을 사랑하고, 의로움을 지키는 것은 진실의 길을 가는 인간양심의 빛이다. 민중은 자신의 양심의 빛으로 길을 밝게 비추고 길을 가는 데 방해를 받지 않아야 한다. 자유는 욕심대로 하는 방종과 구별된다. 강제력의 방해를 받지 않고 인간답게 살아가는 민중의 권리가 자유이다.

민중은 거대하게 집합된 대중이므로 그 자체가 힘을 갖는다. 마치 엄청난 강물이 흐르고 바다가 출렁거리는 것과 같다. 잔잔할 때에는 종이배도 띄워주지만 거칠게 소용돌이치면 산 같은 둑도 무너뜨리고 큰 배도 뒤집어 놓을 수 있다. 이 엄청난 힘이 바른 길을 가지 못하면 그 파괴력도 엄청나다. 탐욕스런 권력이 민중을 억압하고 고통스럽게 하는 데 대해 항거하여 혁명을 일으킬 수도 있다. 그러나 너무나 많은 경우 민중은 교활한 집단에 의해 이용되거나 조종되기도 하고 향락적 타락 속에 병들고 무너져 짓밟히는 경우도 있다. 따라서 민중은 자기 존재의 위치와 역할에 대한 자각을 하여야 한다. 그 자각은 반드시 진실의 길을 민중이 주체적으로 자각하여야 하는 것이다. 인간에 대한 잔학하고 난폭함, 의롭지 못함, 탐욕스러움, 맹목적이고 저돌적 태도, 이러한 비인간성을 인식하고 거부하는 것이다. 맹목적 권력에 스스로 빠지거나 민중을 타락시키기 쉬운 비인간성을 용납하지 않는 자각과 의지가 필요하고 그 행동이 필요하다. "사람이 길을 넓힐 수 있지, 길이 사람을 넓혀주는 것은 아니다"(『논어』·「衛靈公」)라고 한 공자의 말씀을 새겨보면 인간의 주체성 곧 민중의 주체성을 지키는 것은 진실을 실현하는 것이요, 탐욕의 충족이 아니다. 건강한 역사의 주인은 건강한 의지와 확고한 자각으로 올바른 길을 가는 것이다.

5. 민본유교의 제도와 이상

1) 민본유교의 제도

민본유교는 민주주의의 제도와 여러 면에서 깊이 어울릴 수 있다. 첫째, 그것은 인간이 자신의 판단과 행동을 스스로 결정할 수 있는 자유를 보장하는 것이다. 치밀한 법의 그물을 펴서 행동의 범위를 제약하고 허용된 공간 안에서 숨쉬도록 하는 억압은 풀려야 한다. 민본유교는 민중의 자율성을 보장하는 제도를 요구하게 된다. 둘째, 민중의 자기주장을 자유롭게 하고 그 주장이 통치체제와 교류되어야 한다. 그것은 '언로'(言路)를 여는 것이며 이 '언로'는 민중이 주체적으로 이끌어 가야 한다. 셋째, 민중은 끊임없이 자기 개혁을 하여 '날로 새로워지고, 날로 새로워지는'(대학·전2장) 길을 걸어야 한다. 그것은 교육을 통한 자기 향상이 요구된다. 대중교육은 더욱 심화되어 민중교육으로 나아가야 할 것이다. 공자가 "가르치는 데는 차별을 두지 않는다."(『논어』·「衛靈公」) 라고 한 것은 교육하는 사람의 입장에 있는 평등한 대우이다. 여기서 한걸음 나아가 민중의 자기 교육을 통한 자기 혁신이 필요한 것이다. 넷째, 민중은 그 기본생활이 보장되고 고르게 분배되어야 한다. "입고 먹는 것은 백성의 근본이요, 백성은 나라의 근본이다"(『劉子』·「貴農」) 라는 언명에서처럼 민중은 생존을 보장해주는 제도를 요구할 수 있다.

자율성의 문제는 법치주의 내지 법지상주의의 태도를 반성하는 데서 가능하다. 민중의 행위를 법의 허용이나 금지에 따라 규정하는 것은 결코 바람직하지 않다. 유교는 기본적으로 덕치주의의 이념에서 법치주의의 한계와 문제점을 경고해 왔다. 법이 지배하는 사회에서는 법을 조종하는 권력이 민중을 쉽게 탄압하고 구속할 수 있다. 법 위에 이성, 양심, 도덕이 민중적 합의를 얻을 때라야 근본이 배양되는 사회가 될 수 있다.

 '언로'는 '언론'(言論)과 구별될 수 있다. 언론은 자기의 주장을 논리적으로 제시하는 것이다. 언론의 자유는 말을 할 수 있는 자유이지만 상대방으로서는 들어야 할 의무가 있는 것은 아니다. 그러나 '언로'는 대화의 쌍방이 서로 주고받는 말의 통로요, 말의 길이다. 길이 막히지 않고 평탄하게 하며 쉽게 소통되도록 넓히는 문제가 남는다. '언로'는 자유의 문제가 아니라 대화를 소통하는 문제다. 민중의 언론과 권력의 언론이 제각기 자유를 누리며 소음을 일으키는 것은 누구에게도 만족스럽지 않다. 조작하지 않는 넓고 곧은 대화의 길을 열어야 한다. 그래야 민중이 자유롭게 숨쉬고 사회의 구석구석까지 피가 제대로 순환할 수 있는 것이다. '여론'(輿論)도 민중의 집단적 의견으로 인정되지만, '공론'(公論)과 구별되어야 한다. '여론'은 양적 다수에 의존하는 만큼 그릇된 의견을 구별해 내기 어렵다. 그러나 '공론'은 다수의 의견이기도 하지만 그 내용이 공정성을 지니는 것이다. 현대의 대중조작기술에 의하여 '여론'이 그릇 이끌려 나오는 경우에 대해 정당성을 전제로 하는 '공론'의 확인이 중요한 의미를 지닌다. 언로의 비판정신은 진실에의 의지이다. 비판의 거부는 시비지심(是非之心)[옳고 그름을 밝히는 이성]을 거부하는 맹목성이다.

2) 민본유교의 이상

 민본유교가 이상으로 하는 사회의 모형을 생각해 볼 수 있다. 민주주의의 이념이 가진 소박한 전제는 민중이 모든 권력의 주인이라는 것이다. 여기에는 권력의 소재에 대한 의식이 강하다. 이에 비하여 민본주의는 백성이 권력의 주인이라는 뜻을 넘어서 '백성이 하늘'이라는 신념을 전제한다. 그것은 '民主주의'라기보다는 차라리 '民天주의'라 할 수도 있겠다. 권력의 쟁취보다는 권력의 올바른 실현을 확보하려는 입장이다. 민본유교는 민주주의 제도에 적응하지만 민주주의를 최종의 제도로 확인하는 것은 아니다. 여기에는 먼저 사회의 구성원으로서 개인 내지 민중의 도덕적 성숙을 요구하고 동시에 정치체제에서도 도덕적 자각을 추구한다. 물론 예속적이고 권위적인 관계가 아니라 정치체제나 민중이 함께 이성적 도덕률에 주체적으로 참여하는 것이다.

또한 사회적 도덕의식은 이에 적합한 행동절차를 마련할 수 있다. 그것이 예법의 절차이다. 예법은 전통사회에서 엄청난 영향력과 구속력을 발휘하여 그 폐단에서 "예법으로 사람을 잡아먹는다."라고 할 만큼 누적된 것도 사실이다. 그러나 한 이념이 자체의 행동양식과 절차를 갖추지 못하고 있는 것은 질서의 가능성을 상실하고 거의 혼돈에 가까운 상태에 있다고 할 수 있다. 그러나 예법은 인간을 구속한다기보다는 인간행동을 편리하게 해주는 것이다. "예(禮)를 잃으면 번거로워진다."(『예기』・「經解」)라고 하기도 한다. 예법은 많은 부분에 있어서 시대와 사회적 상황에 따라 변할 수도 있다. 예법의 불변성을 고집하는 것은 시대착오의 철부지가 되고 말 것이다. 예법의 일반적 기준이 없으면 그 사회는 성립이 될 수 없다. 민본유교는 우리시대에서 새롭게 유교예법을 확립하고 행동규범을 정립하여야 한다. 쉬운 일은 아니지만 벌써 문제의 가운데로 깊이 들어와 있다. 국가나 통치자의 지배자로서의 권위가 인정되지 않는 민주주의 사회에서, 또한 유교가 이미 국교가 아닌 시대에서 전통사회의 국가의례인 하늘과 사직에 대한 제사를 오늘의 유교교단은 외면하고 있다. 천자가 대표로 제사권을 갖는 하늘에 대한 제사는 이제 유교교단이 중심이 되어 모든 사람에게 개방되어야 할 것이다. 대가족 제도가 붕괴된 현대사회에서 큰아들에게만 조상에 대한 제사권을 부여할 것인가도 문제가 된다. 남녀가 누구나 제사권을 갖겠다는 주장이 일어나지 않는다면 제사권이 부담스럽기만 한 것으로 기피되는지도 모르겠다. 오늘날에 관, 혼, 상, 제의 예법이 너무나 많은 부분에서 사문화하고 행동지침을 제공해주지 못하고 있다. 이처럼 예법의 붕괴는 사람의 행동을 혼란 속에 빠뜨리는 것이다. 이제 진정한 민본정신의 발현을 위해 신분계층의 명분을 강화하던 전통예법은 퇴역하고 새로운 민본유교의 예법체계가 제시되어야 하겠다. 예법체계에서는 누구도 특권을 부여받지 않고, 여성도 차별되지 않아야 하며, 모두가 진정으로 서로 공경하고 친애하는 마음으로 만날 수 있어야 할 것이다.

민본유교는 민중의 지위와 권리를 보장하는 것을 전제로 한다. 그러나 권리투쟁의 논리가 문제의 최종적 해결방법이 아니라 조화와 일치가 이상사회의 모습일 것이다. 민중은 투쟁적 의식보다도 깊은 자기 인식과 역사와 문화와 정치의 주체로서 그 의식을 개발하고 실천할 때에 모든 억압적 구속도 풀고 조화와 질서를 확보할 수 있다. 곧 민중은 가난하고 어리석고 무식한 바닥계층이 아니라 인간의 진실성을 실천하고 곧고 바른 길을 즐겁게 걷는 대집단이다. 억압하는 권력을 거부하는 것은 쉬우나 억압 없이 자유롭고 진실한 사회는 저절로 이루어지는 것이 아니라 민중의 자각과 자기 교육과 실천을 통해 이루어져야 한다. 이제 민본유교의 도덕은 너무 번쇄하여 전문지식인이라야 직업적으로 이해할 수 있는 것이어서는 안 된다. 최고의 진실은 쉽고 간단한 도리라야 한다.[20] 민본유교는 민중이 이 진실의 길을 확고하게 신봉하고 즐겁게 걷도록 협력해야 할 것이다.

---

20) 『周易』, 「繫辭傳」에서는 "하늘은 쉽게 알 수 있고, 땅은 간단하게 이루는 것이다. 쉬우면 알기 쉽고, 간단하면 따르기 쉽다. 알기 쉬우면 친하게 되고, 따르기 쉬우면 功을 이룬다."[乾以易知, 坤易簡能, 易則易如, 簡則易從, 易知則有親, 易從則有功]라고 하여 우주의 원리가 쉽고 간단함을 강조하였다.

6. 민본유교의 역할

민본유교는 마치 '왕도유교'(王道儒敎) 고전유교의 이상적 정치원리가 민주주의시대에 다시 태어나는 것이다. 우리시대에 유교가 가장 적극적으로 문제 삼고 자신을 개혁하여야 할 문제가 민본정신의 시대적 관철이라는 인식에서 명명한 것이다. 민중에게서 외면당하고 무기력한 유교의 모습이라면 너무 황량하고 참담하다. 유교가 그 자체로서 보편적 진리이기에 가치 있는 것이 아니라 역사와 사회 현실 속에 기능하고 기여할 수 있기에 가치 있는 것이다. 그만큼 유교는 엄청난 자기혁신을 요구받고 있으므로 그 진리를 시대 속에서 살려야 한다. '옛것을 익혀서 새로운 것을 안다'고 하지만 옛것을 옛것으로 익히는 것에서는 새로운 것이 나올 수 없다. 공자의 말씀은 "배운 것을 시대사회 속에서 익혀야 즐거움이 있다"(『논어』·「學而」)는 뜻일 것이다.

민본유교는 무한한 가능성이 있다. 그것은 민중이 권력체제에 소외되고 고통당하는 것을 구원하고자 하며, 또한 민중이 집단적 타락이나 폭력에 빠지는 것도 건져주고자 한다. 민중을 역사와 사회의 주체로 끌어올리는 데 도우면서 그 민중이 도덕성과 인간성을 계발하여 그 품위를 지니고 민중의 내면과 사회의 전체에서 조화를 이루는 이상을 추구한다. 여기서 민본유교는 그 뿌리의 생명을 튼튼하게 지켜주고 건강한 가지와 꽃과 열매가 결실하도록 하는 영광스러운 역할을 역사에 다시 한 번 실현하여야 할 것이다.

Ⅲ. 동양철학과 정의

1. 문제의 배경

　인간이 집단을 이루어 사회를 형성하였을 때에 개인의 다양한 욕구
는 사회의 복합적인 관계를 통하여 표현되고 조정되는 과정을 거치게
된다. 이때에 개인의 욕구가 서로 충돌할 수도 있지만 사회는 적절히
개인의 욕구를 전체적 균형 속으로 흡수함으로써 한 측면에서는 개인
의 욕구를 억제하지만 다른 측면에서는 그 욕구를 더욱 의미 깊게 이
끌어 올림으로써 사회의 역할과 더불어 인간의 가치 영역을 마련하게
되는 것이라 할 수 있다. 여기서 곧 질서와 도덕의 형태가 나타나는
것이다. 또한 이러한 사회적 질서나 도덕적 체계는 필연적 사실로서의
문제가 아니라 당위적 규범의 문제로 이해될 수 있고, 이 당위성은 인
간의 삶과 사회의 제반현상의 표준이요, 권위로 받아들여질 수 있다.
　동양의 전통철학으로서 유교·불교·도가는 동양적 전통 속에서 인
간의 개체적 영역에서나 사회적 영역에 있어서 인간적 삶의 정당성과
가치체계의 기준을 제시해 왔고 따라서 이들 전통철학의 이념은 동양
사회의 목적과 존재가치를 부여해 주었다. 이러한 사회적 체제 내지 개

인적 삶에 정당성의 기준을 제공하는 이념을 정의라고 한다면, 정의는 전통철학의 기본 과제임이 틀림없다고 하겠다. 다만 우리나라를 비롯한 중국문화권의 동양사회가 기본적으로 유교를 사회질서의 이념적 기반으로 하고 있는 만큼, 정의의 문제도 유교적 이념이 기초에서부터 중요한 비중을 갖는 것임을 주목할 필요가 있다.

2. 정의의 이념

　정의는 인간의 도덕의식에 뿌리를 두고 있으면서 보편적이고 객관적인 기준을 요구한다. 인간의 도덕적 가치의식을 떠난 객관적 기준은 형식적 법제가 될 수 있고 인간을 강제할 수도 있지만, 그것은 비인간적인 데로 귀결되기 쉬우며 그만큼 인간으로부터 유리되고 말 것이다. 또한 객관적 기준을 무시하는 도덕의식은 비록 내면적 확신을 지닐 수 있다 하더라도 독선에 빠져 충돌하고 파괴적인 작용을 할 수도 있다. 따라서 정의는 인간의 내면적 도덕성에 근본을 두면서 그 도덕성이 객관적 기준과 일치해야 한다는 제약을 내포하지 않을 수 없다.

　유교의 이념에서는 정의가 기본적으로 덕목의 하나로서 인정되고 있다. 이때에 정의는 유교의 전통적 개념에서 의(義)로 표현되는 사실에 비추어 정의(正義)의 정(正)은 의(義)의 객관적 기준성을 더욱 강조하고 있는 것으로 이해된다. 곧 정(正)은 직(直)과 결합하여 마치 직선이 두 점 사이에 최단거리를 이루는 것으로 하나만 있다는 유클리드의 정의처럼 배타적 기준성을 보여주는 것이다. 그리고 '德'의 고자(古字)가 '悳'字라는 사실에서 '悳'은 '直'과 '心'의 결합임을 알 수 있으며, 德

은 ‘直’의 기준성과 ‘心’의 내면성을 포함하고 있다는 점에서 정의와 공통된 성격을 지니고 있음을 알 수 있다. 다시 말하면 ‘의’는 ‘덕’의 한 조목이고 ‘덕’은 인격적 내면성과 객관적 기준성에서 정의와 상통된다는 것이다.

물론 유교의 ‘덕’개념에는 인·의·예·지의 사덕(四德) 또는 인·의·예·지·신의 오상(五常)이라는 조목들을 포함하고 있지만, ‘의’는 인의(仁義)·예의(禮義)·신의(信義) 등으로 다른 덕목과 결합력이 강하다는 사실에서도 ‘덕’의 개념에 기본 내용을 이루고 있음을 확인하게 된다. 정의가 ‘덕’에 근거를 둠으로써 유교 이념에서는 인격적 내면성을 확보하게 되고, 또한 ‘덕’은 ‘得’이요 ‘사람이 하늘에서 얻은 것’[21]이라는 정의(定義)에서 그 객관적 기준성은 천(天)이라는 초월적 궁극존재에 근원하는 것임을 인식할 수 있다.

‘의’는 ‘덕’에 근거를 두면서 한걸음 나아가 현실세계와의 연관에서 그 특성을 보여준다. 주역에서 “경(敬)으로써 속을 곧게 하고 의(義)로써 밖을 반듯하게 한다”는 언급을 통해서 ‘의’가 내면성에 침잠하는 방향이 아니라 외부세계에로 지향하는 힘을 지니는 것임을 알 수 있다. “사물에 내재한 것은 이(理)이고, 사물에 대처하는 것은 의(義)이다”[22]라는 규정에서도 ‘이’에 대하여 ‘의’는 사물로서의 외부세계와 관계를 통하여 나타나는 것으로 이해된다. 그러나 ‘의’는 단순히 외적 현실세계와의 관계가 아니라 이 관계를 통해 외부세계를 바르게 하고 정당하게 하는 당위규범으로서의 성격을 지니는 것이다. 특히 인간의 행동원리를 ‘의’로서 규정할 때 ‘인’이 보다 내면적 본질로 이해되는 것과 대조시켜서 맹자는 “인(仁)이란 인간이 사는 편안한 집이요, 의(義)란 인간이 가는 바른 길”이라 언급하였다. 여기서 유교에 있어서 정의의 이념은 인간

---

21) 『大學章句』, 「首章」, “明德者, 人之所得乎天, 而虛靈不昧, 以具衆理, 而應萬事者也.”
22) 『孟子集註』, 「告子上」, “程子曰, 在物爲理, 處物爲義, 體用之謂也.”

의 도덕적 내면성에 근거를 두면서도 현실세계의 행동규범을 이루는 것이며 동시에 객관적 기준으로서의 초월적 근원을 확보하고 있는 사실을 확인할 수 있는 것이다.

그러나 노장의 도가철학에서는 정의가 인간의 내면적 도덕의식이나 행동규범으로서의 현실성을 넘어서는 자연철학적 입장에서 찾아야 한다. 곧 인간의 자의성을 극복하고 자연의 소박성에로 복귀할 것을 요구하며, 인간의 주관적 상대성이나 가치체계의 계층적 분별을 벗어나 절대적 평등과 자연의 필연성에 일치하는 데에서 진실성과 정당성의 원칙을 제시하였다. 노자에서 "도(道)가 존중되고 덕(德)이 고귀함은 무릇 명령하지 않는 것이며 항상 自然한 것이다. ……생성하면서 소유하지 않고, 행하면서도 자랑하지 않고, 성장시키면서 지배하지 않는 것이니, 이것을 현덕(玄德)이라 한다."23)고 언급하였던 것은 궁극적 진리와 진정한 가치를 자연성에서 확인하는 것이다. 따라서 인간의식의 분별에서 발생하는 '인'·'의'의 개념은 진정한 도가 아니므로 "대도(大道)가 무너지면 인의(仁義)가 있고, 지혜가 나오는 곳에 큰 거짓이 있다"(老子·18)고 언명하게 되며, 인간의 의지와 지혜를 넘어서는 자연에의 일치에서 진정한 도덕과 정의의 이념적 근거를 확인할 수 있게 된다.

불교의 기본교리로서 고(苦)·집(執)·멸(滅)·도(道)의 사성체(四聖諦)에 따르면 삶의 현상세계는 환망(幻妄)한 것이요 고통의 세계이며, 이 현상세계의 집착하는 것은 미혹으로서 이 미망(迷妄)을 소멸시키는 초월화를 통하여 진정한 도의 세계, 곧 깨달음[覺] 내지 열반의 해탈이 확립될 수 있다. 이 해탈에로의 길인 도체(道諦)는 올바른 직관[正見]·올바른 사고[正思惟]·올바른 말[正語]·올바른 행위[正業]·올바른 도덕적 생활[正命]·올바른 노력[正精進]·올바른 염원[正念]·올바른 명상[正定]의 팔정도(八正道)로 제시된다. 여기서 팔정도는 인간의 참된

---

23) 『老子』 51章, "道之尊, 德之遺, 夫莫之命而常自然……生而不有, 爲而不恃, 長而不宰, 是謂之德."

생명을 실현하는 근본방법으로서 정당한 것이므로 정의의 이념적 근거가 된다. 이 해탈의 도를 거부하고 고통의 세계에 사로잡혀 있는 미망이나 정도(正道)에의 역행은 부당한 것이요 불의(不義)로 이해될 수 있다. 대승불교의 보살(菩薩)정신에서는 자리(自利)와 더불어 이타(利他)를 강조함으로써 해탈에 이르는 실천덕목에는, 육파라밀(六波羅蜜)에서 제시되는 바, 자비로 널리 사랑하는 행위(布施), 불교의 도덕에 일치하는 행위(持戒) 및 인욕(忍辱)·정진(精進)·선정(禪定)·지혜(智慧)에서 보이는 것처럼 타인에 대한 행동원리를 포함하여 도덕규범적 원칙들이 해탈의 방법이요, 정당성의 근본으로 나타나고 있음을 보게 된다. 여기서 다시 불교에서도 정의는 현실적 도덕규범과 관련하면서 궁극적 초월성에 이르는 방법으로서 그 확고한 근거를 지니고 있음을 확인할 수 있는 것이다.

정의는 동양철학의 사상적 전통에서 각각의 궁극적 가치근거에 근원을 두고 있는 가치질서를 통하여 인식될 수 있는 것이고, 각 사상 체계의 궁극적 진리로서 도는 행동의 원리를 포함하고 있으며, 따라서 정의의 실천적 근거를 제공해 주는 것으로 볼 수 있다. 도는 이념으로서의 진리를 뜻하면서 동시에 인간이 구체적으로 걸어가는 '길'을 뜻하는 실천적 성격을 지니고 있는 것이다. 여기에 도가 이념과 실천을 포괄하는 원리인 것에 상응하여 정의는 이념에 근거를 두고 실천을 지향하는 것으로 이념과 실천의 양자를 매개하는 성격을 지니는 것으로 이해할 수 있다. 사실상 의(義)는 도(道)와 결합하여 도의(道義)로 파악됨으로써 정의의 정당성을 더욱 근원적인 진리에 뿌리를 두는 이념적 근거가 강조되고 있음을 알 수 있다. 또한 정의의 정(正)을 '만세(萬世)의 불변함'24)이라 이해한다면 보편적 원리로서의 성격이 강조되는 것임을 확인할 수 있고, 여기에 의(義)는 리(理)와 결합하여 의리(義理)로 파악됨으로써 정의의 보편적 이

---

24) 『孟子集註』, 「離婁上」, "范氏曰, 天下之道有正有權, 正者萬世之常, 權者一時之用."

념으로서의 성격을 확인할 수 있는 것이다. 유교에서처럼 인간과 현실세계를 지향하거나, 도가에서처럼 인간의식을 벗어난 자연을 추구하거나, 불교에서처럼 현실세계를 초월한 해탈을 추구하거나, 그 진실의 대상은 다르게 파악되더라도 정의는 언제나 그 참된 세계와 진정한 가치의 실현을 위한 방법이요, 이와 일치되는 행동의 원리로서 제시되는 사실에서는 공통된 것이라 할 수 있다.

3. 정의의 사회적 제기

정의가 도·덕·이·자연·각(道·德·理·自然·覺) 등 근원적 진실에 근거를 두고 현실에서의 실천을 지향한다고 할 때에 가장 먼저 부딪치는 문제는 진실의 이념세계와 구체적인 현실세계 사이의 차이를 어떻게 규정하고 평가하느냐 하는 문제이다. 맹자가 네 가지 마음의 단서(端緒; 四端)를 분석하면서 '의'의 단서를 '부끄러워하고 미워하는 마음'[羞惡之心]으로 지적하고 있는 사실을 주목할 필요가 있다.[25] 자신의 불선(不善)을 부끄러워하고 남의 불선(不善)을 미워하는 마음을 '의'의 단서라 할 때 '의'는 불선을 부정함으로써 드러난다는 것이다. 곧 무엇을 적극적으로 실행함으로써 '의'가 밝혀지기에 앞서 무엇을 거부함으로써 '의'가 밝혀질 수 있다는 입장을 통하여 '의'에는 부정적 태도가 기본적인 것으로 인식되고 있다. 그것은 곧 현실에 대한 부정이요, 정의는 현실을 부정하는 힘과 더불어 드러나게 되는 것임을 말해준다.

'의'는 무엇보다 '이'(利)와 대립시켜 파악되는 일반적 형식이 유교사

---

25) 『孟子』, 「公孫丑上」, “無羞惡之心, 非人也, ……羞慈之心, 義之端也.”

상의 전통 속에 깊이 깃들어 있다. 공자가 "군자는 의에 밝고 소인은 이에 밝다"(『논어』·「里仁」)고 하여 '의'와 '이'를 가치기준의 양극적 지향성으로 제시한 것이나, 맹자가 "왕께서 하필 '이'를 말씀하십니까? 오직 인의가 있을 따름입니다."(『맹자』·「梁惠王」上)라고 언명하는 속에서도 '이'와 인의는 대립적인 것으로 이해되었던 것이다. 이러한 의식은 주자학에서 더욱 강화되어 '천리를 지키고 인욕을 막는다'[存天理而遏人欲]는 주장은 수양론의 기본명제로 주어져 있었다. 이처럼 '의'와 '이'(또는 欲)가 대립적으로 파악됨으로써 '이' 또는 '욕'이 현실적이고 세속적인 기본조건이라면 정의는 이러한 현실의 욕구를 부정하고 보편적 내지 이념적 가치근거임을 보여주는 것임을 알 수 있다.

'이'는 인간의 현실적 욕망의 대상이고 또한 이욕은 개인적인 사욕으로서 인간관계를 대립시키는 원인이 되고 있다는 사실에 대한 부정적 평가가 있게 된다. 여기서 '의'와 '이'의 분별로서 의리지변(義利之辨)은 공(公)과 사(私)의 분별로서 공사지변(公私之辨)과 연결됨으로써 사회성을 뚜렷이 하게 되고 정의(正義)가 사회정의로 현실화함을 볼 수 있다. '이'가 부정되는 것은 정신적 가치를 떠난 물질적 가치에 빠질 위험을 의식하는 것인 동시에 개인적 욕망에 사로잡혀 사회적 공공성을 파괴할 수 있다는 데에서 제기되는 것이다. 특히 개인적 이욕이 사회적 공공성과 대립되었을 때에는 곧 정의의 기본조건으로서 보편성과도 모순되는 것이라 할 수 있다. 따라서 '의'는 천리지공(天理之公)이요, 인욕지사(人欲之私)는 불의로 규정하여, 사적 인욕(私的 人欲)을 부정함으로써 '의'의 천리적 공공성(天理的 公共性)을 확보할 수 있게 된다. 정의의 사회적 성격과 더불어 공사지변(公私之辨)은 '사'를 부정하고 있지만 그것이 인격의 개체성을 부정하는 것은 아니다. 인간의 개체로서 '나'는 '너'의 타인에 대립되는 형식에서 이기적 사인(利己的 私人)이며 부정될 것으로 본다. 그러나 '나'의 내면성을 통하여 도덕의 근원을 확보할 수 있는 인격성은 인간의 진정한 가치요 기준의 근거가 될 수 있다. 따라서 '나'도 극복될 대상[克己]으로서의 '나'와 추구되어야 할 근거[爲己]로서의 '나'로 구분될 수 있다. 정의(正義)가 '의'와 '이' 내지 '공'과 '사'의 분별을 기반으로 리(利)와 사(私)를 부정하는 데서 인식되는 것은 세속적 현실의 가치를 극복함으로써 보다 높은 가치질서를 제시하는 것이요, 또한 보편적 이념으로서의 근원성을 확보하려는 의식이라 할 수 있을 것이다.

노자는 진정한 도(道)의 구현을 위해서는 통속적 가치의식이나 인간의 지적기능을 거부해야 한다는 주장을 강하게 내세우고 있다. 곧 "성(聖)을 끊고 지(智)를 버리면 백성의 이로움이 백배나 될 것이고, 인(仁)을 끊고 의(義)를 버리면 백성이 효자(孝子)함을 회복할 것이고, 교(巧)를 끊고 리(利)를 버리면 도적이 없게 될 것이다. ……소박(素樸)함을 지녀 보여주고 사(私)와 욕(欲)을 적게 해야 한다"26)는 언급에서 사·욕·교·이(私·欲·巧·利)는 물론이요 성·지·인·의(聖·智·仁·義)까지 부정하는 데서 모든 현실적 가치질서에 대한 철저한 부정적 입장을 엿볼 수 있다. 더구나 인·의를 거부하면 정의의 의식도 부정하는 것이 된다. 그러나 그가 이러한 가치규범들을 부정함으로써 추구하였던 것이 백성의 참된 이로움과 효자와 참된 도덕성이요, 도적이 없는 평화로운 사회질서라는 사실을 인식한다면, 로자는 정의의 진정한 실현을 위해 인위적이고 기만적인 도덕규범들을 깨뜨려야 한다고 주장하였던 것임을 알 수 있다.

정의를 사회적으로 실현하기 위해서 정의의 명칭을 빌어서 내용으로는 사욕을 자행하려는 허위성을 부정하는 데서 출발하려는 도가철학의 입장에서는 정의의 규범적 형식성보다 자연적 소박성과 실질성을 중요시하였던 것이다. "현능(賢能)함을 숭상하지 않으면 백성이 다투지 않게 되고, 얻기 어려운 재화를 귀하게 여기지 않으면 백성이 도적질을

---

26) 『老子』, 19章, "絶聖棄智, 民利百倍, 絶仁棄義, 民復孝慈, 絶巧棄利, 盜賊無有, ……見素抱樸, 少私寡欲."

하지 않게 되고, 욕심나는 것을 보이지 않으면 백성의 마음을 어지럽지 않게 한다.”(『노자』, 3章) 하여 세속적 가치가 오히려 사회의 혼란을 초래함을 지적하였고, 이를 제거함으로써 진정한 질서를 실현할 수 있다고 제시한다. 그것이 곧 “마음을 비우고 배를 부르게 하며, 의지를 약하게 하고 뼈대를 강하게 한다. 백성으로 하여금 무지·무욕하게 하여 지혜 있는 자가 감히 자기 꾀를 행하지 못하게 하는 것이다. 무위를 행하면 다스려지지 않음이 없다”(『老子』 3章)는 성인이 다스리는 정의로운 사회의 이상상으로 나타난다. 『노자』에서 이러한 현실적 가치관의 부정은 유가에 정면으로 상반된 양상을 보여주는 것이라 할 수 있겠지만, 진정한 가치로서 정의를 실현하기 위한 허위성의 부정을 통한 방법은 공통의 논리구조를 보여주는 것이기도 하다. 어떤 면에서 도가는 유가의 도덕규범이 형식화하거나 진실성을 상실할 때 강력한 반성적 비판기능을 지니고 있음을 엿볼 수 있게 한다.

정의는 사회적인 공공의 가치질서를 확보하려는 요구를 가지고 있는 한편, 사회적 공간성을 넘어서 역사적 시간성을 통해 인간의 행위를 규제하는 기준으로서 작용하기도 하는 것이다. 가치는 계층적 우열이 있고 선택적인 것이므로 정의는 현재적 평가에만 구속되지 않고 미래적 평가까지도 요구할 때 현재의 세력이나 효용성을 넘어서 보다 긴 시간의 연속성 위에서 정당성을 추구한다. 인간은 자신의 생존을 하늘로부터 부여받은 기본권으로 누릴 수 있지만 때로는 신체적 생존기간 보다 더욱 지속적인 긴 시간을 통해 보장되는 가치를 위해 생명도 버릴 수 있는 것이다. 불의한 속에서 살 것인가 의롭게 죽을 것인가를 선택할 수 있는 것은 정의의 영속성에 대한 신념 위에서 지시할 수 있다. 생명을 버리고 의로움을 선택하는 [捨生取義] 신념은 의가 시간을 초월하는 영원한 가치를 지닌 것이라는 확인인 동시에 현재적 가치를 넘어선 가치의 역사적 연속성에 대한 인식을 포함한다.

현재의 이익을 포기한다는 결단은 이익의 전면적 포기가 아니라 미래에 보다 큰 이익을 위한 배려일 수 있고, 현재의 세력에 타협하지 않고 저항하는 것은 어떠한 시간 위에서나 정당한 가치를 지키기 위한 신념일 수 있다. 정의는 특히 역사적 상황 속에서 현재를 넘어서는 가치 확립을 위하여 절의로 나타나기도 한다. 역사적 상황에서는 흔히 일사적인 세력이 전체를 지배하려고 개인의 신념이나 보편적 가치를 억압하기도 하며, 이에 대한 저항은 때로 현실적인 온갖 고통과 생명의 상실까지도 불러일으키기도 하지만, 의리의 불변적 지속성에 대한 신념이 생명을 바쳐 절의를 지킬 때 역사가 단순한 사건의 축적이나 연속이 아니라 신성하고 의미 깊은 가치 영역으로 승화할 수 있는 것이다. 『춘추』는 춘추시대의 역사기록을 넘어서 정의가 불의를 단죄할 수 있는 역사의 신성성을 확립하는 경전이라 할 수 있다. 도가나 불가에 비하여 유가의 정의관이 지닌 중요한 특징의 하나가 바로 역사를 통한 정의의 제시인 것이요, 역사를 사실에 머물지 않게 하고 가치의 영역으로 이끌어 올리고 있다는 점에서 역사는 의로운 심판자의 기능을 부여받게 되는 것이다.

4. 정의의 현실적 구현

정의가 현실 속에 구체적으로 실현되기 위해서는 그 이념적 본질이나 가치가 일정한 양식과 제도로 나타나지 않을 수 없다. 노장에서 무위(無義)와 박실(樸實)을 내세워 모든 인위적인 형식성을 거부하지만, 그것은 구체적 형식을 전제로 하는 비판이요 그만큼 형식이 필요하다는 현실을 인정하지 않을 수 없다. 불교에서도 복잡하고 엄격한 계율의 체계를 구성하고 있는 것은 인간 행위의 정당성을 확보하기 위한 관심인 것이고, 이러한 형식성을 부정하는 도가나 선불교의 태도는 형식성의 타락을 극복하려는 긍정적 기능이 있는 반면에 형식의 결여에서 오는 또 하나의 폐단으로서 방종과 나태의 위험이 지적될 수 있다.

　유가는 인간의 정당한 행동양식을 정비하는 노력에 비상한 정열을 기울여 왔고 보편적 가치를 행동의 양식 속에 구현하는 방법으로서 예제를 건립하였다. 예를 '天理의 節文이요 人事의 儀則'27)이라는 주자의 정의에 따르면, 천리로서의 보편적 이념이 구체적 등급의 양식으로 표현되고 있는 것이며 인간이 행동으로 실천하는 규칙으로 형상화된 것이다. 나아가 예는 앉고 일어서며 나아가고 물러나는 구체적 절차[坐作進退之節]로까지 나타나게 되고 이 예법에 맞으면 정당한 행동이며 어긋나면 부당한 행동이 된다. 따라서 예는 행동의 정당성의 기준이 되며 의와 결합하여 예의로서 표현되는 것이다. 예는 의를 내포함으로써 정당성을 지니고, 의는 예를 갖춤으로써 행동양식을 지니는 것이라 할 수 있다. 예는 의례만이 아니라 법제와도 연결된다. 예(禮)·락(樂)·형(刑)·정(政)이 교화의 기본양식으로 제시되지만, 법제는 단순히 도덕의 한계 밖에서 강제 규범으로만 역할 하는 것이 아니라 예법으로서 결합되기도 하거니와, 법도 언제나 도덕적 정당성을 요구받는다. 도덕성을 결여한 법은 정당성이 약하게 되고, 법이 정당할 때 그 가치가 확립되는 것이다. 따라서 법도 정의의 구체적 표현양식이요, 법의 기능도 정의의 옹호와 시행에서 그 진정한 기능이 인정될 수 있다.

　또한 정의는 천리의 보편성에 근거하는 것이면서 인간의 행동양식이므로 인간관계를 통하여 구현되는 것이다. 인간이 다른 인간과 바람직한 관계를 맺을 수 있을 때 그 인간의 태도가 정당성을 지닐 수 있다. 이러한 인간관계는 가족 안에서의 상호 관계와 사회 속에서 타인과의

---

27) 『論語集註』, 「學而」, "禮者天理之節文, 人事之儀則也."

관계로 구별해 볼 수 있을 것이다. 먼저 가족관계에서 부자관계는 친애가 근본적이다. 그러나 부의 태도에 엄격성이 요구되어 엄부라 일컫는 것은 의의 엄격성이 가정에서도 요구되고 있음을 볼 수 있다.

나아가 사회관계에서는 군신관계에서 군신유의로 의가 제기된다. 군은 신에게 예로 대하고 신은 군에게 충으로 대하는 상호 간에 의로서 결합되는 것으로 이해되었다.[28] 예가 정당성을 지닌 것이므로 신이 군에 대해 의의 정당성을 전제로 충을 하는 것이다. 불의에 충한다는 것은 이미 충이 아니라 첨(諂)이 될 것이고, 항거하는 간(諫)이 충일 수 있다. 장유유서의 차례[序]는 질서요 예이며, 의일 수 있게 된다.

또한 붕우유신의 믿음[信]은 모든 인간관계에서 결합의 원리이다. 인간과 인간의 관계에서 바람직한 것은 대립이 아니라 결합이다. 그리고 이러한 결합이 곧 사회의 공동체적 기반을 확보해준다. 정치에 필요한 3요소로 족식·족병·민신지(足食·足兵·民信之)를 제시하고 최종의 조건을 민신지라 지적한 공자는 믿음 없는 인간관계 내지 사회구성이 불가능함을 통찰한 것이다.[29] 이처럼 믿음이 인간관계의 근본형식이라면 사회적 정당성의 원리도 믿음에서 찾을 수 있다. 유자(有子)가 "믿음은 의에 가깝다"(『논어』·「學而」)고 언급한 것도 정의와 믿음과의 연관성을 이해한 것이며, 의는 신과 결합하여 신의로서 표현되는 것이다. 불신은 인간관계의 결합을 파괴하는 것이며[30], 곧 불의라 할 수 있다. 정의가 신의로서 표현되는 것은 정의를 통해 인간관계 내지 사회적 결합이 더욱 확고하게 이루어질 수 있는 것임을 밝혀주는 것이라 하겠다.

현실사회 속에서는 실질적으로 다양한 구성요소가 복합적으로 존재하며, 사회적 결합이 신의를 통해 유지된다 하더라도 그 사이의 이질성

---

28) 『論語集註』, 「八佾」, "尹氏曰, 君臣以義合者也, 故君使臣以禮, 則臣事君以忠."
29) 『論語』, 「顏淵」, "民無信, 不立."
30) 『論語』, 「子張」, "君子信而後勞其民, 未信則以爲厲己也, 信而後諫, 未信則以爲謗己也."

을 가볍게 볼 수 없다. 한 사회 안에서는 쉽사리 능력 있는 자와 없는 자, 가난한 자와 부유한 자, 권력 있는 자와 없는 자 등으로 나누어질 수 있다. 그리고 이러한 차이가 사회적 계층으로 나타날 때 계층 사이의 분열과 거리가 확대되고 심화되는 일이 흔히 일어난다. 그러나 이렇게 계층의 분열이 심화되면 사회적 유대가 파괴되고 불안정에 빠지며, 그 사회 자체의 정당성이 약화되고 만다. 공자가 통치자로서 염려할 일을 지적하여, "적은 것을 근심하지 말고 고르지 못한 것을 근심하며, 가난한 것을 근심하지 말고 불안한 것을 근심하라"31)고 언급한 것은 한 사회에서 그 정당성의 실현방법으로 균평과 안정을 들고 있는 것이다.

　정의는 사회적 분열이 아니라 균형에서 획득되는 것이기에 권력의 본질을 힘의 균형으로 이해하게 된다. 곧 권은 저울추로서 물건을 달아보고 무겁고 가벼움을 아는 것이다. 따라서 권력은 경중을 헤아려 균형을 이루게 하는 것, 곧 의에 합하는 것에서 그 본래적 의미를 지니는 것으로 파악된다.32) 『주역』의 손괘(損卦)에서는 '손'을 '아래에서 덜어 위에 더하는 것'[損下益上]이라 하고 익괘(益卦)에서는 '익'을 '위에서 덜어 아래에 더하는 것'[損上益下]이라 밝혔다. 손하익상(損下益上)은 貧益貧 富益富의 현상처럼 계층적 분열을 심화시켜 균형을 깨뜨리는 것으로 손실(損失)이며, 손상익하(損上益下)는 균형을 이루게 하는 것으로 이익(利益)이 된다는 것이다. 여기서 사회정의가 사회적·경제적 균형을 통하여 실현될 수 있음을 알 수 있고 권력의 본래적 기능도 균형을 이루게 하는 데서 찾고 있음을 볼 수 있다.

　그러나 현실사회의 여러 구성요소는 결코 획일화될 수도 없거니와 획일적인 것이 정의로운 것도 아니다. 오히려 '君은 君답고, 臣은 臣답고, 父는 父답고, 子는 子다와야 한다'(『논어』·「顏淵」)는 언급에서 사

---

31) 『論語』, 「季氏」, "不患寡而患不均, 不患貧而患不安."
32) 『論語集註』, 「子罕」, "權稱錘也, 所以稱物而知輕重者也, 可與權謂能權輕重, 使合義也."

회의 구성요소가 각각의 기능을 발휘함으로써 건전한 사회를 형성할 수 있다는 명분론이 제시된다. 공자의 정명론에 의하면 "이름이 바르지 않으면 말이 맞지 않고, 말이 맞지 않으면 일이 제대로 되지 않는다. 일이 제대로 되지 않으면 예악이 성행하지 않고, 예악이 성행하지 않으면 형벌이 바르게 가해지지 않고, 형벌이 바르게 가해지지 않으면 백성들은 손발을 둘 데가 없어진다."[33]고 하여 정명이 사회정의의 실천적 기초임을 밝혔다. 명분을 바로잡는다는 방법이 봉건사회에서 신분주의를 고착시키는 역할을 한 것도 사실이지만, 정명론의 본래 의미는 각각의 기능을 올바르게 실천한다는 개별성의 존중과 사회적 관계구조의 중요성을 주장하는 것이다.

이러한 사회적 제요소의 관계는 정의의 이념에 비추어 볼 때 그것은 조화의 추구라 할 수 있다. 동화(同化)와 구별되는 의미에서 조화(調和)는 각각의 개체성이 전제된 위에서 상호적인 역할을 하는 것이며 정의의 진정한 모습으로 나타난다. 조화는 개체와 개체의 이상적 결합일 뿐 아니라, 이념과 현실, 계층과 계층 등 모든 영역에서 추구해야 할 가치이다. 조화를 통하여 모든 구성요소는 유기력과 결합을 구현하는 것이고 그것은 곧 정의의 이상적 실현이기도 하다. 의와 이가 대립된 것으로 파악하여 이를 거부하는 방법적 과정이 있었지만 '이익을 보거든 의를 생각하라'[見得思義]는 격률은 의와 이를 조화시키는 것이며, 조화를 통하여 정의가 부정적·비판적 저항성을 넘어서 모든 것을 살려내고 창조하는 힘으로 나타날 수 있는 것이다.

---

33) 『論語』, <子路>, "名不正, 則言不順, 言不順, 則事不成, 事不成, 則禮樂不興, 禮樂不興, 則刑罰不中, 刑罰不中, 則民無所錯手足."

5. 현대와 전통사상의 정의개념

동양철학에서 정의는 어느 사상체계에서나 그 궁극적 진리에 근거하고 있다는 사실을 거듭 강조할 필요가 있다. 정의가 실천적 성격을 지니고 특히 사회적 차원에서 확립되는 것이 사실이다. 그러면서도 정의가 궁극적 진리에서 연원하며 이 진리를 드러내기 위한 현실적 원리로서의 기능을 갖는 사실을 깊이 인식해야 할 것이다. 따라서 정의는 시대적·지역적 조건에 제약을 받는 것이 사실이지만 그 속에 상대주의에 빠지지 않는 이념적 가치의 근원성과 보편성을 확보할 수 있게 된다.

정의가 현실사회 속에 나타날 때 물질적 분배의 공정성을 넘어서 도덕성을 항상 동반하는 것이다. 법질서도 약속이나 타협의 현실원칙에만 구속되지 않는 도덕적 정당성에 제약을 받고 있다. 이러한 정의의 현실적 도덕성이 합리성과 어긋나거나 충돌할 수도 있다. 그러나 어떠한 효율성·합리성이나 도덕성과 조화를 이룰 수 있다면 정의의 의미 깊은 실현을 위해서 오늘날에도 중요한 의미를 지닐 수 있다.

때로는 도덕성의 근원적 궁극성과 그 명령의 절대적 규범성은 인간의 자유를 속박하고 활발한 생명력을 지나치게 억제하는 부작용을 갖는 것으로 생각하게 된다. 여기서 인간의 자유가 개인의 방종이 아닌 진정한 자유라면 정의의 원칙과 자유의지가 결코 모순되지 않음을 확인할 필요가 있다. 동양적 전통이 현대사회에서 재정립하려는 자기 개혁을 추구하는 것이 사실이다. 그러나 정의를 포함하여 현대적 가치규범이 동양철학의 전통에 조명되었을 때, 유교의 인격적 현실성과 노장의 자연적 소박성과 불교의 초월적 내지 신앙적 근원성에서 새로운 의미의 공급을 받을 수 있음을 확인할 수 있을 것이며, 그것은 앞으로의 지속적 과제가 될 것이다.

제2부 유교이념과 전통사회

Ⅰ. 한국유교의 이념과 사회현상

1. 유교 이념의 실천적 성격

유학에 있어서 근본이념을 이루며 진리를 뜻하는 말은 '도'(道)이다. 이때의 도는 궁극적인 이념이요 진리를 의미하는 동시에 가장 현실적이고 구체적인 사실로서의 '길'을 가리키는 말이다. 길은 누구나 어느 때나 이용하는 일상적인 것이며, 우리가 실제로 밟고 다니는 것이요, 곧 실천을 뜻하고 있는 것이다. 따라서 유교의 정신은 초월적 존재나 진리를 추구하기보다는 현실을 중시하고 그 구체적인 행위 속에서 이념을 표현하고 있다고 하겠다. 특히 공자의 가르침 속에는, 이론의 체계화나 추상적 개념이 아니라, 실천을 통하여서만 진리를 얻을 수 있는 것임을 강조하고 있다. 유교에 있어서 '학'(學)이란 말은 논리적인 학문체계가 아니라 본받음[敎]을 뜻하고 있으며 그 본받은 바를 익히는[習] 행위를 통하여 이루어지는 것이다. 공자는 제자들에게 "집에 들어오면 효도하고, 밖에 나가면 우애 있게 행동하며, 삼가하고 믿음 있게 하며, 널리 여러 사람을 사랑하고, 어진 이를 친애하라. 이렇게 실천하고서 남는 힘이 있으면 글을 배우는 것이다"[弟子, 入則孝, 出則弟, 謹而信,

汎愛衆而親仁; 行有餘力, 則以學文『논어』「學而」]라 가르쳤고, 제자인 자하도 "현명한 이를 존경하고, 여색을 멀리하며, 부모를 섬기는 데 자기 힘을 다할 수 있고, 임금을 섬기는 데 자기 몸을 바칠 수 있고, 벗들과 사귀는 데 말에 신용이 있으면, 비록 배우지 않았더라도 나는 반드시 그를 배운 사람이라고 하겠다."[賢賢易色, 事父母能竭其力, 事君能致其身, 與朋友交, 言而有信, 雖曰未學, 吾必謂之學矣『논어』·「學而」]라 하여 학문에 앞서 실천을 주장하는 유교의 기본정신을 보여주고 있다.

유교의 교육방법에 있어서도 중국 고대로부터 8세에 소학에 들어가는데 그 교육내용은 물 뿌리고 마당 쓸며, 부르는 소리에 대답하고, 나아가고 물러서는 절도[灑掃應對進退之節]와 예절·음악·활쏘기·말몰기·글씨쓰기·셈하기의 법도[禮樂射御書數之文]를 주로 하는 실천적인 것이었다. 이러한 실천적 성격에서 유교적 이념이 구체화되었던 것이며, 이념의 전제 위에서 행위규범이 형성되어 왔다고 보기는 어렵다. 따라서 예법은 유교 이념의 확립에 앞서서 중국인의 생활양식 내지 문화형태로서 실천되어 왔던 것이다. 유교의 역사에 있어서 공자의 위치는 스스로 '옛것을 전하며 새로운 것을 창시하지 않고, 옛것을 믿으며 좋아한다'[述而不作, 信而好古＜논어·述而＞]고 하였던 것처럼 전통의 계승을 중요시하면서 동시에 관습적 예법의 근본정신을 반성하고 밝혀서 철저히 관철시키는 것이었다고 할 수 있다. 여기에서 군자의 도리로서 '널리 배우면서 예법으로 간략하게 한다'[博學於文, 約之以禮『논어』·「雍也」]는 실천원리와 '나의 道는 하나로 꿰뚫었다'[吾道, 一以貫之『논어』·「里仁」]는 이념의 근원성이 제시되는 것이다. 유학은 정치와 경제의 문제에 직접 관여할 뿐만 아니라 이를 통하여 그 이념이 드러나고 반성되는 것이며, 교육의 내용과 방법이 유학의 이념을 밝히고 실천하는 것이었다. 또한 제사 예법들을 통하여 유교에 있어서 궁극적 세계와 현실세계가 얼마나 긴밀한 관계를 맺는지를 보여주고 있다.

한국에 유교가 전래되었던 초기에는 경전의 지식에 앞서서 유교적 예법이 있었음을 엿볼 수 있다. 중국민족과 한국민족의 교류는 B. C 13세기까지 소급될 수 있으며 이처럼 오랜 역사를 통하여 수입된 중국문화의 영향이 한반도에 미쳐 왔던 것이다. 『산해경』에 보이는 동이의 군자국은 "의관을 갖추고 사양하기를 좋아하며 다투지 않았다"[1]는 기록을 통하여 한국고대사회에 있어서 유교의 예법을 이해할 수 있다. 부여의 상속(喪俗)은 5개월 동안 상례를 행하며, 사자(死者)에게 제전(祭奠)을 드리고 흰빛의 상복을 입는 등 중국과 흡사하였다고 한다.[2] 또한 음식을 먹을 때 제기를 사용하고 모임에서는 술잔을 씻거나 받을 때 절하며, 층계를 오르내릴 때 사양하며 절하는 예절을 지켰다 한다.[3]

삼국시대를 통하여 유교경전은 교육내용을 이루었으며, 이때 『논어』·『효경』·『곡례』 등 실천규범에 관한 경전이 중요시되었다. 특히 충(忠)과 효(孝)와 용(勇)의 윤리규범이 3국을 통하여 국민정신의 중추를 이루었고 행동으로 실천되었다. 신라 눌기왕 때의 박제상은 고구려에 가서 임금의 아우를 구해오라는 명을 받았을 때 "임금이 근심이 있으면 신하가 욕되고, 임금이 욕되면 신하가 죽는다고 하였으니, 만약 쉽고 어려움을 헤아려서 행한다면 그것은 불충(不忠)이요, 또 죽고 삶을 생각하여 움직인다면 그것은 무용(無勇)이라 할 것입니다. 제가 비록 불초하오나 명을 받들어 행하고자 하옵니다."[4]라 하여 충과 용의 정신을 밝히고서 고구려와 일본의 사지를 들어갔고 마침내 일본에서는 고형을 받으면서도 굴복하지 않은 충절을 지켰다. 김반굴은 아버지 흠춘의 "신하가 되어서는 충보다 더한 일이 없고 자식이 되어서는 효보다 더한

---

1) 『山海經』, 第9, 「海外東經」, "君子國, 在其北, 衣冠帶劍, ……其人好讓不爭."
2) 『三國志』, 「魏書, 東夷傳」, 夫餘條, "魏略曰, 其俗亨喪五月, 以久爲榮, 其祭亡者, 有生有熟, 喪主不欲速, 而他人强之, ……其居喪男女皆純白, 婦人著布面衣, 去環珮, 大體與中國相彷彿也."
3) 같은 책, "食飮皆用俎豆, 會同拜爵洗爵, 揖讓升降."
4) 『三國遺事』, 卷 1, 「金堤上條」, "臣聞, 主憂臣辱, 若論難易而後行, 謂之不忠, 圖死生而後動, 謂之無勇, 臣難不肯, 願受命行矣."

일이 없다. 나라가 위급함을 보고서 목숨을 바치는 일은 충과 효를 모두 온전히 하는 것이다"[5]라는 말씀을 따라 적진에 뛰어들어 분투하다가 장렬히 전사하였으며, 그 아들 영윤도 "싸움터에서 용기가 없어서는 안 된다는 것은 예경에 기록되어 있고, 진격만 있을 뿐 후회가 없다는 것은 사졸(士卒)의 정해진 분수이다"[6]라 하며 적진 속에 뛰어들어 죽었다. 이처럼 충·효·용의 철저한 실천은 삼국의 충신·용장들에게 많은 예를 찾을 수 있으며, 화랑의 세속오계뿐만 아니라 그들의 행적에서 너무나 뚜렷이 엿볼 수 있다. 유교를 추상적 이론체계나 고매한 논쟁 속에서 이해하지 않고 실천의 구체적 현실성 속에서 파악하였던 것은 삼국시대의 특징일 뿐 아니라 유교의 본래적인 모습이라 하겠다. 강수가 불교와 유교를 앞에 놓고서 불교는 세속을 떠난 가르침이라는 이유에서 유교를 배우겠다고 할 때 그 선택 기준이 되었던 현실성의 존중이나, "가난하고 천한 것이 부끄러운 일이 아니라 도를 배우고서 이를 실행하지 않는 것이 진실로 부끄러운 일"[7]이라고 할 때의 실천성은 한국유교의 출발점이며 방향을 보여주는 것이다. 고려 말에 정몽주는 불교와 비교하여 유교를 일용평상의 도라 규정하고, 먹고 마시는 일이나 남자와 여자가 만나는 일에 지극한 이치가 있으며 요·순도 이에서 벗어나지 않는다고 하여 현실성을 유교의 본질로서 이해하였다.[8] 조선시대의 유학이 성리학의 발달로 철학적 내지 사변적인 성격을 강화하였지만, 의리정신의 발현은 행동으로 나타났으며, 예법의 확립은 윤리적 행동절차의 치밀한 구성을 보여주었던 것이다. 이처럼 한국유교의 실천

---

5) 『三國史記』, 卷 47, 「列傳·金令胤條」, "爲臣莫若忠, 爲子莫若孝, 見危致命, 忠孝兩全."
6) 같은 책, "臨陳無勇, 禮經所識, 有進無退, 士卒之常分也."
7) 『三國史記』, 卷 46, 「列傳·强首條」, "愚聞之, 佛世外敎也, 愚人間人, 安用學佛爲, 願學儒者之道, ……貧且賤, 非所羞也, 學道而不行之, 誠所羞也."
8) 『高麗史』, 卷 117, 「列傳·鄭夢周條」, "儒者之道, 皆日用平常之事, 飮食男女, 人所同也, 至理存焉, 堯舜之道, 亦不外此, 動靜語默之得其正, 卽是堯舜之道."

적 성격은 구체적 형태로 정착되어 드러났고, 여기에 현상론적인 대상
의 영역이 확보되고 있다.

2. 유교현상의 본질적 근거

　유교의 현실적이고 실천적인 문제에 대한 관심은 구체적으로 유교적
인 현상을 다양하게 형성하고 있다. 개인의 행동절차나 가정의 생활양
식에서부터, 사회의 인간관계와 공동생활 및 국가적인 정치제도와 질서
에 이르기까지 유교적인 정신에 근거하여 형성되고 설명될 수 있는 현
상들이 한국문화의 전통 속에 확고하게 자리 잡고 있음을 부인할 수는
없다. 이러한 구체적 현상들은 유교적인 것으로 구명하는 데는 이 현상
의 배후에 본질적인 근거를 이루고 있는 유교의 이념을 발견하여야 하
며, 그 근거 위에서 역사적인 변형과 다양성을 넘어 유교정신의 일관성
을 파악할 수 있어야 한다.
　정치적 제도로 볼 때 군주제도의 봉건질서가 최근세 이전 한국의 기
본적인 정치형태를 이루었던 사실을 주목하게 된다. 그러나 한국의 역
사에서 군주제도가 서양의 중세적인 군주제와 다른 양상을 보여주는 것
이 사실이라면 여기에 그 제도의 근거를 이루고 있는 유교 이념의 본질
적 성격을 의식하지 않을 수 없다. 정치는 권력구조에서 지배자와 피지
배자의 역학적 관계로만 분석될 수 있는 것은 아니다. '정치는 바로잡
는 것'[政者正也『논어』「顔淵」]이라는 윤리적 근거와, 권력으로써 인정
(仁政)을 가장하는 패도가 아니라 덕으로써 인정을 실천하는 왕도[以力
假仁者覇, ……以德行仁者王『맹자』「公孫丑上」]를 추구하는 통치의 도

덕적 규범과 통치자를 백성의 부모[民之父母『대학』「傳十章」]로 인식하는 가족적 국가의식 내지 애민정신은 전제군주 아래의 봉건국가의 정치제도를 제약하고 근거하는 유교의 이념으로 파악될 수 있다. 정치의 현실에서 권력의 행사나 정책의 결정은 물론이요, 관직의 설치, 인재의 선발, 법률의 제정 등 모든 정치적 현상이 이러한 이념적 근거 위에서 표현되었던 것이다. 특히 형률(刑律)에 있어서 죄질을 판단하고, 형벌종류와 형량을 결정하는 명문화된 법조문과 심리하는 자세의 기준은 유교의 이념적 근원을 무시하고는 그 합리적 근거를 이해할 수가 없게 된다.

사회를 형성하고 있는 다양한 계층에 대하여 가장 활동적인 계층은 청년에서 장년층이다. 그러나 소년층이나 노년층에 대한 사회의 관심과 배려는 시대와 사상의 배경에 따라 많은 차이를 보여주고 있다. 조선왕조 사회는 소년층의 활동을 육성하는 조직적인 제도를 마련하는 데보다는 훨씬 많은 관심을 노년층에 기울였던 것으로 보인다. 한 지역사회에서 노인층이 누리는 권위와 영향력은 유교적 이념의 배경 없이는 이해되기가 곤란하다. 가정에서 부모에 대한 효도와 공경의 자세를 사회에로 확대시키도록 요구하는 도덕규범은 "내 부형을 공경하여 그 마음을 남의 부형에까지 미쳐가게 한다"[老吾老, 以及人之老『맹자』「梁惠王上」]는 왕도의 원리요, 백이와 태공은 문왕이 노인을 잘 공양한다는 소문을 듣고 그 나라로 찾아온 사실을 "온 천하의 부로들이 그에게 돌아오면 그 자식들은 어떤 다른 곳으로 가겠는가."[天下之父歸之, 其子焉往『맹자』「離婁上」]라 하여 양로(養老)가 사회교화의 원리로 제시되었다. 거리에서 노인이 짐을 지고 다니지 않는 사회를 이상으로 하는 유교의 이념에서 노인에 대한 사회적 존중의 풍속이 견고하게 확립될 수 있으며, 이러한 사회질서의 근거는 유교를 통하여 이해될 수 있다.

사회의 기본 구조를 이루는 생산조직은 신분과 직업의식을 낳고 있다. 한국의 전통사회가 관료를 존중하고 생산계급을 경지하였다거나 문관을 무관보다 월등하게 높였던 신분구조는 유교적 가치의식 위에서 형성된 것으로 볼 수 있다. 군자와 소인을 구분하는 경전의 가르침은 인간의 본성이 동일하다는 이념과 병행되어 왔으나 전통사회의 질서에서 신분의 차별을 확립하는 데 중요한 근거가 되었다. “마음을 쓰는 자는 다스리는 사람이고 힘을 쓰는 자는 다스려지는 사람이며, 다스려지는 자는 다스리는 자를 먹여야 한다.”[勞心者治人, 勞力者治於人, 治於人者食人, 治人者食於人, 天下之通義『맹자』「滕文公上」]는 질서에서 계급을 설명할 수 있으며, 제자가 농사에 관하여 물었을 때 예와 의와 신을 닦아서 다스리는 자가 될 것을 말하고, 농사일을 가벼이 취급하였던 공자의 대답이 조선시대 사회에서 선비들의 행동과 의식에 미친 영향을 찾아볼 수 있는 것이다.

경전을 중심으로 확립되었던 유교의 교과과정과 교육제도는 사회의 가치관을 형성하고 문화형태를 창조하는 데 결정적인 역할을 하여 왔다. 또한 과거제도를 통한 사회진출의 기본방법이 수립됨으로써 교육제도가 전체적인 제약을 받게 되고, 유교 이념 자체도 특징적인 형태와 내용으로 드러나게 되었던 사실을 주목할 필요가 있다. 이러한 제도는 역사를 통하여 끊임없이 변천을 겪으면서도, 그 근거에는 유교 이념이 교육과 문화 전반의 핵심을 이루는 것으로 확신되었다. 문학 특히 시문을 중요시하던 과거시험은 모든 선비들에게 시를 짓게 했으며, 이처럼 시문을 중요시한 것은 시경이 경전의 하나로 들어와 있는 사실도 있지만 공자에 의하여 시문이 교육되었을 뿐 아니라, “시를 배우지 않으면 말을 할 길이 없다”[不學詩, 無以言『논어』「季氏」]는 말에서처럼 인격형성에 필수적인 것으로 제시되었던 데에 근거하고 있다.

유교적 현상으로서 나타난 모든 역사적 형태는 현실성의 측면과 본질적 근거의 측면이라는 두 가지 요소를 가지고 있다. 현상의 형태가 없이는 이념이 나타날 곳이 없으며, 이념의 근거가 없이는 유교적 현상으로서 의미를 가질 수 없는 것이다. 따라서 현상의 문제를 다루는 데 있어서 항상 이념의 빛을 통한 이해와 반성이 필요한 것이며, 이러한 이해와 반성은 유교의 역사 속에서 이미 진지하게 실천되어 온 하나의 전통이라 할 수 있다. 때로는 이념을 표현한 현상이 시대와 상황의 변화에 적응하지 못하고 응고되어 있을 때 그 폐단이 발생하여 유교 이념 자체에 대한 오해까지도 불러일으켰다. 정신적 창의력이 풍부한 시대에서는 항상 새로운 자기 성찰을 통하여 현상적 표현형태를 갱신하고 새롭게 형성하였으나, 정신이 쇠퇴하는 시대에서는 표현형태의 구체성이 관습화되어 이념까지 응고된 내용으로 보수화하여 표출시키게 된다. 이러한 상호 관계 속에서 한국유교의 현상론이 이해되어야 할 것이다.

Ⅱ. 중종시대 대학생의 사회운동

1. 역사 속의 대학

우리 민족의 역사 속에서 이미 삼국시대 중기인 372년에 태학이 고구려에 세워졌었다는 사실은 우리가 적어도 1600년간의 오랜 대학교육사를 갖고 있음을 말해주고 있다. 모든 지식체계나 문화의 유산을 한 세대에서 다음 세대로 전해가는 임무를 교육이 담당하여 왔고, 이 교육이 대학이라는 제도를 세울 만큼 분화되고 전문화되었을 때는 고도로 발달한 학술과 문화의 전통이나 이에 대한 사회적 요구가 전제되어 있음을 말한다. 우리 민족은 이 대학을 통하여 동양문화의 기본줄기를 이루는 유교사상을 교육하였고, 여기서 양성된 인재들이 각 시대의 지도자로서 역사를 이끌어 왔다. 그러나 오늘날 우리의 대학은 서양의 근세 대학제도가 도입되어 제도 전반의 개혁을 이루었다. 따라서 한국의 근대대학은 근세 이전의 전통대학을 계승한 것은 아니다. 그렇지만 오늘날 한국의 대학이 서양 중세기의 대학과는 정신적 친밀감을 느낄 수 있을지언정 100년 전 바로 이 땅의 대학과는 아무런 유대의식을 갖고 있지 못한다면 그것은 온당한 일일까? 이러한 현실의 원인은 여러 가지로 설명될 테지만, 어떻든 역사를 단절시키는 근시적 고립주의에 빠지지 않기 위해서라도 전통사회에서의 대학과 오늘날의 대학 사이에 흐르는 정신의 공통성이나 변천양상을 민족역사를 통하여 주목할 필요가 있을 것이다.

한국의 전통대학이 유교사상을 교육내용의 핵심으로 하고 있기에, 대학의 제도가 완비되고 사회적 비중이 크게 성장하였던 것은 조선시대에서 뚜렷이 나타난다. 그러나 특히 대학의 참신한 모습은 조선 초기 즉 고려왕조의 풍속을 개혁하려는 움직임이 강렬하던 무렵과 조선사회의 이념이 확립되려던 시기에서 두드러지게 볼 수 있을 것이다. 조선시대의 지배적인 통치이념이었던 유교는 그 도학적 시조를 조광조에서 찾는 만큼 조광조의 시대 즉 중종 때에 있어서 대학의 면모를 살펴보는 것은 의미가 있는 일일 것이다. 여기서는 중종시대에 한정하여 문제를 이해하고자 한다.

2. 대학의 정신

태학은 전통대학의 일반적 통칭이라면, 성균관은 고려 말기 공민왕 때 확정된 이래 조선시대에 우리나라의 서울에 있던 유일한 대학에 대한 고유명칭이다. 여기서 '관'이란 말은 정부의 기구임을 가리키는 용어에 불과하지만, '성균'이란 명칭 속에는 대학의 이념을 내포하고 있다. 유교경전의 하나인 『주례』에는 "대사낙(大司樂)은 성균(成均)의 법으로 나라의 교육을 수립한다"고 하여 교육이 성균의 법에 근거하고 있음을 보여준다. 이때의 성균은 음악에 있어서 조화의 정신과 통하는 것이다. 또한 이 '성균'을 '인재가 이루어져 있지 못함을 성취하게 하며, 풍속이 고르지 못함을 균제(均齊)하게 한다.'는 의미로 분석하여 설명하고 있다. 개인의 불완전한 인격과 자질을 완성하게 하는 것은 교육이 맡은 인격도야와 지식·기술의 개발이라는 개인적 조건을 지적하는 것이요, 풍속의 불균형을 바로잡아 조화시킨다는 것은 교육이 맡은 인간의 사회적 책임을 밝히는 것으로, 유교정신의 핵심이요 유교적 대학교육의 기본이념이라고 하겠다.

또한 대학은 이러한 이념 아래서 유교정신을 가장 순수하고 철저하게 추구하는 곳임을 믿어 '모든 선의 으뜸이 되는 곳'(首善之地)이라 하였고 대학생은 이러한 이념을 배워 정직하게 발언하기에 그 주장이 정당성을 잃지 않는다 하여 '공론(다수에 따르는 여론과 구별될 수 있는 정론)이 있는 곳'(公論之所在)이라 하였다. 따라서 조선조의 군주제 사회 속에서 임금과 정부가 대학에 보이는 예우와 관심은 결코 가벼운 것이 아니었다. 물론 유교의 정치이념이 통치자가 덕에 의하여 백성을 교화·지도하는 교육적 성격을 하나의 특징으로 하는 데서 정치적 실현 속에 교육의 비중과 역할이 특히 중요시되었던 것은 사실이다. 여기에 한걸음 나아가 유교정신을 가장 순수하고 진지하게 탐구하는 태학은 단순한 교육기관 내지 학술기관의 역할을 넘어서 이 시대의 정신적 발원지로서의 의의를 갖는다.

대학으로서의 '성균관'을 이루고 있는 두 기구는 명륜당(明倫堂)을 중심으로 하는 교육·연구의 부분과, 대성전(大成殿)을 중심으로 하는 유교의 지성소인 문묘의 제사부분으로 구분될 수 있다. 문묘에는 공자를 비롯한 중국과 우리나라 성현들의 신위를 모시고 종교적 제사가 드려지는 곳이기에, 임금도 이 제사에 참배하였고 이 사당의 신성성을 가벼이 여기지 못하는 전통이 확립되어 있었다. 또한 대학은 바로 그 시대이념의 신성한 자리이며 그 사회의 '풍속을 바로잡고 백성을 교화시키는 원천'(風化之源)으로서의 권위를 누렸던 것이다.

3. 학생운동의 성격

조선조의 대학생 곧 성균관의 학생은 유교경전을 중심으로 한 강의를 받는 교과과정 속에 매월 고강(考講; 배운 경전에 대한 구술시험)과 제술(製述; 각종 문제에 대한 논문시험)의 평가가 따르는 엄격한 학업생활을 한다. 또한 매일 아침 깨어서부터 잠들 때까지 규칙적인 행동을 해야 하는 기숙사 생활을 하였다. 그러나 대학생들에게 엄격한 규칙과 벌칙이 있으면서도 자치적으로 대학생활을 하고 있었다. 이들은 자치기구로서 재회(齋會)를 두고 장의(掌議)를 대표로 삼아 동료 대학생의 퇴학을 결정할 수 있을 만큼 자율적인 대학생활을 운영하였다.

이 대학생의 자치기구는 학교 내부의 문제뿐만 아니라 사회적인 문제에도 참여하여 주장하는 활동을 하였던 사실에서 조선시대 대학생의 한 측면적 성격을 볼 수 있다. 대학생의 사회문제에 대한 참여 형태는 함께 서명하여 임금에게 올리는 상소, 즉 유소(儒疏)라는 서면발언과 의사관철을 위하여 대궐문 앞에서 연좌하거나, 명륜당에서의 수강을 거부하는 권당(捲堂) 내지 성균관을 비우고 집에 돌아가는 공관(空館) 등의 시위로 나타난다. 물론 이러한 집단행동 그 자체가 권장되거나 정당한 것으로 시인될 수는 없다. 그러나 성균관 학생이 주장하는 문제의 사회적 정당성에 따라, 대학생의 집단적 사회참여 행위가 당시의 정부나 지도층에 상당한 관심을 불러일으켰던 것은 사실이다. 조선조 대학생들이 사회적 또는 정치적 문제에 대하에 집단의사 표시와 시위를 하였던 것은 개국 초기부터 말기에 이르기까지 상당히 빈번하게 일어났던 일이요, 거의 대학생활의 전통을 이루었던 것으로 볼 수 있다. 이러한 대학생의 현실참여 활동은 조선 후기에 내려와서는 그 시대의 혼란한 정치성세에 영향을 받아 당쟁적인 요인과도 결부되었고, 거의 관습화되는 타락한 양상을 보이기도 한다. 또한 집단적 행동 속에서 개인의 의사가 무시된 채 강요되었던 폐단도 적지 않았던 것으로 보인다.

그러나 조선 초기 대학생의 사회활동은 그 주장하는 바가 진지할 뿐 아니라 신념도 확고하여 국가의 이념정립과 실현과정에 중대한 기여를 하였던 것으로 평가될 수 있다. 대학이 국가에 유용한 인재를 배양하는 곳이요, 이들 학생의 발언이 정당할 때에는 곧 올바른 인재가 배출될 수 있다는 증거가 되는 것으로 긍정되었다. 임금은 인재를 대우하여야 한다는 윤리적 바탕과 올바른 발언을 따라야 한다는 정치적 규범 위에서, 때때로 대학생의 주장이 현실에 부합하지 않거나 과격하다고 하더라도 '선비에 대한 예우'(待士之禮)로서 또는 '여론의 통로'(言路)를 열기 위해서, 이를 억압하거나 처벌하기보다 관용으로 받아들이고 회유하여 설득시켜 나가야 할 것으로 인정되어 왔다. 특히 유교 이념을 사회적으로 구현하려는 의지는 대학생의 현실참여의 주장 속에서, 당시의 유교윤리와 상반된 불교에 대한 배척이나 임금의 자세를 왕도정신에 입각하도록 요구하는 등 이념적 문제와, 부정한 권력자에 대한 비판이나 억울한 피해자의 구제를 청원하는 등 구체적인 사회문제에 대해 적극적으로 관여하고 있음을 볼 수 있다. 이러한 대학생의 주장은 정치현실에 맞서서 때로는 정책결정에 영향을 미치기도 하였다.

중종 임금 때는 이러한 면에서 대학생의 주장이 비교적 순수하였고 그들의 행동이 확고한 신념과 진지함을 잃지 않았기에, 그 시대의 유교 이념구현에 커다란 역할을 담당하였음을 보여준다.

4. 불교와 맞서서

조선왕조가 열리면서 유교가 통치이념으로 제시되었으나, 불교의 오 랜 전통이 갖는 대중적 세력과 심지어 왕실에까지 미치는 영향력을 하 루아침에 제거하기는 곤란하였다. 개국 초기부터 유학자 관료들과 사림 들의 정책적 및 이론적 불교배척운동이 계속되는 가운데 점차적으로 유교 이념이 확립되어 갔다. 이러한 배불운동의 진원이 되었던 곳이 곧 젊은 유학도들의 정수가 집결한 성균관이었다.

중종은 즉위 초에 서울 성안에서는 사찰을 신축하거나 보수하지 못 하게 하고 승려들의 성안출입도 금지하는 왕명이 내려졌었다. 이 불교 억압정책은 통치이념으로서 유교를 수립하고 확대하여야 한다는 유교 지식인의 압력을 반영시키고 있다. 그러나 대중신앙의 전통과 왕실의 여성들에게 계승되는 뿌리 깊은 신앙심이 현실적인 세력으로 현존하고 있었다. 왕실여성의 요구와 민심위무책으로서 임금자신이 간접적으로 부분적인 불교허용의 태도를 취하게 되자 유학자 신하와 사림의 항의 는 물론 대학생의 비판이 일어나게 되었다. 중종 2년에 윤대비의 명으 로 원각사와 정업원을 재건하려 하자 성균관의 대사성(大司成; 오늘날 총장격)인 이점(李坫)은 대학생을 이끌고 임금에게 아뢰기를 "비록 모 후(母后)의 명이라 하더라도 의리에 마땅하지 않은 일은 간언하여 그 치게 하여야 할 것"이라 하여 그 부당함을 주장하였다. 특히 성균관 학 생들의 상소 속에서는 유교의 충·효의 윤리정신에 따라 "불교는 부모 와 자식의 친애나 임금과 신하의 의리가 없이, 다만 인연설과 화복설로 써 세상을 현혹시키고 백성을 속이니, 나라를 다스리는 도리에 심히 해 롭다"고 그 배척이유를 명시하고 있다. 또한 임금이 대학생의 상소에 쉽사리 허락을 내리지 않지만 이에 맞서는 대학생의 유교적 신념도 확고한 것이었다. 대학생 홍일덕(洪一德)이 상소의 대표가 되어 중종 3년 5월에 올린 상소에서는 "왕실에서 부처를 위한 사업을 일으키면, 백성들 가운데 부자는 재산이 기울어지고 가난한 자는 파산하도록 절과 탑을 짓는 데 물자를 소비하게 되는 경제적 폐해가 일어남"을 지적하며, 아울러 "신하로서 임금의 과오를 간쟁하지 않는다면 충성을 다하지 못한 죄를 짓는 것이요 임금도 역사를 통해 문책을 받을 것"이라는 간쟁의 정치윤리적 근거를 밝히고 있다. 이에 대해 중종은 자신이 불교의 이단됨을 알고 있다고 대학생의 주장을 승인하지만, 조종(祖宗) 때부터 내려오는 관례이므로 갑자기 개혁하기 어려우며 또한 모후의 요구이므로 자식으로서 따르지 않을 수 없다는 현실의 형편을 이유로 내세워 거절하는 태도를 고수하였다.

대학생의 불교배척은 정도와 대의에 입각하여 임금의 책임과 역사의 심판을 논하였고 임금의 거부태도가 상당히 완강함에도 불구하고 매일같이 상소로 맞섰다. 이 주장은 대립이 지속됨에 따라 더욱 격화되어, 절에서 재(齋)를 올리는 사실에 대한 반박정도를 넘어서 궁실출입 승려를 처형하고 교선양종(敎禪兩宗)을 폐지하여 불교교단의 조직기반을 제거하도록 요구하는 데로 확대되어 갔다.

또한 대학생의 행동도 상소를 올리는 이론적 주장을 넘어서, 중종 5년에는 태조비(신덕왕후)의 원찰(願刹)인 정릉사에 윤대비가 내보낸 내시들에게 대학생들이 투석을 하고 구타까지 하였으며, 정릉사의 사리각(舍利閣)에 불을 지르는 폭력행위로까지 번지게 되었다. 이 사건은 윤대비뿐만 아니라 중종의 진노를 일으켜 21명의 대학생이 하옥되고 영의정으로 하여금 신문을 하게 하였다. 중종은 그 죄명을 "임금을 능멸하고 조정을 가볍게 여기며 대비를 모욕한 것으로 크게는 반역의 마음이요, 작게는 도적의 소행이라"고 단죄하였다. 그러나 이에 대하에 하옥된 학생들은 단식·통곡하였고, 대학생들은 사찰의 화재를 유쾌한 일이라 하여, "유교의 경사료 국가의 복"이라 반박하고 나섰다. 이들은 상소 속에서 절과 탑의 화재를 아까워할 것이 없고 한두 명 미치광이 학생이 저지른 일을 덮어 두지 않아 학생들이 형벌을 받는다면 임금이 사교(邪敎)를 보호하고 정도를 억압한 죄를 후세에 져야 할 것으로 처벌의 불가함을 주장하였다. 중종이 학생의 처벌을 엄명하였으나 3정승과 정부와 대간(臺諫)의 정부기관이 죄를 줄 수 없다고 청원하였다. 특히 대간은 임금의 심부름하는 자도 의리에 맞지 않는 일을 할 때 대학생에게 구타당하였으나 처벌하지 않고 오히려 선비의 기개(士氣)를 배양한 결과라고 칭찬하였던 전례를 들어, 학생을 처벌하여 기강을 바로 잡겠다는 임금의 명령에 반대하고 사직을 청하였던 것이다.

중종도 학생들의 주장을 전혀 무시할 수 없었고, 승첩(僧牒)제도를 실시하여 승려를 양성화함으로써 불교세력을 억제하겠다는 현실정세에 타당한 불교억압정책을 제시하였다. 그러나 대학생들은 철저하게 배척론의 입장에 서서 임금의 타협적인 입장에 날카로운 반대를 보인다. 승려들을 부역에 동원하고 그 대가로 도첩(度牒)을 주려는 정책은 일시적인 이익이 있는 듯하나 만세에 폐해를 낳는 악법이라고 주장하여 승려의 공인을 근원적으로 봉쇄하는 입장을 지킨다. 나아가 중종 34년에 한 승려가 궁궐 안에서 적발된 사실을 발단으로 요승(妖僧)의 처형과 봉은사·봉선사의 선·교(禪·敎) 양종 중심 사찰을 철거하도록 주장하는 대학생의 상소가 일주일을 계속하여 올려지고 중종의 뚜렷한 반응이 없자 대학생들은 동맹휴학의 형태인 공관(空館)의 시위를 벌이게 되었다. 이때에 대신들은 중종에게 공관을 주도한 대학생들을 불러 타이르도록 청원하였고, 중종도 학생들의 요구대로 봉은사·봉선사를 철거할 수는 없으나 승려들이 질서를 어지럽힌 내장사·수심사 등의 지방사찰에 철거령을 내리고, 농번기가 지난 후 도적(圖籍)에 없는 사찰을 철거하겠다는 뜻을 밝혔고, 불교배척을 공약하는 전지를 내려 공관이 수습되었던 것이다.

당시의 현실에서 임금으로서는 정치적 안정을 위하여 대중의 동요를 일으키는 개혁정책을 회피하려는 입장을 보였지만, 대학생들은 배불운동을 통하여 유교 이념을 통치이념으로 확립하려는 진지하고 정열적인 의지를 발휘하였던 것이요, 이들의 현실참여는 조선조를 유교사회로 수립하는 데 상당한 기여를 하였다고 하겠다.

5. 임금의 마음을 바로잡아야

"임금이 바르면 부정이 없으니, 임금을 한 번 바르게만 하면 나라가 안정된다."는 맹자의 말은 임금의 마음속에 잘못된 것을 바로잡는다(格君心之非)는 군주제도 아래의 유교사회에서 선비가 하여야 할 기본임무를 밝힌 것이다. 따라서 유교적 정치제도 아래서는 모든 신하들이 임금의 과오에 비판적인 충고 즉 간언을 할 수 있고, 특히 이를 위하여 간관(諫官)이라는 직책까지 설치되어 있다. 그러나 현실적으로는 임금의 권력과 위엄에 눌려 직언을 하는 것은 쉬운 일이 아니요 아부를 하지 않는 것만도 상당한 주관이 있어야 한다.

대학생들은 배우는 학생들로서 임금의 인격과 기본태도에 대해서까지 발언한다는 것은 온당하다고 할 수 없겠으나, 조선사회에서는 학생들이 어떤 구체적 문제를 논하면서 임금의 태도를 논할 때나, 또는 국가의 기본정책에 대하여 자신의 의견을 펴면서 임금의 태도를 논의하는 모습을 보게 된다.

중종 5년에 대학생 이경(李敬) 등은 임금에게 '변의십조'(便宜十條)를 올리면서 학술을 바르게 할 것, 선악을 밝힐 것, 언로를 열 것, 학교를 쇄신할 것, 이단을 물리칠 것, 혼인풍속을 바르게 할 것, 백성의 곤궁을 불쌍히 여길 것, 왕실의 재산을 폐지할 것, 군현을 통합조정할 것, 법령의 폐지를 경계할 것 등 10조목의 건의를 하고 있다. 임금에게 학문을 권유하면서 입으로 암송하는 데 그치지 말고 마음 깊이 반복하여 되새길 것을 지적하는 것은 대학생의 발언이 학생신분이라는 것에만 국한시켜 본다면 오늘날에는 납득될 수 없는 우스개 소리가 될 것이지만, 첫머리에 내세워 강조하는 심중한 것이다. 왕실재산(內帑)을 폐지하고 국고에 귀속시켜야 한다는 주장이나 군현의 행정구역을 조성하자는 주장은 국가의 재정과 행정문제에 대하여 논의하고 있는 것으로 정치현실에 상당히 깊이 관여하는 측면을 보인다. 그러나 그 의견 자체의 반영여부는 별문제로 하고 임금은 이러한 논의가 그릇된 말이 아니라면 칭찬을 아끼지 않았으며, 또한 이를 왕조실록에 기록해 둘 만큼 사회적으로 승인되었던 것으로 대학생의 임금에 대한 간언의 영역이라고 볼 수 있다.

6. 소인배를 물리쳐야

임금은 홀로 나라를 다스릴 수 없고 인재를 구하여 일을 맡겨서 다스리게 된다. 그러므로 훌륭한 인재를 얻는다는 것은 임금이 나라를 다스리기 위한 필수적 조건이다. 그러나 관료로 선발된 많은 인물들 가운데 누가 선하고 누가 악한지 알기는 쉽지 않다. 여기에 사욕을 탐하는 소인과 의리를 실천하는 군자와의 준엄한 구별이 따르며, 군자를 친근하게 하고 소인을 멀리하여야 한다는 것이 수양의 방법을 넘어서 정치의 규범이 되는 것이다. 임금의 측근에 소인이 많으면 나라가 위태로워지는 것이기에, 소인을 배척하는 것은 나라를 염려하는 모든 사람의 의무이다.

중종 2년 유자광(柳子光)이 "대간(臺諫)과 시종(侍從)의 말은 사사로운 감회가 들어 있어 다 들을 필요가 없다"고 말하였다. 이 말에 대하여 대학생들은 국가의 혈맥인 언로를 막는 것이므로 처벌할 것을 여러 차례 요구하고 있다. 또한 중종 32년 좌의정이던 김안로(金安老)가 횡포를 부린 데 대하여 탄핵이 일어나자 대학생들이 그의 인물됨을 소인으로 지탄하는 상소를 올렸다. 이때 중종은 김안로에 대한 처형명령을 이미 내린 다음이고, 오히려 대학생들의 상소에 김안로의 소인됨을 논하였으나 그가 실시한 제도가 나라의 질서에 끼친 폐해를 지적하지 못하였다고 그 부족한 점을 언급하고 있다. 이러한 소인배척은 현직고위 관료에 대해서도 그 인물의 비행이나 불의를 규탄한 것으로서, 대학생이 주도하기보다는 중론을 반영하여 현실비판에 대학생이 참여하는 것이다.

7. 억울함을 풀어주어야

정치 속에서 일어나는 권력투쟁으로 의로운 자가 불의한 자에게 희생되는 비극을 흔히 보게 된다. 이때에 이들의 원통함은 당사자들의 주장보다도 일단은 정치권력과 관련이 없는 대학생들에 의하여 표명될 때 상당한 객관성을 얻을 수 있다. 이것은 곧 정의가 불의에 희생되는 것을 막아 사회에 정의를 지키는 일이 되는 것이다.

조광조는 중종 10년부터 14년까지 불과 4년 동안의 짧은 관직활동에서 중종의 신임을 받고 이상정치를 실현하기 위하여 전심전력하였다. 그러나 그는 소인에 대해 엄격한 배척과 중종에게 끈질긴 개혁정책을 요구함으로써 아래 위로부터 원망을 받았다. 마침내 남곤(南袞)·침정(沈貞) 등의 간신배들이 음모를 꾸며 깊은 밤중에 변란을 일으키니 조광조와 그의 동료들이 하옥되어 재판도 없이 처형될 처지에 빠지게 되었다. 이때 영의정 이하 대신들 가운데 이들이 무죄함을 변호하여 아직 죽이지는 못하고 있을 때 대학생 150여 명이 항의하는 상소를 들고 와서 대궐문을 밀치고 들어와 합문(閤門) 밖에서 통곡을 하여 이들의 억울함을 호소하였다. 학생들이 대궐문을 난입한 죄를 물어 주모자를 감옥에 가두고 군사를 시켜 나머지 학생들을 몰아내라고 명령을 내렸으나, 이 학생들은 모두 감옥에 가겠다고 상소를 올리고 나서니 이들을 다 가둘 수가 없는 형편이었다. 또한 이때에 대사헌은 학생들이 사리와 체면을 모르고 난동을 하였다 하나 군사를 시켜 축출하는 것은 차마 할 수 없는 일이요, 학생을 대우하는 도리가 아니라고 간언하여 이들의 관용을 주장하고 있다.

결국 조광조는 모호한 죄명으로 사약을 받고 죽었으나, 중종 39년에는 대학생들이 다시 그가 모함을 당한 것을 논하고 그의 죄명을 풀어 주도록 대의로서 청원을 올리니 중종도 이들을 꾸짖지 못하였고, 사신은 대학생의 정당함을 논평하여 실록에 기록하였다.

8. 학생운동의 뜻

한 시대의 국가와 사회에 지도이념이 제시되었을 때, 이 이념을 순수하게 받아들이고 그 실현을 열망하여 사회 속에 내재한 헌신적인 장애요소를 비판하고 저항하던 주체로서 대학과 대학생이 차지하였던 위치를 우리의 전통대학 속에서 엿볼 수 있다.

조선사회가 상당히 개방적 체제로서 발전·성장하고 있던 시기로서 중종시대를 통하여 대학생이 제시하였던 문제점이나 요구는 모두 유교 이념을 정도로 받들고 이를 구현하려는 의지에 근거하고 있었던 것이다. 또한 이러한 대학생의 주장과 행동이 학생의 신분적 위치를 넘는 면도 있었으나 이 시대의 사회구조 속에서는 이들을 보호하여야 한다는 윤리가 확립되어 있었다. 나아가 임금과 대학생 사이에는 양쪽의 이견을 조정할 수 있는 사림 내지 유학자 관료층이 대간직을 장악하고 임금의 독단을 견제할 수 있도록 제도적으로 정립되었고, 따라서 대학생의 순수한 이념적 주장이 전달될 수 있는 통로가 정치적 기반 위에 마련되었던 것이다.

대학생은 임금으로부터 선비로 대접하는 예우를 받고 임금도 이들의 주장에 관심과 경청하는 태도를 보이고 있다. 또한 이들은 자신이 사회적인 보호를 받으면서, 국가에 봉사하여야 할 장래의 임무를 충분히 인식하였기에, 정치적인 모든 문제에 발언하는 것이 아니었다. 대학의 발언은 그 시대의 근본이념인 유교정신에 직접적 관련을 갖는 것으로 범위가 정해져 있고, 이들의 표현은 구호적인 것이 아니라 이론적인 바탕 위에서 간언의 형식이 중심을 이루고 있다.

따라서 전통 사회에서는 대학에서 시비를 논하는 것은 가능하지만 이들이 옳다고 믿는 주장을 곧 결정하려고 하는 것은 불가하며, 시비를 결정하는 것은 정부의 일이라는 기본적인 명제가 사회적으로 승인되고 지켜졌던 것이다.

－太學雖曰公議所在, 是非之定自由朝廷, 言是非則得矣,
　　　　　　定是非則非諸生之事也.(『太學志』, 권 6, 「儒疏」)

1. 유교적 인격과 의

1) 유교적 이념과 인격

우리는 흔히 동양의 대표적 전통사상으로 유·불·선 삼교를 일컫는다. 그리고 이 한자어의 명칭은 하나의 공통점을 보여주고 있음을 발견하게 된다. 그것은 곧 모두가 그 명칭의 한자어에 '人'자를 지니고 있다는 사실이다. 실제로 儒·佛·仙에서 需·弗·山은 뜻을 갖는 것이 아니고 다만 음만을 가리키는 것이라 할 수 있다. 이 삼교의 뜻을 '人'자에서 찾을 수 있다면 중국문화적 전통 속에서 동양인의 의식에 비쳐진 근본사상이나 종교 내지 철학은 첫째 그 다양한 현상적 차이에도 불구하고 본질적으로는 공통적 근거를 가지고 있다는 사실을 말해주며, 둘째로 이들 사상이 인간을 근본문제로 삼고 있다는 사실을 보여주는 것이라 하겠다.

여기서 인간에 대한 관심을 철저히 관철한 사상으로서 우리는 특히 유교 곧 유학을 들어볼 수 있다. 유학을 가장 단순화시켜서 규정할 때

'수기치인지도'(修己治人之道)라 지적된다. 이때 修己에서의 己(나)와 治人에서의 人(남)은 모두 사람이다. 수기가 개인의 내면적 품성을 지향하는 것이고 치인이 인간의 사회적 질서를 지향하는 것이라 대조했을 때에도 역시 인간의 영역에서 벗어나는 것은 아니다. 물론 유교에도 위로 인간을 넘어서는 천이나 도의 초월적 세계가 있고 또한 인간의 삶을 뒷받침해 주는 자연 내지 물질의 세계가 더불어 있다.

그러나 "자기의 마음을 다하는 자는 자기의 성을 알고 자기의 성을 아는 자는 하늘을 안다"는 맹자의 언급에서도 드러나고, "사람이 도를 넓힐 수 있는 것이지 도가 사람을 넓히는 것은 아니다"라는 공자의 말씀에서도 밝혀지는 것처럼, 유교에서의 초월적 세계는 인간을 통하여 인식되는 것이고 실현되는 것이라 이해된다. 그리고 "만물이 모두 나에게 갖추어져 있다『맹자』"하고, "誠하지 않으면 사물이 없다『중용』."고 하며, 대인(大人)은 "자기를 바로잡아서 사물이 바로 되게 한다『맹자』." 라는 언명에서 보이듯이 물질의 세계도 인간으로부터 떠날 수 없는 근원적 연결 속에 놓여 있는 것이다. 초월적 세계인 천과 물질적 세계인 지가 인간을 매개로 하여 천·지·인의 삼재로서 결합된 구조를 파악하는 것이 동양인의 유교적 세계관이라 할 수 있다. "중화(中和)를 이루면 천지도 제자리를 잡게 되고 만물도 제대로 자라게 된다『중용』."는 말에서 유교의 이념은 인간과 그 인격적 존재로서의 가치가 세계 안에서 얼마나 근원적인 의미를 갖는지 가장 함축성 있게 언표하고 있음을 본다. 군자·선비·대인·성인 등 유교적 인간상은 단순히 도덕적 인격존재를 넘어서 인간을 통하여 가치와 진리의 실현가능성을 제시하고 있는 것이라 할 수 있다.

2) 의의 이념적 성격

유교적 인격이 찾는 근원적 가치내용을 여러 가지로 해명해 왔지만 흔히 덕이나 성이라는 범위 안에서 밝혀 볼 수 있다. 덕은 인간이 하늘로부터 얻은 것(得)이라 하여 인격의 선천적 근원성을 확인하기도 하고, 성은 천·이와 통하는 인간의 보편적인 본질적 존재로 이해되기도 한다. 공자에 의해 가장 기본적인 개념으로 제시된 인이나, 맹자를 통하여 더욱 선명하게 제기된 인·의 또는 인·의·예·지나, 한대 이래의 인·의·예·지·신으로서 오상은 곧 덕 내지 성의 내용으로 분석된 것이다.

인간의 인격적 가치내용으로서 의는 공자에서부터 중요시되었던 것은 사실이지만 특히 맹자에 와서 인과 짝을 이룰 만큼 중요시되었다. 의는 인간의 행동이나 태도의 모습을 가리키는 의(儀)의 뜻을 갖는 것이면서, 그 행동의 마땅함을 의미하는 의(宜) 또는 의(誼)의 뜻을 갖는다.

따라서 의는 인간행위의 외형에 당위적 규범으로 적용되는 것이고 "의로써 바깥을 반듯하게 한다(義以方外)"는 『주역』의 언급에서도 드러나고 있다.

여기서 의의 중요성을 두드러지게 높였던 맹자에 있어서 의가 지닌 의미를 살펴볼 필요가 있다. 맹자는 인의로써 인과 의를 병칭하여 제시하였다. 그는 "인은 사람의 마음(人心)이고 의는 사람이 가는 길(人路)이다"라거나, "인은 사람의 편안한 집(安宅)이고 의는 사람의 바른 길(正路)이다"라 하여 인과 의를 대조시켰다. 곧 인이 인간의 내면적 바탕이라면 의는 인간의 외형적 행동규범으로서 상응될 수 있다, 그러나 인과 의는 내면과 외형으로 단절시켜 분별되는 것이 아니라 인간의 도덕적 인격성이 갖는 표리로서 서로 보완적이며 조화되어야 할 것임을 맹자는 깊이 인식하였다. 그는 어른이 의가 아니라 어른으로 대접하는 것이 의라 하여 의도 인격의 내면에 근거를 두고 있는 것임을 밝혀 주었다.

측은히 여기는 마음이 인의 단(端)이고 부끄러워하고 미워하는 마음이 의의 단(端)이라는 사단설의 규정에 따르면 인과 의는 모두 인간의 본래적인 마음에 내재하는 것이지만 인이 사랑의 포용적 성격이라면 의는 악에 대한 배척의 분별적 성격으로 대조될 수 있다. 의는 불의를 거부하고 증오하고 부끄러워하는 부정적 성격을 지니고 있는 것이다. 마치 유교의 교화형식으로서 예락은 낙이 조화와 결합의 원리를 따른다면 예가 분별과 질서의 원리를 지향하고 있는 것처럼 인이 포용성을 갖는 데 비해 의는 분별성을 갖는 것으로 파악할 수 있다. 따라서 의는 유교적 삶의 현실 속에서 흔히 엄격하고 저항적이며 강인한 모습으로 나타나며 유교적 인격의 양면인 어질고 후덕스러운 면과 대조적으로 꼿꼿하고 준엄한 면을 이루고 있는 것이다. 물론 의는 개인의 인격에서도 기본적인 한 측면을 이루고 있지만 사회의 질서와 역사의 전개과정에서 의는 그 정당성의 판단기준이요 추구해야 할 행동규범으로서 강력하게 제기되어 왔던 것도 사실이다. 나아가 유교 이념의 개인적 내지 역사적·사회적 차원의 모든 단계에서 인과 의는 두 가지 기본 원리를 이루고 있는 것이며, 특히 도덕적이거나 역사적인 위기에서는 의가 더욱 절실한 원리로서 제기되고 있음을 알 수 있다.

3) 선비와 유교적 인격

선비(士)는 벼슬하는 사람(仕)을 뜻하며, 주대 이래의 봉건계급 구조에서는 천자·제후·대부·사·서인의 오복제도(五服制度) 속에 한 계급을 이루고 있다. 여기서 사(士)는 행정의 서무(庶務)를 맡는 하급관료로서 일정한 학식이 요구되었으면서 권력을 장악한 지배계층은 아니었다. 따라서 '사'는 봉건시대의 사회규범이나 지식체계를 전반적으로 담당하여 유지하는 봉사기능을 맡은 계층으로서 생산기능을 맡은 서인과 권력계층인 제후·대부의 사이에 놓여 있는 중간계층이라 할 수 있다. 춘추시대에 이르러 권력계층의 탐욕과 갈등으로 사회질서가 붕괴되었을 때 새로운 질서의 재건을 위한 요청에서 '사'에게 독특한 위치와 기능이 재인식되었던 것으로 보인다. 곧 공자에 이르러 유교 이념을 재정리하고 새롭게 천명하는 과정에서 '사'는 부패한 귀족이나 권력계층이 아니라 유교적 인격과 교양을 담당하는 지식계층으로 부각되었던 것이다. 이때의 '사'는 대부로 진출하는 예비단계에 있는 사대부의 측면과 분리되어 군자로서의 유교적 인격을 기본조건으로 하는 사군자의 측면을 뚜렷하게 드러내는 것이라 할 수 있다.

공자가 군자와 소인을 대립시켜 군자에서 유교적 인격을 발견하고 있는 내용은 동시에 사의 올바른 모습을 제시하는 것이기도 하다.

행동에 염치가 있는 것(行己有恥)을 선비의 조건으로 지적하며, "선비로서 편안한 것을 그리워한다면 선비라고 할 수 없다"라는 말에서 공자의 선비에 대한 자격조건은 도덕성에 중심을 두고 있음을 알 수 있다. "뜻있는 선비와 어진 사람은 살기 위하에 인을 해치지 않고 살신하여 인을 이룬다."는 말에서 선비가 지향하는 참된 가치는 지위나 생존을 넘어서 인격성에 있는 것임을 확인하게 된다. 또한 증자가 "선비는 모름지기 마음이 넓고 뜻이 굳세어야 할 것이니, 그 임무는 무겁고 갈 길은 멀기 때문이다. 인으로써 자기의 임무를 삼았으니 어찌 무겁지 않으랴. 죽은 뒤에야 그칠 것이니 또한 멀지 않으랴"라고 언급하는 데서 선비가 지닌 임무가 유교적 인격성의 실현에 있음을 본다.

맹자에서도 '사'가 유교 이념의 담당자로서 강조되고 있다. 곧 그는 선비란 뜻을 숭상하는 것(尚志)을 임무로 한다고 지적하고 그 뜻을 숭상하는 내용을 인의라 밝혔다. 또한 선비는 일정한 생활근거(恒産)가 없이도 변함없는 마음(恒心)을 가질 수 있는 인격이라 하며, 선비는 곤궁하여도 의를 잃지 않고 현달하여도 도를 벗어나지 않는다고 언명하고 있다. 이처럼 선비는 유교적 이념을 담당하는 인격으로서 굳세고 숭고한 뜻을 지녀야 할 것을 조건으로 하기 때문에 곤경과 난관 속에서 유교적 이념을 지키는 임무를 맡는 것으로 인정되었다. 이러한 선비의 임무는 유교 이념의 실현주체로서 공자와 맹자 이후의 유교 전통 속에서 그 지위와 역할이 확립되었던 것이다. 요·순에서 주공까지의 성왕의 시대가 지나고 공자 이후의 시대는 유교사에서 선비의 시대라 할 수 있다. 대동(大同)이라는 이상적 시대에는 인이 전면에 실현되는 것이라고 말한다면 소강(小康)이라는 현실적 시대에서는 언제나 의가 전면에 추구되는 것이라 말할 수 있다. 곧 유교 이념의 역사적 실현과정에서 인은 근원적 이상적이라 한다면 의는 구체적이고 현실적인 과제라 할 수 있으며, 따라서 유교적 인격의 주체로서 선비는 의의 이념을 현실적 과제로 안고 있는 것이라 하겠다.

2. 선비 – 의리의 주체

1) 한국유교사와 선비의 출현

유교문화가 한반도에 정착된 시기를 삼국시대로 잡을 수 있다. 중국과의 교섭에 따라 한문자의 수입과 더불어 일찍부터 수용되었던 것이다. 2세기 말엽 고구려의 고국천왕 때 을파소는 밭갈이 하면서 살고 있다가 추천을 받아 국상이 되었다. 그는 "때를 만나지 못하면 숨어 살고 때를 만나면 벼슬하는 것은 선비의 떳떳한 일이다"라 언명하여 선비의 입장과 삶의 자세를 밝히고 있다. 3세기 말엽 봉상왕 때 국상이었던 창조리는 왕이 관실(官室)을 수리하는 토목사업으로 백성의 곤궁함이 심하자 왕에게 간하면서, "임금이 백성을 긍휼히 여기지 않는 것은 인이 아니고 신하가 임금에게 간하지 않는 것은 충이 아니라"고 언급하여 군신의 도를 인과 충의 유교적 이념에 비추어 밝혔다. 창조리는 봉상왕을 내쫓았던 인물이지만 충간의 의리를 밝히고 있는 데서 선비정신의 진면목을 일찍이 보여주었던 것이다.

5세기 초 신라의 눌지왕 때 박제상은 왕이 고구려와 왜에 질자로 가 있는 아우들을 데려오는 일을 부탁하자 "일이 쉬운지 어려운지 헤아려서 행동하면 이를 충성스럽지 못하다 하고, 죽게 될지 살 수 있을지를 꾀한 다음에 행동한다면 이를 용감하지 못하다 한다."고 말하여 충과 용의 의리를 제시하고 있다. 그의 충절과 의용은 삼국시대의 유교 이념이 구현되는 면모를 보여주는 것이라 하겠고 또한 선비의 모습을 심어주는 것이라 할 수 있다. 7세기 삼국통일을 전후하여 활동한 신라의 강수는 부모가 비천한 여자를 아내로 맞는 것이 부끄러운 일이라 하여 신분이 있는 여자와 혼인할 것을 요구하자, "가난하고 비천한 것이 부끄러운 일이 아니요, 도를 배우고서 실천하지 않는 것이 부끄러운 일이다" 하고 전날에 사귀었던 대장장이의 딸과 혼인을 하였다. 그는 이해를 헤아리지 않고 신의를 지킴으로써 선비의 품위를 밝혔던 것이다.

삼국시대 때부터 유교 이념이 한국인의 생활 속에 정착되면서 충절과 신의의 의리를 실현하는 인물의 출현은 곧 유교 이념의 역사적 발전과정에서 피어나는 꽃이요, 열매였다고 할 수 있다. 선비 정신이 활발하게 살아 움직일 때 유교 이념도 강인하게 뿌리를 뻗고 가지를 치게 되는 것이요, 선비가 관료적 지배신분에 탐닉할 때에는 유교 이념도 빛이 바랜 제도와 형식의 껍질만 굳어져 역사의 질곡이 될 뿐이었던 것이라 하겠다. 선비의 역할과 활동이 가장 두드러지게 나타난 것은 조선시대이고, 또한 유교의 사회이념으로서의 역할도 가장 융성하였던 시대도 조선시대라 할 수 있다.

조선시대로 넘어오기 전에 고려 말엽 성균관을 중심으로 젊은 선비들 사이에 새로운 학풍이 일어나서 도학(주자학)을 받아들이면서 고려시대의 정신적 중심이 되었던 불교를 배척하고 유교 이념을 표방하는 운동을 일으켰다. 이들의 학풍은 조선왕조의 건국에 이념적 기반을 제공하는 것이었고, 조선왕조를 통하여 도학이 정통이념으로 정립되면서 도학의 의리론은 선비 정신의 중추를 이루게 되었다. 곧 의리론은 유교 이념의 사회적 구현을 위한 근본원리로 받아들여져 선비정신을 강화하였고, 선비의 조직적 성장과 더불어 의리론이 심화되고 나아가 유교 이념의 사회와 역사를 통하여 더욱 깊이 뿌리를 내려갔던 것이다. 조선시대를 통하여 사림세력이 성장하고 사회를 주도하게 됨으로써 한 시대 사회와 역사의 영욕에 선비의 역할이 관여하지 않은 바가 없으며 이에 따라 그 공과에 대한 책임도 지지 않을 수 없게 된다.

2) 선비정신의 성쇠

조선왕조가 유교를 통치이념으로 출범하였지만 고려왕조를 넘어뜨리고 새 왕조를 세운 왕조교체의 사건에 대하여 유학자들의 반응은 대체로 양분되었던 사실을 주목할 필요가 있다. 곧 정도전과 권근 등 혁명을 긍정하고 조선왕조의 건설에 참여하여 유교 이념을 정착하는 데 적극적인 유학자가 있는 반면에 정몽주나 길재 등 혁명세력에 저항하거나 협력하지 않았던 유학자도 있다.

전자는 혁명론을 내세워 고려왕조를 부정하였지만 후자는 강상론(綱常論)에 서서 혁명을 거부하였던 것이다. 한 역사적 전환기에서 혁명이 정당한가, 강상의 유지가 정당한가 하는 것은 의리의 중대한 문제이다.

여기서 조선왕조는 세종시대 이래로 강상에 의리의 정당성을 부여하였고 정몽주와 길재의 충절을 높임으로써 의리론의 방향을 확정하였던 것으로 보인다. 이러한 의리의 판정이 받아들여지는 데는 혁명의 주도세력이 권력을 장악하면서 비판기능을 잃고 권력의 옹호세력으로 남게 되었던 반면에 강상론자는 전(前) 왕조에 대한 집착으로서의 보수성에서가 아니라 권력과 분리된 유교 이념의 실현을 주장하는 저항세력이라는 점에서 의리의 정당성을 유지하였다고 볼 수 있기 때문이다.

세조의 찬위(簒位)에 대해 정린지와 신숙주 등이 지지한 데 반하여 사육신이나 생육신 등은 이를 거부하고 저항하였다. 여기서 다시 한 번 권력과 의리의 분열이 확인되고 조선시대에 선비와 의리의 결합양식이 구체화되어 갔다고 할 수 있다.

선비는 권력의 편에 서서 합리화하는 것이 아니라 강상의 편에 서서 권력을 견제하는 것이 본래의 기능이요, 입장인 것이다. 다시 말하면 권력의 도구로서 강상을 이용할 것을 거부하고 강상의 이념 아래 권력을 통제하고 순화하는 것이라 할 수 있다. 조선 초기에 혁명세력을 중심으로 집권층인 훈구파에 대해 강상론을 주장하며 초야에서 학문을 연마하는 사림파가 분별되어 나타나는 것은 바로 집권관료로서의 유학자와 구별되는 유교적 이념 집단으로서의 선비계층이 성장하고 있는 사실을 말해준다. 길재의 문하에서 김숙자가 나고 다시 김종직을 거쳐 김굉필·정여창으로, 그리고 조광조로 이어지는 계통이 사림파의 계보로 공인되면서 사림파는 선비집단으로 확립되었다. 사림은 의리를 이념적 핵심으로 지키면서 권력 집단에 비판적이고 순수한 이상주의적 성격을 띠고 있다. 여기서 세속지인 훈구세력과 갈등을 일으키게 되자 권력의 탄압을 받게 되었다.

연산군 때의 무오·갑자사화를 비롯하여 16세기 전반에 기묘·을사사화의 4대사화가 일어나면서 선비들이 무수한 희생을 치렀다. 사화를 통한 선비들의 희생은 권력의 탄압이지만 의리의 이념적 정당성은 선비들에 있었으며, 이러한 희생을 대가로 선비정신이 더욱 현양되고 의리사상이 심화되어 갔다고 할 수 있다. 의리사상은 유교사회에 자동적으로 부여된 것이 아니라 선비정신의 발휘에 따른 선비의 희생을 통해 다져진 것이다.

선비의 희생은 의리를 지키려는 순도(殉道)요 순교(殉敎)의 증거가 되었고 이를 통하여 선비정신의 역사적 가치와 의리사상의 사회적 정당성이 확인을 받게 되었다.

16세기 후반 선조 때 이래 사림은 정치권력의 통제력을 장악하는 데까지 발전하여 이른바 사림정치의 시대가 성립된다. 그러나 사림이 권력을 장악하면서 필연적으로 의리에 비추어 권력집단을 비판하는 입장과 권력을 통해 유교 이념을 실현하려는 입장의 분열을 겪지 않을 수 없었다. 이것이 곧 붕당이요, 당쟁이다. 당쟁은 권력을 사이에 두고 선비들 사이의 의리논쟁에서 발생한 것이다. 17세기 말의 숙종 때를 극성기요 고비로 하는 당쟁의 시기는 권력투쟁이 의리론을 명분으로 지킬 수 있었지만 선비들의 상쟁(相爭)으로 그 의리의 균형 있는 객관적 기준이 무너지면서 선비정신의 건전한 생명력도 상실되고 말았던 것이다. 실학파의 성장과 더불어 선비의 기능과 역할에 대해 심각한 반성이 일어났고 의리론의 허구적인 비현실성을 지적하며 선비가 무위도식하는 좀벌레라고 자책하기도 하였다.

한말에 서양과 일본의 침략 앞에서 그 침략성의 불의를 비판하면서 의리를 주창하고 항거하는 의병운동을 전개하였던 선비들이 있었다. 이들은 민족정신을 발휘한 마지막 선비정신의 계승자였다. 그러나 끊임없는 자기 개혁 없이 전통의 강상만을 고집할 때 선비란 마치 고루하여 융통성 없는 전(前) 시대적 내지 시대착오적인 의식의 소유자라는 인상을 남겨주게 되는 것이다.

3) 선비의 성격과 기능

선비는 유교 이념의 수호자로서 의리를 정신적 기반으로 삼기 때문에 이해(利害)와 의리가 충돌할 때에는 이해를 버리고 의리를 지키는 것이다. 따라서 선비는 빈한한 것이 당연한 일이라 할 수 있다.(『星湖僿說』, 貧者士之常也) 더구나 성리학에서 천리를 지키고 인욕을 억제하는 것이 수양의 기본과제로 제시되었을 때 선비는 모든 물질적 욕망을 억제하면서 의리를 지키는 것이 임무라 할 것이다.

조선시대에 사림파를 비로소 정립시켰던 조광조가 국가의 병폐가 이욕의 근원에 있다고 진단하였던 것은 의리에 배반되는 이욕의 근원을 막음으로써 유교적 이상사회를 건설할 수 있다는 신념에서 나온 것이다. 탐욕을 억누르고 염치를 숭상하는 것이 사회도덕이 될 수 있었던 것도 선비정신의 사회적 확대에서 성취되는 것이라 할 수 있다. 이러한 선비정신은 재화에의 물질적 탐욕만이 아니라 권력에의 탐욕도 배격하는 것이다.

영남지방의 풍속에 사족을 3등급으로 나누어 관벌이 높고 낮은 것을 문제 삼지 않으며 선현의 문하에서 나온 자손은 10세 동안 벼슬이 없어도 따지지 않는다고 전한다.(『星湖僿說』, 人事門) 이러한 예는 관작(官爵)으로 '사'의 신분을 평가하는 것이 아니고 덕행과 의리를 존중하는 것은 선비의 기본 성격을 드러내 주는 것이다.

퇴계는 선비란 다른 사람의 세력과 지위에 굽히지 않는 것이며, 저쪽에서 부를 가지고 있다면 나는 인을 지키고 있는 것이고, 저쪽이 벼슬을 가지고 있으면 나는 의리를 지키고 있는 것이라 지적하여 부와 귀를 넘어서서 의리를 지닌 선비의 신념에 찬 당당한 모습을 보여주었다. 더 나아가 "필부로서 천자와 벗하여도 참람하지 않고 왕공으로서 위포(韋布)에 굽히더라도 욕되지 않은 것이 선비가 고귀하고 공경 받을 수 있기 때문이라"고 언급하였다.(『退溪集』, 권 12) 선비가 천자나 왕공과도 인간적인 평등을 지닐 수 있다는 의식은 봉건계급질서를 넘어서는 유교 이념의 지상적(至上的) 가치에 대한 신념을 보이는 것이기도 하다. 실학파의 박지원도 선비의 본래적 성격을 재천명하는 입장에서 '사'가 작위(爵位)를 가지면 '사'를 버리고 대부나 경이 되는 것이 아니라, 어떤 작위도 '사'에 부착되는 것이라 하고, 천자도 작(爵)이 천자이지 그 몸은 '사'라 하여 천자를 원사(原士)라 한다고 언급하고 있다.(『燕巖集』 권 10) 그렇다면 조선시대의 선비에 대한 인식은 선비를 군왕이나 국가권력에 봉사하는 기능적 지식계층으로만 보는 것이 아니라, 권력이나 모든 세속적 가치로부터 독립된 유교 이념으로서의 의리를 지키는 이념적 주체로서 인정하고 있는 것이라 하겠다.

물론 현실적 선비집단에서 선비의 양상이 다양할 수 있을 것이다. 홍대용은 선비를 분류하여 과거로 출세하는 '재사'(才士)와 글재주로 이름을 얻는 '문사'(文士)와, 경전에 밝고 행동을 점잖게 꾸미는 '경사'(經士)를 열거하고 나서, 자신이 말하는 선비란 "인의에 깊이 젖고 예법을 따르며, 천하의 부로도 그 뜻을 어지럽히지 못하고 루항의 근심으로도 그 즐거움을 대신하지 못하며 천자도 감히 신하로 삼지 못하고 제후도 감히 벗 삼지 못하며, 현달하면 은택이 사해에 미치고 물러나면 도를 천년토록 밝히는 '진사'(眞士)라 하였다"(『湛軒集』, 內集 권 3) 이러한 선비의 이상적 모습을 율곡도 '진유'(眞儒)라 하여 "나아가면 한 때에 도를 행함에 백성들에게 화락한 즐거움이 있게 하고 물러나면 만세에 교를 드리워 배우는 이로 하여금 큰 잠에서 깨어나게 하는 것"이라 지적하였던 것이다.(『東湖問答』)

선비의 본래적 위치가 이처럼 유교 이념을 구현하는 인격적 주체라고 인정되었을 때 유교사회에서의 기능도 근원적인 역할을 하지 않을 수 없다. 정응(鄭應)은 한 나라에 있어서 선비란 한 사람에 있어서 원기와 같은 것이라 하여 원기가 흩어지면 사람이 죽는 것처럼 선비가 없어지면 나라도 망한다고 언명하고 있다.(『靜庵集附錄』 권 3) 퇴계도 "선비는 예의의 종(宗)이요 원기가 깃드는 곳이라"(『退溪集』, 권 41) 언급하였지만, 선비를 원기에 비유하는 것은 국가의 존립을 가능하게 하는 생명력을 선비정신에서 찾아내고 있음을 말해준다. 조선사회의 성쇠흥망이 선비정신의 청신함과 부패됨에 직결되는 것이라는 사실을 말한다. 그것은 어느 사회에서나 그 지도이념이 밝고 사회기강이 확고하면 그 사회는 굳건하게 유지되는 것이지만, 가치관이 혼란되고 사회기강이 붕괴되면 그 사회는 불안정에 빠지게 됨은 당연하다. 그렇다면 한

시대사회에서 그 사회의 이념을 제시하고 기강을 수립하는 지도계층의 인물들이 건전한 정신을 가졌는가, 탐욕 속에서 부패하고 있는가에 따라 그 사회의 흥망이 결정된다고 할 수 있을 것이다. 조선시대에 선비는 권력으로부터 독립되어 그 의리사상의 정신적 무장 속에 권력의 타락을 견제할 수 있고 권력을 이끌어갈 수 있을 때 국가의 안정이 가능하였던 것이 사실인 만큼 또한 선비의 갈등과 정신적 쇠퇴에서 사회적 혼란이 깊어갔던 것도 사실이다. 퇴계도 선비가 어떤 정신적 기풍을 갖느냐에 따라 사회에 미치는 영향이 다르게 나타남을 역사를 통해 분석하여 제시하였다. 곧 "동한(東漢)의 선비는 절의를 숭상하여 세도를 부지하였고, 송의 선비는 도덕을 숭상하여 인심을 맑게 하였으나, 서한(西漢) 말의 선비는 아첨을 숭상하여 천하를 망쳤고, 진송(晉宋) 사이의 선비는 청허(淸虛)를 숭상하여 천하를 어지럽혔고, 당의 선비는 문사(文詞)를 숭상하여 천하를 은폐시켰다"고 지적한다.(『退溪集』 권 41) 이것은 선비의 사회적 기능이 중요하다는 사실과 더불어 선비정신의 기풍(士風·士習)이 건전한지 아닌지의 여부에 따라 사회를 안정시킬 수도 있으며 혼란시킬 수도 있음을 밝혀주는 것이다.

3. 의리 – 선비정신의 발현

1) 의용(義勇)과 위난(危難)에의 투지

의리는 인식원리라기보다는 행위규범이기 때문에 행동을 통해 실현되어야 하는 것이다. 따라서 행동을 위한 의지와 용기는 의리의 실현에서 필수적인 조건이 되고 또한 의지나 용기에 대해서도 의리는 그 행위의 정당성을 부여하는 규범적인 조건이 된다. 공자도 "의를 보고 행하지 않으면 용기가 없는 것이라"하고 또한 "군자는 의를 높이 여기니, 군자가 용기가 있으면서 의가 없으면 난동을 일으킬 것이고, 소인이 용기가 있으면서 의가 없으면 도적이 될 것이라"하였다. 선비가 의리를 소중히 지키고자 하지만 위난에 처하여 의리의 실천을 회피한다면 의리는 그저 관념 속에나 남는 것이 되고 만다. 의리에 따르는 것이 옳은 것이라는 이성적인 판단만으로는 의리의 실현이 불가능하며 의리는 신념과 용기를 동반함으로써 비로소 강인한 결정으로 나타낼 수 있게 된다.

생명을 버리고 의리를 취한다(捨生取義)는 말에서처럼 인간이 자기 존재의 위기를 만났을 때 의리를 최고의 가치로 지켜서 모든 이해득실이나 고통의 감수는 물론 생명까지도 내맡길 수 있을 때 의리는 용기와 결합되어 의용(義勇)으로 나타난다. 삼국시대 신라의 화랑들과 장사(將士)들은 충효를 기본정신으로 하는 의리와 임전무퇴의 용기를 투지에 넘친 의용으로 구현하였다. 진평왕 때 찬덕은 단잠성현령(椵岑城縣令)으로 백제군의 공격을 받았을 때 삼주(三州)의 군사가 구원하러 왔다가 백제군사에 밀려 돌아가는 것을 보고는 "적이 강한 것을 보고 성의 위급을 구하지 않는 것은 의가 없는 것이다. 의가 없이 사는 것은 의를 지켜 죽는 것만 못하다"하고 최후까지 분투하다 죽었다. 태종 무열왕 때 취도(驟徒)는 승려가 되었다가 백제와 전쟁이 일어나자 종군하여 살신보국하는 것이 수도하는 것보다 낫다고 선언하고 전쟁터에 나가 용감히 싸우다 전사하였고 그의 형 미과(未果)도 문무왕 때 전공을 크게 세우고 전사하였으며 그의 아우 핍실(逼實)도 신문왕 때 두 형을 본받아 "죽음을 두려워하여 구차스럽게 살 수 없다"하고 전쟁터에서 용전하다 죽었다. 신문왕은 이들 형제에 대하여, "취도가 죽을 자리를 알아 형과 아우의 마음을 격동시켰고, 미과와 핍실이 의에 용감하여 자신을 돌보지 않았으니 어찌 장하지 않는가.” 하며 눈물을 흘리며 찬탄하였다. 여기서 이 시대에 전쟁터에서 국가를 위한 용전은 개인적 용기에 그치지 않은 것은 물론이지만 국가를 위한다는 용기의 원천은 국가라는 권위에 있는 것이 아니라 의리의 정당성에 있는 것임을 확인할 수 있다.

조선시대에도 조헌(趙憲)은 임진왜란 때 의병을 일으켰다. 그는 칠백의사(七百義士)와 함께 금산에서 장렬하게 전사하였던 인물이다. 그는 의병을 모집하여 선서(宣誓)하면서 “오직 의리라는 한 글자를 끝까지 마음에 두라”고 강조하였고, 금산전에서 의병들에게 마지막 훈시를 할 때에도 “오늘은 다만 한번 죽음이 있을 뿐이다. 죽고 삶과 나아가고 물러섬을 의리라는 한 글자에 부끄럽지 않게 하라”고 언명하였다(重峯先生年譜). 이처럼 의는 국가존망의 위난에 처했을 때 생명을 버리면서 투쟁하는 용기의 원천이요, 정당성의 근거가 되고 있다. 이순신의 위대한 전공을 칭송할 때에도 그가 단지 지모나 용맹이 뛰어난 무장이 아니라 의리에 바탕을 둔 확고한 사생관에서 발휘되었던 의용을 구현한 선비정신의 소유자였음을 인식할 필요가 있다. 그는 상계(狀啓)에서 “원컨대 한번 죽기를 기약하여 적진을 곧바로 두들겨 요망한 기운을 쓸어버리고 나라의 치욕을 만분의 일이라도 씻고자 하고, 그 성공과 실패나 잘되고 못되는 것은 신이 미리 헤아릴 수 있는 것이 아닙니다.”라 언급하고 있다.(『忠武公全書』, 권2) 전장을 지휘하는 사령관도 결과로서의 성패보다 동기로서의 불의에 대한 의분과 생사를 넘어선 의용을 강조하고 있는 사실도 의리사상이 시대사상의 기준이요, 근거로서 확립되고 있음을 보여주는 것이다. 임진왜란·병자호란 그리고 한말에 일제침략을 겪을 때마다 의병을 일으키고, 창의(唱義)를 하며, 항의(抗義)하고 순의(殉義)하는 선비의 주장과 실천은 곧 의리가 역사적 난국을 통하여 투지 속에 실현되는 것임을 말해준다.

2) 절의와 불굴의 절개

의리가 인격을 통해 구현되는 한 양상으로서 의용이 현실적 위난이라는 외적인 상황을 향한 투지라고 한다면, 또 하나의 양상으로서 절의는 현실의 위압이나 유혹을 거부하고 자신의 신념을 지켜나가는 내면의 투쟁이요 굽힐 줄 모르는 지기라 할 수 있다. 공자가 "삼군 가운데 둘러싸인 장수는 빼앗을 수 있지만 필부에게서 그의 지조를 빼앗을 수는 없다."고 한 말의 의미는 바로 선비의 절의정신이 지닌 불굴성을 가리킨 것이라 이해된다.

신라의 박제상이 왜왕 앞에서 온갖 고문을 당하면서도 죽을 때까지 신라의 신하라는 신념을 고치지 않은 것은 우리 역사의 고전적 절의의 귀감이다. 진평왕 때 눌최(訥催)는 백제군의 침공을 받고 고성(孤城)을 지키다가 최후에 사졸들에게 "봄날 온화한 기운에는 초목이 모두 번성하지만 겨울의 추위가 닥쳐와도 소나무와 잣나무는 늦도록 잎이 지지 않는다. 이제 외로운 성은 원군도 없고 날로 더욱 위태로우니 이것이 진실로 지사·의부가 절개를 다하고 이름을 드러낼 때이다"라 훈시하고 분전하다가 죽었다. 눌최가 여기서 강조한 지절은 위난과 곤고에도 변하지 않는 것이고 곧 그가 이끌어다 쓰고 있는 공자의 말인 "날씨가 추워진 다음에야 소나무와 잣나무가 늦게 잎이 지는 것을 알게 된다(歲寒然後, 知松柏之後彫)."는 속에 담긴 절의정신을 실현하였던 것이다, 선덕왕 때 죽죽(竹竹)은 대야성(大耶城)이 무너질 때 항복을 권유하는 말에 대해 "나의 아버지가 나에게 죽죽(竹竹)이라고 이름지어준 것은 내가 추운 겨울에도 잎이 지지 않으며 부러질지언정 굽힐 수 없도록 하려는 것이다. 어찌 죽음을 두려워하여 살아서 항복할 수 있겠는가"라고 결의를 밝히고 싸우다 죽었다.

의리를 지켜 죽음을 당하여도 굽히지 않는 절개는 정몽주의 고려왕조를 위한 충절에서도 볼 수 있고, 사육신이 세조의 찬위에 대한 저항의 사절에서도 볼 수 있다.

병자호란 때 삼학사(三學士)가 청태종의 신문을 받으면서도 의절을 지켰고 조선이 멸망하면서 일제의 폭압 아래에서도 저항하였던 의사들에게서도 의병과 더불어 절의를 확인할 수 있다. 권근이 조선개국후 절개를 지키지 못했거나 신숙주가 세조 찬위 후에 태도를 바꾸었거나 이광수가 일제 말에 태도를 변한 것은 그 나름대로의 이유와 타당성을 제시할 수 있지만 그것을 수치스러운 일이라 보는 것은 지조를 일관되게 지키지 못하였다는 절의론에 비추어 비판하는 것이다.

조선시대에서는 부녀자의 근본덕목으로 열(烈)을 내세웠던 것도 절개를 지켜야 한다는 절의론에 기반을 둔 것이요, 실질적으로 불사이부(不事二夫)의 절의는 사대부가에서 생활의 현실 속에 개가를 금지하는 엄격한 규범으로 적용되었음을 보게 된다. 심지어 기녀에게도 절의가 존중되어 의기를 높이 평가하는 생활관습이 이루어졌다. 이러한 절의는 굽히지 않고 변하지 않는 것이라 하여 임금이나 남편 혹은 특정한 권력체제에 맹목적 복종을 의미하는 것은 아니다. 오히려 절개에 따른 불변적인 행동양식도 의리라는 유교 이념과 결합되어야 절의로서 정당성이 인정되는 것이라면 간쟁하는 데에서 충의나 절의도 확인되는 것이다. 의리를 상실한 충은 이미 충이 아니라 아첨이고, 정당한 귀신이 아닌데다 제사드리는 것이 예가 아니라 아첨이 되는 것과 마찬가지라 이해될 수 있다.

3) 대의와 역사에의 신념

의리는 인간이 현실 속에서 부딪친 관계나 상황의 범위에 따라 여러 차원의 양상을 보일 수 있다. 개인과 개인 사이의 신의도 있고, 사회의 도덕질서로서의 도의도 있을 것이며, 국가적인 위난에 파괴적인 세력에 저항하는 항의의 의용도 있을 것이다. 그러나 유교 이념에 비추어 가장 중대한 의리는 국가 간의 신의에서 제기되고 또한 역사의 필연적 방향이요 정당성으로서 제시되는 의리에서 발견되는 대의인 것이라 할 수 있다.

도덕이 개인이나 사회질서에만 적용되고 국가적 문제는 도덕을 넘어서는 것이라 본다면 그것은 유교적 원리와 배반된다. 오히려 의리의 원천은 보편적 천리에 있는 것이요, 의리의 규범을 벗어날 수 있는 어떠한 현실적 영역도 승인될 수 없는 것이다. 따라서 변하기 쉽고 변할 수밖에 없는 개인이나 사회나 국가의 현상적 세계는 의리를 통해서만 정당성을 인정받을 수 있고 존재권리를 가질 수 있게 된다고 하겠다.

의리는 작은 범위에 적용되는 경우와 크고 넓은 범위에 적용되는 경우에서 그 내용의 형태가 달라질 수 있고 서로 간의 모순이나 충돌을 일으키는 경우가 있다. 부모와 자식 간의 의리는 국가와 개인 간의 의리보다 작은 범위이다. 곧 부모에 대한 효와 국가에 대한 충이 서로 상반된 이해관계에 놓일 수 있는 것이다. 이때에 갈등을 일으킨 의리의 형식사이를 조화시킬 수 있는 것이 가장 이상적이겠지만 그렇지 못할 때는 소의를 대의보다 앞세울 수 없다는 가치체계의 계층적 평가를 하게 된다. 대의멸친(大義滅親)이란 말의 뜻은 선공후사(先公後私)의 경우처럼 대의를 위해서는 가족적 질서도 넘어설 수 있는 것임을 보여준다.

의리를 실현하는 과정에서 개인은 생명까지 바쳐 순절·순의(殉節·殉義)하는 희생을 치르기도 한다. 의리는 흔히 이익을 무시하거나 버리는 데서 지켜지는 것이라는 엄격한 순수성 속에서 의리를 내세우는 주장을 볼 수 있다. 중종 때 북쪽변방을 노략질하는 야인추장 속고내(速古乃)를 기습하기 위해 어전회의(御前會議)에서 출병을 결정하였지만 조광조는 문죄하는 군사를 일으킬 수는 있어도 한 국가가 도적의 꾀를 써서 몰래 습격할 수는 없다고 반대하여 출병이 중단되었다. 그의 신념에 의하면 국가의 진정한 이익은 변방 부족에게 신의를 보임으로써 얻을 수 있는 것이지 일시적인 전과를 얻더라도 신의를 잃으면 결국 뒷날에 더 큰 손실을 초래하게 된다는 것이다. 국가가 눈앞의 이익을 버리면서 신의를 지켜야 한다는 먼 장래를 내다보는 의리관은 곧 역사에 대한 신뢰 속에서 대의를 추구하는 것이라 할 수 있다. 조헌은 임진왜란 직전에 일본사신의 위협에 타협하려는 정부에 대하여 대의로써 일본을 꾸짖고 사신을 물리칠 것을 요구하는 상소를 올렸다. 그가 도끼를 들고 가서 생명을 걸면서까지 상소하였던 것은 정부가 대의로써 이웃나라의 횡포를 거절하여야 하며 무사안일을 바라서 무마하려고만 해서는 안 된다는 것을 주장하는 것이다. 한 국가의 진정한 힘은 군사력의 우열에서 나오는 것이 아니라 대의를 지키는 국민의 기개에서 나오는 것이라 본다.

국가 간의 신의를 지켜서 국제질서를 유지하는 원리로서 춘추대의가 존중되었다. 병자호란 때 척화파와 주화파의 논란 가운데 척화파는 만주족의 오랑캐에게 항복할 수 없다는 의리론을 내세우고 주화파는 무력침략 앞에서 국가의 존속을 확보하려는 실리론을 내세우는 것이었다. 인조도 남한산성에서 한때는 "이제 오랑캐가 대호(大號)를 참칭(僭稱)하고 우리나라를 모욕하니 내가 천하대의를 위해 그 사신을 거절하였다. 이 때문에 화란이 일어나서 지금 군신상하가 한 성을 함께 지키고 화의를 거절하였으니 오직 싸울 뿐이다"라고 근화론을 밝혔으나 결국 주화론을 따라 항복하고 말았다. 그러나 삼학사나 김상헌은 척화의리를 굽히지 않았고, 홍익한은 심양에서 청태종의 신문을 받으면서 "내가 지키는 것은 대의일 따름이니 성패와 존망은 논할 것이 없다"고 대의를 내세워 순절하였다. 국가의 존망이 중요한가 대의를 지키는 것이 중요한가의 문제는 이념과 현실 사이에서 영원히 남을 선택문제일 수 있다. 여기서 조선사회의 유교 이념을 신봉하는 선비의 의리론에 따르면 국가의 존망에 대한 집착보다 대의를 지키는 것이 근원적 가치를 갖는 것으로 나타난다. 대의를 버리고 존속하는 것은 진정한 생존이 아니고 또한 생존의 보장도 못되는 것이라 본다. 불의 속에 생존하는 것은 결국 역사 속에 조만간 멸망할 뿐이고 대의를 지킨다면 한때 죽음을 당한 것 같아도 영원한 생존을 획득할 수 있다는 것이다. 의리의 정당성이 생존을 보장해주는 것이요 생존의 요구가 의리를 만들어낼 수 없는 것으로 인식된다. 조선 후기는 춘추대의에 따른 역사적 복수의식 속에서 이끌어졌다고 할 수 있다. 효종은 북벌론을 통해 중국대륙을 장악한 만주족을 정벌하려는 계획을 세웠다.

이때 효종은 북벌계획에 대해 "나는 나의 재능으로 이 일을 해낼 수 있다고 생각하지 않는다. 다만 천리와 인심이 그만둘 수 없는 것을 재주가 미치지 못한다고 스스로 안할 수가 없다"고 하여 북벌론은 현실적 승산이 아니라 대의에 따른 신념임을 밝혔다. 이러한 대의론에 따라 청대에 조선왕조는 청조에 대한 저항정신을 선비의 기본정신으로 확립하였던 것이다. 한말에 선비들이 서양과 일제의 침략 앞에서도 척사위정론을 내세운 것은, 침략세력을 불의의 사로 규정하고 우리의 역사적 전통을 정도로 인식하는 데 근거를 두고 있다.

이항로의 문하인 김평묵·유중교·최익현·유인석 등 화서학파의 인물들은 양요(洋擾)로부터 일제침략에 이르는 시기에 척화론의 주장에서 의병운동에 걸쳐 춘추대의를 한말의 역사적 전환의 위기에 다시금 강경하게 제시함으로써 배청론의 대의를 계승하였던 것이다. 한 왕조도 망할 수 있고 한나라도 망할 수 있지만 대의는 일월처럼 천지와 더불어 영속하는 것이라 확신하고 이 대의를 통하여 정당한 국가와 정당한 왕조를 지키려고 싸웠던 것이 조선시대 선비들의 역사의식이요 의리정신이었다고 할 수 있다.

4. 의리사상과 선비정신의 재음미

1) 의리와 정의

의리는 한국인에게 있어서 전통적 도덕 가치이면서 인간관계의 규범으로서 의식 속에 깊이 젖어 있는 것이다.

그것은 물질적 이익을 추구하거나 신체적 욕망에 예속되는 태도를 거의 결벽증이라고 할 만큼 거부하는 모습으로 나타난다. 물론 여기에 숭고한 도덕적 인격이 드러나고 강인한 의지의 결단을 보여주기도 한다. 그러나 의리는 인간의 삶에 깃들고 있는 현실의 조건을 때로 가볍게 보거나 천시해버리는 데 따라 공허한 이상주의나 체면만 차리는 형식주의에 빠지게 되는 경우도 있다. 물질적 재화는 인간이 사는 데 필수적인 것이고 인간의 욕망도 인간존재에서는 현실적 필연성이다.

의를 이(利)와 대립된 것으로 파악하고 이를 버려서 의를 찾으려는 태도는 이만 탐하여 거기에 빠지는 인간이나 세속적 풍조에 대한 경계로는 중요한 방법이지만 의와 이가 본질적으로 모순된 것은 아니라 할 수 있다. 공자가 “利를 보거든 義를 생각하라”(見得思義)라고 한 것도 이에 빠지지 말라는 것이지 이를 버려야만 한다는 것은 아니다. 주자학파의 도학적 선비정신이 너무나 엄숙주의적이고 이상주의적인 데 기울어졌을 때 이에 대한 혐오감마저 체질화시켰던 측면을 엿볼 수 있게 된다. 이에 대하여 실학파에서 현실의 욕망이나 재화의 중요성을 재평가하였던 것은 의리가 조선 후기에 너무나 금욕주의적인 계율로서 고착되어 가는 것을 시정해보려는 노력이었다고 볼 수 있다.

의리는 보편적 원리로서 천리에 근거하고 있다. 그렇지만 주관적인 인격적 규범으로서 의리가 이해되었을 때에는 그 의리를 사회질서의 객관적 원리로서 정립하기가 어려워지는 것도 사실이다. 주관적인 도덕적 인격의 판단을 통해서만 구체적 사태가 의리에 맞는지 여부를 가리게 된다면 의리는 그만큼 개인적 판단에 따라 넓은 폭의 차이가 생기게 될 것이다. 여기서 의리는 분명히 정의의 이념이지만 객관적 사회정의의 원리를 밝히는데 실질적인 성과가 뚜렷하지 못한 감이 있다. 의리는 수양이 높은 유교적 인격으로서의 선비에 의해 제시되어 다른 인간에게 호소를 통하여 감동을 주며 분발을 시킴으로써 의리의 공감대를 형성할 수 있을 것이다. 그러나 의리가 정의의 원리로서 합리적 조정과 균형을 통해 누구에 의해서나 동등한 정당성으로 주장되기는 쉽지 않다.

다른 한편 정의는 객관적 원리로서 법이나 제도 속에 구체화될 수 있지만 동시에 현실 속에서 권력에 의하여 법과 제도는 물론 정의의 이념적 의미조차 변질될 수가 있다. 그러나 의리는 처음부터 인격의 깊이에 뿌리를 두고 있는 것이고, 현실적 힘의 균형 속에서 찾아지는 것이 아니라 천리의 보편성에 원천을 두고 있는 것이기에 언제나 권력을 넘어서 존립하는 것이다. 비록 우리의 전통적 관습에서 한 군주나 왕조에 절대적으로 복종하는 것이나, 개인 사이에서 이해관계나 온갖 사회적 조건을 넘어선 고정된 관계의 유지를 의미하는 때가 있다. 그러나 의리는 흔히 오늘날 사회정의라는 개념 아래서 제시되는 객관적 규범체계보다는 인격적 기반을 더욱 강하게 받아들이고 있음으로써 이 세계를 보다 더 인간과 인격을 통하여 이해하는 것이라 할 수 있다.

2) 선비와 지성인

의리가 보편적 이념이면서 인격의 내면에 근거를 두고 있음으로써 한편 강상의 불변적 원리로 제시되지만 다른 한편 매우 개인적 확신으로써 주관적인 형태로 나타난다. 따라서 의리는 개인의 처지나 사회적 조건 속에서 새롭게 해석될 수 있는 폭넓은 가능성을 지니고 있는 것이다. 극단적인 예로서 변동기에 처했을 때 전시대를 계승하려는 보수적 입장이 의리로 주장되기도 하고 철저한 개혁을 추구하는 혁명적 입장이 의리로 주장되기도 한다. 현상적으로는 보수적 강상론의 입장이 조선시대에 의리론의 정통성을 누려 왔지만 그것도 부단한 변동의 요구 속에서 선택한 결단으로 나타난 것이다. 따라서 의리의 실현주체로서 선비는 인간관계의 복합성이나 역사적 변동 속에서 부단히 현실을 평가하고 결단하는 지성을 지녀야 하였다.

선비는 유교적 전통 속에서 일단 독서인이요, 박지원의 지적처럼 강학론도(講學論道)하는 것을 사림이라 한다. 경전을 학습하고 경전의 이념으로써 진리를 밝히는 과업을 맡음으로써 선비는 모든 상황 속에서 참된 판단을 제공하는 역할을 담당하였다. 이러한 올바른 판단, 곧 천하의 공론은 사론으로서 나타나는 것이었다. 물론 의리의 해석이 달라짐에 따라 선비의 공론이라는 것도 분열되어 공론의 역할을 못하고 끝없는 논쟁 속에 당파적 분열을 거듭했던 사실을 외면할 수 없다. 그러나 한 사회의 통합된 올바른 판단을 제시할 책임도 선비에게 있고 어긋난 판단을 바로잡을 책임도 선비에게 있는 것이다. 조선시대에 사림들의 대간(臺諫)을 비롯하여 언관을 맡아 언로를 열려고 활동하였던 것이나 간언을 임무로 삼고 상소활동을 벌였던 것도 사회의 올바른 판단을 담당하고 있다는 사명감에서 나온 행동이었다.

선비는 학식과 덕망을 갖춘 인격이므로 그 지성도 올바른 지식을 지니는 동시에 모범적인 행동의 실천력도 지니는 것이라 볼 수 있다. 오히려 지식은 거의 선비계층이 독점하는 것이라 할 수 있지만 행동의 모범을 통해서 선비는 대중을 지도하고 교화하는 기능을 발휘할 수 있었다. 언행의 고상한 기풍이나 도덕규범의 실천은 단지 지적 판단에서만 역할 하는 지성을 넘어서 도덕의 감화기능을 갖는 인격성이라 하겠다. 관료(官僚)로서의 지위를 찾는 경우는 물론이고 향리에서 학문하는 선비도 그들의 신분계급에 의해서가 아니라 덕망에 의해서 대중의 존경을 받을 수 있는 것을 선비의 조건으로 하였던 것이다.

그러나 선비는 지성인이요 학자로서의 기능에 그치는 것이 아니라 유교사회에서는 유교 이념을 밝히고 이에 따라 대중을 감화시키며 이끌어가는 성직자의 기능도 갖고 있다. 선비들은 물질적 빈곤을 극복하고 의리의 정신적 가치를 존중하는 삶의 모범을 보일뿐 아니라 유교의 례를 엄숙히 거행하는 전형이 되고 의례를 지도함으로써 유교적 성직의 사회적 기능을 담당하였던 것이다. 조선 후기 서원의 발전과정이나 사우(祠宇)의 광범한 설립을 통하여 선비는 지방적 공동체의 의례적 중심역할을 맡고 있음을 볼 수 있다.

3) 선비정신의 계승

우리의 유교적 전통에서 선비의 위치가 아무리 핵심적이고 또한 선비정신이 숭고한 가치를 지녔다고 인정하더라도 선비의 역할에는 볕과 그늘의 양면이 있다는 사실을 외면할 수 없다. 선비정신도 선비를 통하여 발휘되는 것이라면 선비가 그 임무를 긍정적으로 실현하지 못할 때 선비정신만 독립하여 존립할 수는 없는 것이다. 선비가 관료계급으로서 혹은 전통의 봉건적 질서 속에서 지배신분으로서 자신의 지위를 확보하고 향유하는 데 젖어 있다면 그들은 신분상 선비이지만 의리에 비추어 보면 선비정신의 파괴자일 뿐이다. 사실상 신분의식에 따른 체면에 사로잡혀 생업을 위한 노동이니 직업도 천시하여 빈곤을 자초하면서 허세로 자위하는 경우가 있지만 그것은 위선이요, 기생에 지나지 않으며 신분을 빌어 백성의 재물을 가로 챈다면 그것은 착취라 할 수 있을 것이다.

선비의 기풍과 관습 곧 사풍(士風) 내지 사습(士習)이 건전한가, 병들었는가 하는 진단이 없이 그저 선비요, 지식계층이라는 사실로 정당성이나 존중을 받을 권리는 없다. 더구나 선비가 국가의 생명력으로서 원기라 할 때 선비정신의 건전성에서 국가생명의 활력이 보장될 수 있다는 것이다. 그렇다면 우리가 선비와 그 정신이 의리에 의한 정당성의 확보가 이루어져야 함을 재인식할 수 있고, 지식과 의리의 결합에서 비로소 진정한 선비 내지 건전한 선비정신을 확인할 수 있다. 우리가 전통사회에서 선비정신의 가치를 재검토하려는 이유는 선비정신이 어떻게 의리사상의 구현주체로서 자기실현을 하느냐를 알고자 하는 것이다.

선비정신이 도덕 내지 정의와 결합할 때 그 정신은 한 사회와 역사 앞에서 책임을 질 수 있으며 그 사회 역사의 구원을 가능하게 해 줄 것이다. 물질적 욕망이나 권력에 결합하여 수단으로서 봉사하는 위치에 갇힌 지성은 신분적인 의미에서나 지성일 뿐 진정한 지성이 될 수 없다. 선비정신도 그 역사적 전통 속에서 한편으로 보편적 정당성으로서의 의리를 실현하고 지키려는 의지를 발휘하며 또 한편으로 불의에 대해 비판하고 항거하는 투지를 발휘하였던 강인한 힘에서 우리에게 건전한 사회기강을 수립하기 위한 정신적 원동력으로 살려내어야 할 가치를 발견한다.

선비정신이 그 사회에 정당성을 부여하고 역사를 의롭게 이끌어갈 지성과 정의를 내포하는 것이라면, 그것은 끝없는 자기극복이어야 하고 항상 새로운 자기 창조라야 할 것이다. 삼국시대의 의리나 조선시대의 의리가 현대사회에서 그대로 의리일 수 없다는 전통과 현실의 거리를 시인할 수 있다. 그러나 여기서 이러한 의리의 역사적 변천을 스스로 제시할 수 없고 또 그 변화의 다양성을 넘어서 이념의 보편성과 연속성을 스스로 밝혀낼 수 없다면 선비정신은 의리의 실현주체임을 포기하는 것이 된다. 의리 혹은 정의의 규범형식을 지키는 기능만이 아니라 역사와 현실 속에서 의리의 규범형식을 규정하고 제시할 수 있는 창조적 지성과 인격 속에서 비로소 선비가 출현한다고 할 수 있다.

선비가 끊임없이 출현함으로써 의리규범의 새로운 의미발견과 규범형식의 합리적 재창조를 통하여 선비정신이 계승될 수 있는 것이고, 선비정신의 생동적인 활력에 비례하여 그 사회적 기강 즉 의리와 국가적 생명 즉 민족역사가 살아날 수 있는 것이라 하겠다.

Ⅳ. 북학파의 실학사상과 현실의식

1. 북학파의 사상사적 성격

18세기 후반 정조시대는 조선시대 후기의 문화적 중흥기를 맞아 사상적으로도 활발한 전개양상을 보여주고 있다.

영조이래 탕평책의 실시와 더불어 전시대의 격심한 당쟁이 표면적으로나마 다소 진정되었고 균역법의 시행 등 사회제도의 정비와 개혁을 위한 정부의 노력도 다양하게 추진되었다.

또한 이 시대에는 병자호란 이후 극도로 고조되었던 배청감정도 좀 더 객관적으로 의식할 수 있게 하는 여유가 생겼다.

한편 사상사에 있어서 도학파의 성리학도 앞 시대의 호낙론(湖洛論)을 계승하는 임성주·임정주의 주기론이나 오희상의 주리론과 함께 영남학파에서도 이상정의 뒤에 남한조·유치명이 이어 활동하는 등 안정된 계승이 지속되었고, 더욱 주목할 사실은 실학사상이 다양하게 전개되는 융성기를 맞았다는 사실이다.

조선 후기의 실학사상은 이익에 이르러 학파로서의 존재가 확인되었다는 지적이 있는 것처럼 성호학파의 형성은 실학사상의 발전과정에 중요한 단계를 이루고 있는 것이다.[9] 성호학파는 18세기 후반에 이르러 서학의 연구단계를 넘어서 천주교 신앙운동으로 발전하는 현상을 계기로 안정복과 권철신 사이에 상반된 입장의 분열을 일으키게 되었다.

곧 안정복은 공서파의 입장을 밝혔고 권철신은 이벽·이승훈·이가환·권일신·정약용 형제 등과 함께 신서파를 이루었다.

이 서학의 문제는 이익에 의해 중요한 관심사로 제시되었던 것이다. 그것은 성호학파의 실학사상이 비록 국내에서 현실에 대한 관심과 문헌의 연구를 통해 형성되었던 것이 사실이지만 당시 북경을 통해 전래된 한역서학서가 그들의 사상형성에 중요한 자극이 되었음을 말해준다. 주로 신서파에 속하는 성호학파의 인물들은 이익을 이어 한역서학서를 통해 천문·역법·수리·기기(機器) 등 서양의 과학기술에 비상한 관심을 기울였고 마침내는 천주교 신앙으로 개종하는 진행과정을 밟았던 것이다.

성호학파가 기호남인계에 속하는 인물들의 집합이었다면 뒤따라 노론계의 몇몇 소장지식인들이 청조에로 연경사일행을 따라 갔다가 청조 문물을 접하는 직접의 현문을 통해 자극을 받으면서 새로운 학풍을 일으키고 학파를 형성하는 데까지 이르게 되었다.

여기에 속하는 인물로서 홍대용(1731~1783)·박지원(1737~1805)·이덕무(1741~1793)·유득공(1748~?)·박제가(1750~1805?) 등을 들 수 있고, 이들은 모두 직접 북경을 다녀왔으며, 당시 청조의 융성한 문물과 기술을 받아들일 것을 열렬하게 주장하였던 공통성에서 북학파라 일컫는다.[10]

북학파는 성호학파와 더불어 18세기 후반에 활동하는 실학파의 두 가지 기본 학파를 이루고 있다. 실학파의 이 두 학파는 도학파를 벗어

---

9) 千寬宇, 「實學의 先驅—柳馨遠」, 『朝鮮實學의 開拙者 10人』(1975), p.15.
10) 北學派의 燕行 시기와 횟수: 洪大容 1次(1765), 朴趾源 1次(1780), 李德懋 1次(1778), 柳得恭 2次(1790·1801), 朴齊家 4次(1778·1790 進賀使·1790 冬至使·1801).

나 새로운 사회질서를 추구하며 학문체계를 구성하려는 노력에서 공통성을 갖지만, 동시에 성호학파가 토지제도·행정제도 등 제도상의 개혁에 치중하는 점에서 경세치용학파라 일컬어지고, 북학파가 상공업의 유통이나 기술개발을 추구한다는 점에서 이용후생학파라 일컬어지는 특성을 보여주기도 한다.[11]

또한 두 학파의 성격에서 성호학파가 경학파 유형원의 경세론을 계승하면서 한역 서학서를 통해 서양과학에서 기독교신앙으로 관심을 이끌어가는 데 비하여, 북학파는 서양문물을 수용하여 형성된 청조의 문물과 제도 및 기술에 관심을 기울이면서 서양과학지식에서 청조문물에로 나가고 있는 특징을 볼 수 있다. 이 장에서는 북학파의 실학사상이 지닌 기본문제와 내용을, 그 대표적인 인물인 홍대용과 박지원에 있어서 검토해 보고자 한다.

2. 홍대용의 과학정신과 현실의식

1) 비판정신과 경학의 재이해

홍대용은 그의 사상 형성에 획기적인 계기를 이루는 연행길에서 그 자신이 나라 안에서는 지역에 국한되고 습속에 구애되어 마음에 답답함이 있었다고 토로할 만큼 당시 사회의 관습과 의식을 벗어나 새로운 사고의 가능성을 갈구하는 강한 의욕을 가졌음을 보여준다. 그는 자신의 사상적 전개에 있어서 기존체계나 권위를 계승하는 입장이 아니라

---

11) 李佑成(1973), 「實學研究序說」, 『實學研究入門』, p.6.

이를 비판하여 극복하는 입장에 서 있음을 『의산문답』(毉山問答)에서 명확하게 제시하고 있다.

『의산문답』은 당시의 통속적인 유학자나 기존관념에 사로잡힌 도학자를 허자(虛子)로 설정하고 새로운 사고체계를 구성하는 실옹(實翁)을 통하여 허자의 고착되고 형식화된 사고를 비판함으로써 그 자신의 사상적 입장을 밝히고 있다. 그는 실옹의 입을 빌어 인간의 미혹에 식색지혹·이권지혹·도술지혹(食色之惑·利權之惑·道術之惑)을 들고 도술지혹은 천하를 어지럽히는 것임을 지적하며 당시의 사상적 타락을 비판하였다.

> 도술이 없어진지 오래되었다. 공자가 죽은 다음 제자(諸子)가 어지럽혔고 주자 문하의 끝에서 제유(諸儒)가 혼란시켰다. 그 업적은 높이면서 그 진리는 잊었고, 그 말씀을 익히면서 그 뜻은 잃었다. 정학을 부식(扶植)한다는 것은 사실상 긍심(矜心)에 말미암고, 사설(邪說)을 배척한다는 것은 사실상 승심(勝心)에 말미암고, 세상을 구제한다는 인정(仁政)은 사실상 권심(權心)에 말미암고, 자신을 보전한다는 명철(明哲)은 사실상 이심(利心)에 말미암는다. 이 네 가지 마음이 서로 따르니 참뜻은 날로 없어지고 천하는 물 흐르듯이 날로 허망한 데로 치닫는다.(『의산문답』)

도학파의 척사위정론이나 왕도론 등의 근본문제에 대해서도 홍대용은 그 의식이 긍심·승심·권심·이심(矜心·勝心·權心·利心)에 빠져 왜곡되고 있음을 반성하고 "도를 들으려거든 너의 옛날에 들은 것을 씻고(濯舊聞), 이기려는 마음을 버리라(袪勝心)"고 요구하고 고정된 관념과 권위의식을 버린 다음에라야 실심·실사(實心·實事)로서 실지(實地)를 밟는 진리에 대한 객관적이고 참된 인식이 가능함을 강조하였던 것이다.

그는 도학의 체계에만 사로잡힌 폐쇄적인 경학의 태도를 비판하면서, "오직 주자를 숭봉(崇奉)하는 것만이 귀한 것으로 알고, 경전의 뜻에 의심스럽거나 의논할 수 있는 점에 있어서는 부화뇌동하여 한결같이 엄호하기만 하고 세상 사람의 입을 틀어막으려고만 하니 이것은 향원 (鄕愿)의 마음으로 주자를 바라보는 것이다"(『건정녹후어』)라 하여 도학도 객관적 평가의 대상에로 끌어내릴 것을 요구하였다. 이에 따라 그는 『사서문변』과 『삼경문변』에서 경전해석에 관해 문변 형식으로 비판적 검토를 하는 경학방법을 제기하고 있다.

그는 "주(註)는 경을 통하게 하는 것이요, 경은 이(理)를 밝히는 것이라"고 규정하여, 이를 경에 입각시키며, 주를 경의 수단으로 한정시키는 경학의 입장을 보여주었다. 또한 그는 경전의 해석(解經)이 분속 (分屬)을 치밀하게 하는 것은 "경훈(經訓)에 보탬이 없고, 후학에 이익이 없이, 훈고의 폐단을 열기에 알맞다"하여 부정적 태도를 보이고 "차라리 소(疏)할지언정 밀(密)하지 않으며, 차라리 졸(拙)할지언정 교(巧)하지 않음이 옳지 않겠는가" 하고 형식적이나 관념적 체계화보다 소·졸(疎·拙)한 실제를 중요시할 것을 강조하였다.[12] 이에 그는 주자학의 주석(註釋)에 대해 곳곳에서 회의를 제기하고 있다. 이기론의 문제와 관련하여 맹자 호연장의 심을 송시열이 이(理)로 보아야 한다는 해석에 대해 그는 이·기를 혼동할 수 없다는 주장과 더불어 심을 기라 반론하면서도 순자가 심을 군이라 하였던 해석을 지지하였다.[13] 또한 "같은 것은 이이고, 다른 것은 기이다"라는 이기개념과 함께, "이는 인(또는 인과 의)일 뿐이다"(『심성문』)라는 소박한 이기개념으로 머무를 따름이며, 도학의 이기론 체계를 벗어나는 입장을 보여준다.

---

12) 같은 책, 內集, 卷 1, <四書問辨·寄書杭士 嚴鐵橋誠又問庸義>.
13) 같은 책, <四書問辨·孟子問疑>.

2) '이천시물'의 과학정신

자연과학에 대한 이해와 관심은 한역 서학서에서 자극된 것이고 리익을 통해 영향을 받은 바도 있겠지만 홍대용에 있어서는 그의 사상체계 속에 더욱 깊이 침투되고 있다. 그는 대도를 밝히는 본원으로서 사람과 사물의 차이 곧 심·신과 물의 차이를 인식할 것을 요구하였다. 성리학의 물아일체론적 사고에 따라 머리의 둥근 것을 하늘에, 발이 네모진 것을 땅에 유비하여 사람과 자연을 동일한 근원으로 이해하거나, 또는 기의 청탁수박(淸濁粹駁)에 따라 인간과 사물 차이를 귀천의 상하계층이 있는 것으로 파악하는 태도를 거부하였다. 그것은 곧 인간과 사물을 분리시켜 사물을 객관적으로 파악해야 한다는 주장이며, 동시에 사물을 인격적 가치규범으로부터 해방시켜 자연과학의 영역을 독립시키려는 의식이라 할 수 있다. 그는 "사람으로서 사물을 보면 사람이 귀하고 사물이 천하지만 사물로써 사람을 보면 사물이 귀하고 사람이 천하며, 하늘로부터 보면 사람과 사물이 균등하다"하고, 사람으로서 사물을 볼 것[以人視物]이 아니라 하늘로써 사물을 볼 것[以天視物]을 요구하였다.(『毉山問答』)

'이천시물'의 관점은 유교적 도덕규범에 근거한 자연관을 벗어나 자연을 그 자체의 법칙에서 객관적 이해를 가능하게 하는 근거를 정립하는 것이다. 여기서 그는 월식을 보고 지구가 둥근 것임을 증명하는 지구구형설과 더불어 지구가 공중에서 돌고 있다는 지구자전설을 역설하고 있다. 지구설이나 백전설이 그의 독창도 아니고 처음 주장한 것도 아니지만 기존의 통념을 깨뜨리려는 의지와 설득력을 통해 그의 자연과학에 대한 확고한 신념이 드러난다.[14] 그리고 우주 공간[空界] 안에는 무수한 별들이 있고 별에서 보면 지구도 하나의 별이므로 지구가

---

14) 千寬宇, 「洪大容 地轉說의 再檢討」, 『近世朝鮮史硏究』(1979), pp.367~378.

우주공간의 중심에 있다는 생각은 성립되지 않는다고 지적함으로써 중심의 절대성을 부정하고 상대화시키고 있다. 곧 지구가 중심이 된다면 똑같이 모든 별들도 각각 자기를 중심으로 인식할 수 있다는 것이다.

그는 음양설에 대해 양은 화(火)에 근본하고 음은 지(地)에 근본하는 것으로 천지 사이에 별도로 음양 2기(氣)가 있어서 때에 따라 나타나기도 하고 숨기도 하여 조화를 주장하는 것은 아니라 한다. 또한 오행설도 옛사람이 만물의 전체를 대표하여 설정한 것으로 5라는 수에 구속받을 필요가 없는 것이라 강조하고, 하늘은 기일 뿐이요, 태양은 화일 뿐이고, 땅은 수・토일 뿐이라 하여 목・금은 기・화・지 또는 기・화・수・토에 병칭될 수 없다 하여 오행설을 실질적으로 부정하였다. 그리고 그는 오행설이 통행되는 것을 술가에서 하도・낙서로 부회하고 역상으로 천착한 것임을 지적하며, 풍수설에 미혹하는 것도 주자가 술가를 따라 산릉의장(山陵議狀)을 제시한 것을 포함하여 그 폐단이 선학이나 사공론(事功論)보다 혹독하다고 강조한다.15)

여기서 홍대용이 유학의 기존사고 속에 깃들어 있는 인간중심적 자연관을 '이천시물'의 자연자체에 입각한 과학적 인식으로 전환시키며, 음양론의 기개념이 아닌 서학의 기개념을 도입하고, 오행설을 부정하면서 술가적 요소를 척결하여 서양의 자연과학적 사고를 기반으로 하는 과학정신을 발휘하고 있음을 보게 된다. 이에 따라 『주해수용』(籌解需用)에서 체적법・개방법・삼각법(體積法・開方法・三角法)을 포함하여 수학의 체계적 인식을 바탕으로 하는 천문・역법・측량・율여 등의 계산법을 정리하는 과학의 실용적 탐구를 수행하기에 이르렀던 것이다.

---

15) 『湛軒書』, 內集, 卷 4, 「毉山問答」.

3) 현실의식과 역외춘추론

홍대용은 학문을 의리지학·경제지학·사장지학으로 분류하고 이 학문들의 관계에 대하여 "의리를 버리면 경제가 공리에 흐르고 사장이 부조(浮藻)에 빠지니 어찌 학문이라 할 수 있겠는가. 경제가 없으면 의리를 펼 데가 없으며, 사장이 없으면 의리를 나타낼 수가 없다. 요컨대 이 세 가지는 하나라도 버리면 학문이라 할 수 없다. 그러나 의리는 그 근본이 아니겠는가."(『오팽문답』)라 언급함으로써 의리학과 경제(경세)학과 사장학을 상보적인 것으로 병렬시키고 그 속에서 의리학을 근본적인 것으로 위치시키고 있다. 그것은 의리학 내지 도학에 대해 근본으로서의 지위를 인정하면서도 경세학과 사장학의 필수적 존재 이유를 제시하여 도학일변도의 학풍을 벗어나 학문의 다변화를 주장하는 것이다. 그는 또한 학문의 체계를 체(體)와 용(用)으로 구별하고 성의정심(誠義正心)의 수양은 체에, 개물성무(開物成務)의 실무는 용에 배당하였다. 그리고 용의 실무도 급무(急務)와 대단(大端)으로 나누어 읍양승강(揖讓升降)의 체는 급무로 보고 율력·산수·전곡·갑병(律曆·算數·錢穀·甲兵)은 대단으로 열거하고 있다.[16]

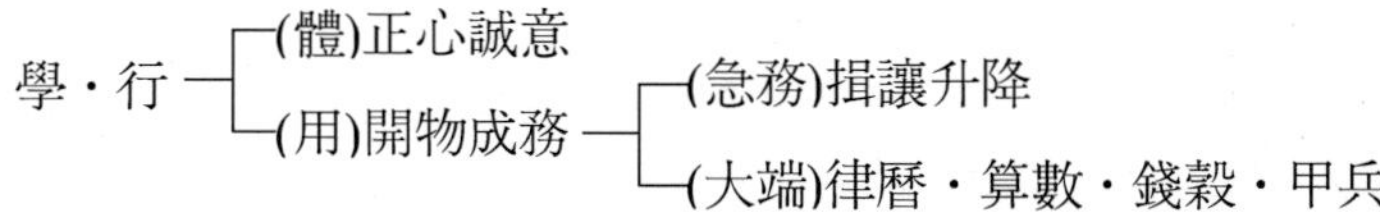

그는 여기서 학문과 실천을 학문의 내용을 이루는 것으로 밝히고, 내면의 인격과 실제의 사무를 체용으로 소통시키며, 또한 실무에서도 예의 중요성을 인정하면서 과학·경제·군사의 문제가 기본구성이 되고 있음을 강조하였다. 그것은 곧 그의 실학체계를 이루고 있는 학문의

---

16) 같은 책, 卷 3, 「與人書二首」.

구조와 실용성을 존중하는 성격을 보여주는 것이기도 하다.

그의 경세론을 담은 『임하경륜』(林下經綸)에서 행정·관료·교육·군사제도를 9수(數)로 정연하게 조직하려는 구상을 보이면서, 사농공상의 모두가 생업을 위한 노동에 종사할 것을 요구하고 신분과 상관없이 재능과 학식에 따라 직업에 종사할 수 있어야 한다는 주장을 통해 신분계급적 명분론을 넘어서는 생산적이고 기능적인 사회질서를 구성하려는 개혁론 속에서 현실의식을 보여주었다.

그의 자연관이 인간중심적이나 지구중심적인 사고를 극복하고 있는 것과 같은 맥락에서 사회관도 특정신분을 중심으로 하는 계급의식을 벗어나려는 것이다. 또한 역사관도 중국 중심의 화이론을 벗어나는 역외춘추론을 주장하여 국가의 상대적 자기 중심성을 인정함으로써 우리 자신의 번방(藩邦)의식을 극복하는 자주의식의 근거를 제기하였다. 춘추에서 화(華)를 안으로, 이(夷)를 밖으로 하지만 하늘에서 보면[自天視之] 안팎의 구별이 없는 것이며, 각각 제 나라 사람을 친하고 제 임금을 높이고 제 풍속을 좋게 여기는 것은 중국이나 오랑캐가 마찬가지이고, 공자도 주에 살지 않고 구이(九夷)에 살았다면 구이를 높이는 역외춘추(域外春秋)를 지었을 것이며, 여기에 공자의 성인된 까닭이 있을 것이라 지적하고 있다.[17] 따라서 그는 청조에 대한 배청의리를 지키면서도 중국이 아닌 오랑캐이기 때문에 배척하는 것이 아니요, 병자호란의 침략자에 대한 저항으로 분별하는 것이고 청조의 문물이 오랑캐의 것이기 때문에 거부해야 한다는 것이 아니라 그것이 우리에게 유용한 것이기에 배워야 한다는 입장에 있다. 여기에 그가 화이론에 예속되지 않는 자주의식의 정립을 추구하고 있음을 보게 된다.

---

17) 같은 책, 卷 4, 「毉山問答」.

3. 박지원의 사회개혁사상과 실용정신

1) 탈고적 현실의식과 사회개혁론

홍대용의 사상적 기초에 그의 과학정신이 놓여 있다면, 박지원에게 있어서는 소설의 문학적 창작을 통한 현실의식과 사회적 모순에 대한 비판정신이 중요한 의미를 지닌다고 할 수 있다. 18세 무렵의 작품인 『마장전』(馬駔傳)·『예덕선생전』(穢德先生傳)·『광문자전』(廣文者傳)에서 주인공이 서민 천류(庶民 賤流)로서 그 인품의 고상함을 보여주고 상대적으로 양반계층의 도덕적 위선을 풍자함으로써 신분 계급에 사로잡힌 당시의 사회질서에서 비판적 입장을 보여주었다.18) 『馬駔傳』에서는 천하의 사람들이 세를 따르고 명·이를 도모하면서 군자가 이 세·명·이를 말하기 꺼리는 것은 그것을 독점하기 위한 심술(心術)이라 꿰뚫어 보고, 충의도 소망이 많고 아까울 것이 없는 빈천한 자의 상사(常事)이지 부귀한 자에게서는 논의되지 않는 것이라 파헤쳐서, 한 주인공이 "차라리 세상에서 벗이 없을지언정 군자의 교우는 할 수 없다"고 선언하며 의관을 찢고 머리를 풀어 거리에서 미친 듯 노래를 부르는 모습을 보인다. 『예덕선생전』에서도 인분을 치는 천직의 인물에서 검소하고 직분에 만족하는 덕을 높여 선생으로 칭하고 감히 벗할 수 없으며 스승으로 일컫겠다는 태도를 밝히고 있다.

『광문자전』도 거지인 광문이 의로운 인품으로 장안의 신망을 받고 그 기예로 양반 한량들이 선망하여 그와 벗하게 되었음을 말한다. 여기서 그는 소설을 통해 신분계급을 벗어나고 형식적인 도덕질서를 타파하는 사회개혁정신의 싹을 일찍부터 품었음을 알 수 있다.

---

18) 李家源(1965), 『燕巖小說硏究』, p.129 이하.

『양반전』에서는 빈한한 양반이 부유한 서인에게 양반신분을 팔 때 관청에서 만드는 문권(文卷) 속에 양반의 행동양식이나 금계를 열거함으로써 얼마나 부자연스럽고 형식적이며 무용한 것인가를 보여주었고, 양반의 이권을 열거하자 부유한 서인은 "나를 도둑으로 삼으려 한다."고 외치며 머리를 흔들고 가서 다시는 양반의 일을 말하지 않았다 한다. 여기서 그는 양반의 생활양식을 무가치하거나 착취적인 것으로 비판함으로써 그 시대의 사회질서에 근본적인 비판을 가하였다.

일전(逸傳)인 『역학대도전』(易學大盜傳)에서도 유명(儒名)을 가진 위선적인 생활태도를 풍자하는 것으로 짐작된다. 『호질』(虎叱)에서는 위선적인 도학자인 주인공 북곽선생을 호랑이의 입을 빌어 질책하면서 '儒는 諛'[아첨하는 것]라고 힐난하고 인간의 간악함을 열거하여 도덕과 현실의 괴리를 폭로하고 있다. 여기서 그의 소설이 내포한 현실비판의 예리함과 더불어 그 시대의 통속적 관념체계나 신분적 권위에 대한 공격을 통해 그가 지닌 사회개혁의지를 확인하게 된다. 그것은 그의 문학정신이 존고(尊古)와 모방을 거부하는 탈고적 현실의식으로 파악할 수 있게 한다.[19] 그는 옛것을 모방하는 태도를 부정하여 "흡사하기를 추구하는 것은 진실이 아니다"(「綠天館集序」)라고 하여 전통의 권위에 예속되기를 거부하였으며, "천지는 아무리 오래되었다 해도 끊임없이 새롭게 생성하고, 일월은 아무리 오래되었다 해도 그 빛은 날마다 새롭다"(「楚亭集序」)라 하여 관심을 과거적이나 권위적인 것에서 현실적이고 미래적인 데로 돌려놓았던 것이고 창조적 개혁을 추구하였던 것이라 할 수 있다.

---

19) 趙東一(1978), 『韓國文學思想史試論』, pp.264~269.

2) 청조학술의 인식과 역사의식

박지원은 44세(1780) 때 연행의 기회를 얻어 청나라 황제의 하별궁이 있는 열하까지 다녀오는 동안 청조문물에 대한 현문을 넓히고 청나라 사람과 담론을 통하여 북학파의 학문적 자세를 폭넓게 제시해 주었다. 그보다 15년 앞서 연경을 다녀왔던 홍대용과의 교류를 통해 청나라 문물을 수용하려는 북학파의 의식이 형성된 기반 위에서 그가 청조사회를 관찰하는 태도는 더욱 치밀한 것이다.

그의 『열하일기』 속에서는 조선사람이 청나라에 가서 그 문물을 관찰하는 일반적인 태도를 반성하여 오망(五妄)을 제시하고 있다. 자신의 문벌을 뽐내는 것, 상투를 지닌 의관을 뽐내는 것, 거만하고 무례하게 행동하는 것, 중국에 문장이 없다고 헐뜯는 것, 청나라에 복속하는 한인을 보고는 강개(慷慨)한 선비가 없다고 탄식하는 것을 들었다.(『熱河日記』·「審勢編」)

그것은 만주족의 청나라에 대한 저항감 때문에 그들을 경멸하려는 주관적이고 감정적인 선입관에 사로잡힌 것으로 그들의 현실을 객관적으로 인식할 수 있는 지각을 스스로 막아버리고 있는 사실을 지적한 것이다. 또한 그는 남의 나라의 사정을 파악하기가 어려운 점으로서, 갑자기 그 나라의 정세를 물을 수 없는 점, 언어가 달라 의사소통이 불충분한 점, 형적심(形迹心)이 달라 혐의를 받기 쉬운 점, 깊이 물으면 그 나라의 기휘(忌諱)에 저촉되기 쉬운 점, 물어서 안 될 것을 묻다가 의심을 받기 쉬운 점, 자기의 신분에 맞지 않는 질문을 하기 어려운 점 등을 들어서 피상적인 인식을 넘기가 곤란함을 절실하게 자각하였다.(『熱河日記』·「黃敎問答」)

따라서 그는 청나라 사람과 담론할 때 먼저 청나라를 칭송하여 그들을 안심시키고 공손하게 배우기를 청하여 그들이 안심하여 마음을 열어놓고 이야기하게 함으로써 문자 밖에서 그 심술(心術)과 정실(情實)을 파악해야 할 것이라는 방법을 밝히고 있다. 여기서 그는 청나라 황제가 황벽(荒僻)한 열하에 머무는 것에서 몽고의 강함을 제어하려는 고심을 살피고 서번의 승왕을 황금전에 모셔다 스승으로 삼고 있는 데서 서장의 강함을 무마하려는 고심을 살피고 모든 문장에서 청나라 황제의 공덕과 은택을 적고 있는 사실에서 억압받는 한인의 고심을 살피고, 한인이나 만인(滿人)이 모두 필담한 것을 없애는 행동을 통해 엄혹한 금법을 시행하는 고심을 살피고, 사치품이나 골동품이 범람하는 데서 태평시대의 고심을 살핀다는 오심(五審)은 청나라사회와 역사적 상황의 심층(深層)을 인식하는 통찰력을 보여준다.(「黃敎問答」)

그는 청나라의 관학이 주자학이라는 표현적 현상의 배경에는 청나라가 한인을 통치하는 수단으로서 "한갓 중국의 대세를 살펴서 재빨리 먼저 이를 차지하여, 온 천하 사람의 입에 재갈을 물려서 감히 자기들에게 오랑캐라는 이름을 씌우지 못하게 하는 것"이라 간파하고, 청나라가 주자를 높이는 효과로서 "천하 사대부의 목덜미를 걸터타고는 그들의 목구멍을 조르면서 그 등을 어루만짐으로써 천하의 사대부들이 그 우롱과 위협에 휩쓸려서 구구하게 예문이나 절목에 빠져들어 스스로 깨닫지 못하고 있는 것"이라 지적하였다.(「審勢編」)

따라서 청나라의 사상탄압방법은 분서갱유하는 것보다 더 효과를 거둔 것이고, 『도서집성』이나 『사고전서』의 방대한 편찬사업도 명대의 『영락대전』을 편찬한 것처럼 선비들로 하여금 머리가 희도록 붓을 쉴 사이가 없게 하는 것으로 파악하고 있다. 여기에 중국 선비 가운데 주자를 반박하는 데 거리낌 없었던 모기령을 '주자의 충신'이라고 일컫는 이유를 이해하였다. 따라서 그는 우리나라 사람이 이들을 만나보고는 육상산의 무리라 배격하거나 중국에 육학(陸學)이 성하다고 말하는 것이 그릇된 것이며, 오히려 주자를 반박하는 인물이 비상한 선비인줄을 알아야 한다고 지적하였던 것이다.

그는 당시의 청조학술이 지닌 훈고학 내지 고증학적 방법의 업적을
관심 깊게 이해하기보다 관학인 주자학과 더불어 사상의 자유로운 비
판정신을 억압하는 수단으로서의 역할에 주목하고 있는 사실에서 그의
입장이 청나라의 정치사회적 내지 역사적 현실이해에 기울어져 있음을
엿볼 수 있고, 그것은 북학파의 의식 속에 깃들어 있는 복수의리론적
(復讐義理論的) 요소로 지적할 수 있을 것이다.

3) 이용후생론의 실용정신

멸청의리론(滅淸義理論)의 의식은 박지원에게도 강하게 남아서 "청
음(淸陰; 김상헌)이란 이름을 들을 때마다 머리털이 서고 맥이 뛰어 비
록 남모르게 입안에 배회하는 것이 있어도 내뱉지를 못하여 체증이 생
기려 한다."고 토로하기도 한다. 그러나 그는 연행을 통하여 청조문물
이 가진 이용·후생적 가치를 인식하는 데 있어서 의리론과 북학론은
모순을 일으키지 않고 양립시키고 있으며, 오히려 북학론을 통해 의리
론을 감정적 수준에서 현실적 수준으로 이끌어 올리고 있다는 사실에
그의 사상적 특성이 있는 것이라 하겠다.

그는 연행길에 압록강을 건너 책문에 들어가자 민가의 외양간과 돼
지우리에서 거름 더미에 이르기까지 법도 있게 정돈된 것을 통해서 이
용의 실제를 발견하였고, "이용을 이룬 다음에야 후생을 할 수 있고, 후
생을 이룬 다음에야 정덕을 이룰 수 있다"고 밝혔다.(『熱河日記』·「渡
江錄」) 이용·후생·정덕의 삼사는 정덕을 근본으로 이용·후생을 지말
(枝末)로 파악되고 있지만 그는 근본인 정덕에 앞서서 지말인 이용·후
생의 선행을 주장함으로써 현실적 사무와 효과를 중시하는 실용존중의
입장을 제시하였던 것이다.

그에 의하면 그 당시 연경을 다녀온 우리나라의 선비들에게 중국의 장관을 말하라면 중국이 오랑캐의 땅이 되어 아무 볼 것이 없다 하는 것이 뜻이 높은 선비이고, 요동벌판·로구교·산해관 등 명승지를 장관이라 일컫는 것은 통속적 의견이었다는 것이다. 그러나 그는 기와조각과 거름더미에서도 장관을 볼 수 있다 하여 청나라의 이용을 높이고, 또한 천하를 위하는 자는 백성에 이롭고 나라에 도움이 된다면 오랑캐에게서 나온 법도일지라도 취하여 본받으려고 할 것임을 지적하여 이용의 법도를 받아들일 것을 주장하였다.(「馹汛隨筆」)

그는 변방 마을에서도 벽돌의 이용방법 뿐 아니라 벽돌가마의 제도와 효율을 관찰하고, 아궁이와 굴뚝·구들의 제도를 조사하면서 우리의 온돌형태가 지닌 문제점들을 지적하여 개량방법을 강구하고 있다. 또한 수레의 제도를 본받도록 강조하면서 "나라의 가장 큰 실용이 수레에 있다"고 언급하였다. 그는 청나라에서 활용되는 각종 수레의 형태와 서양기계제도인 논에 물을 대는 용미차(龍尾車)·불을 끄는 수총차(水銃車)·방아 찧는 아윤(牙輪)·가루 만드는 요차(搖車)·고치 켜는 소차(繅車) 등의 제도를 소개하면서, 수레제도를 이용함으로써 재화를 유통시키고 부유하게 할 수 있음을 강조하였다. 이러한 이용의 구체적 문제로서 목마(牧馬)와 기마(騎馬)의 방법에서도 우리의 제도를 반성하고 청나라제도를 수용하도록 요구함으로써 그의 이용론은 곧 북학론의 내용을 이루고 있는 것이다.

그는 재화와 식물이 넉넉한 것이 교화의 원천이 되고 근본에 힘써 공을 일으키는 것이 백성을 양육하는 방법임을 확인하고 나라의 근본으로서 백성의 이익을 돈후하게 하는 방법상의 문제로 천시·지리·인사(天時·地利·人事)를 경(經으)로 하고 수리·토의·농기(水利·土宜·農器)를 위(緯)로 하는 농업진흥방책을 제시하였다.(『課農小抄』·「編題」)

그리고 이러한 관심은 이용후생의 방법을 연마하고 개물성무의 공적을 갖추게 하는 것에 목표를 두는 것이며, 농업기술을 밝히고 상업의 유통을

원활하게 하고 공장(工匠)의 혜택을 이루어 주는 실용의 개발을 선비의
과제로 삼고 있으며, 이러한 실용이 곧 실학임을 강조하였던 것이다.

4. 북학파 실학사상의 의의

북학파의 실학은 홍대용에 의하여 과학사상이 도입되고 이를 계승하
여 박지원에 의하여 이용론을 통한 실용사상이 제기됨으로써 일단 정
립을 보게 된 것이라 할 수 있다. 과학적 사고방법이 비록 서학의 영
향 속에 수용된 것이지만 그 과학지식이 우리의 역사의식과 현실문제
를 해결하는 논리로서 전개시킬 수 있었던 것은 북학파의 사상사적 업
적이라 할 수 있다. 서양과학의 자연관을 바탕으로 화이론을 넘어서 역
외춘추론의 자주의식를 제기하였던 사고체계는 사상의 근대적 전환을
지지하는 중요한 국면을 보여주는 것으로 이해된다.

또한 박지원에 있어서 이용의 실제적 과제를 선행시키는 문제의식은
관념적 근본주의를 넘어서 실용론을 제시하는 것이요, 그의 실용론적
실학사상은 도학파의 경세론을 벗어난 실학의 철학적 입장을 보다 구
체화시키고 있는 것이라 할 수 있다.

물론 북학파가 청나라의 학술을 이해할 때에도 고증학에 사로잡히지
않았던 것은 그 당시 청나라 학풍의 상황에 기인한 것이기도 하겠으나,
그보다 관심의 시각이 강하게 우리의 현실적 문제의식에 기반을 두고 있
다는 사실에서 그들의 북학론도 청조문물의 맹목적 수용과 모방을 추구
하는 대외의존적 사고를 탈피하고 있음을 확인할 수 있는 것이다.

V. 천주교신앙이 전통사회에 던진 문제

1. 만남에 따른 복합성

17세기 초에 중국에서 활발히 전파되기 시작하였고 뒤따라 한반도에도 전래된 천주교 사상이 유교문화권에 속하는 조선사회의 근대적 전환과정에 중대한 역할을 하였던 사실을 지나쳐보기는 어렵다. 또한 새롭게 전래한 천주교사상이 우리의 전통문화와 만남에서 발생하는 문제의 성격과 그 전개과정을 반성적으로 성찰하는 과제는 한국의 근세사상사를 파악하는 데 있어서 뿐만 아니라, 현재와 장래에 있어서 한국사상 및 한국천주교가 지향해 가야 할 방향을 가늠하는 데 의미 있는 시사를 던져줄 수 있을 것이라 생각된다.

17세기 이후의 조선왕조는 사회적 지배이념으로 도학(주자학)을 지속시켜가고 있었지만 병자호란 이후 배청의리론(排淸義理論)이 대두하면서 배타적 정통주의가 더욱 강화되고 있었으며, 다른 한편으로 사회적 모순을 극복하려는 실학파의 현실개혁론이 성장하고 있었던 사상사적 복합성을 띠고 있었다. 이러한 시기에 중국으로부터 수입된 서학(西學)의 지식은 서양의 과학기술과 천주교 교리라는 두 가지 요소로 복합된 것이고 이러한 서학에 대해 조선사회의 지식인이 보였던 관심과 반응도 다양하였다. 곧 서양과학에 대해 실학파를 중심으로 주의 깊은 관심이 비교적 폭넓게 증가되어 갔지만 천주교 교리에 대한 적극적 관심은 18세기 후반에 와서야 극히 제한된 성호(星湖)학파의 인물들 사이에서 발생하는 현상을 볼 수 있다. 그리고 이들 신서파(信西派)도 처음에는 서양과학에 대한 관심에서 한걸음 나아가 천주교 교리에 주목하게 되는 과정을 거치지만, 유교 이념의 기반 위에서 일단 천주교 교리에 이해를 심화하자 자생적으로 신앙운동을 일으켰으며, 마침내 과학을 거의 외면한 신앙적 정열에 몰입하는 돌이킬 수 없는 방향으로 나아갔던 것이다. 이러한 천주교 신앙에 대한 정열은 역설적으로 유교적 신념의 저력을 바탕으로 하였던 것이라고도 생각된다. 여기서 정조임금시대에 발생한 초기의 천주교신앙운동은 『천주실의』(天主實義), 『칠극』(七克) 등 예수회의 보유론(補儒論)적 교리서를 기반으로 하였던 것이지만, 한번 성립한 신앙집단은 유교체제에 입장을 달리하는 북경교회의 지시를 따라 사회적 금압과 희생 속에서도 신앙의식을 강화하는 새로운 단계를 이룩하였다. 특히 정부의 금교령 아래에서 유교사회의 전통 체제에 대립하는 교리와 의례가 정립되면서 서양선교사의 활동과 더불어 서민대중과 부녀자 속으로 확산하였을 때 천주교 신앙집단은 19세기 이래 서양의 정치세력과 유대가 깊어졌다. 이에 따라 조선사회에 비친 천주교 신앙집단은 국내적으로 사학(邪學) 집단이면서 국외적으로 양적(洋賊)의 앞잡이라는 이중적 위협요소였던 것이다.

2. 천주교신앙이 전통사회에 던진 문제

조선사회의 유교적 봉건질서 속에서는 주재자로서의 상제(上帝) 또는 하늘[天]은 도덕의식에서나 성리학적 관념을 통하여 보편적 존재로 인식되고 있지만 신앙의례를 통해서 대중이 만날 수 있는 길은 봉쇄되어 있다. 따라서 조상신이나 자연물의 온갖 신들에 대한 신앙의례만 허용된 정통문화 속에 창조주이며 유일절대의 주재자인 천주가 모든 개별 인간과 만날 수 있다는 신앙의식은 종교적 봉건질서로부터 대중의 해방을 의미하며 복잡한 규범체계의 구속으로부터 벗어나 새로운 근원적 가치질서를 부여해주는 것으로 받아들여질 수 있다. 부모의 명령을 따르는 가족질서의 규범과 임금의 명령을 따르는 국가질서의 규범이 혼란을 일으키기 쉬운 의식상황에 대해 천주의 명령을 절대화함으로써 확보하게 되는 규범근거의 상승과 단순화는 대중을 정신적 속박에서 구원하는 복음으로 전달될 수 있는 것이다. 그러나 천주의 명령으로 제시되는 새로운 규범형식이 전통적 규범과 어긋나고 있을 때 전통사회로부터 비난이 집중될 수밖에 없으며 이 천주의 명령이라는 새로운 규범형식이 절대적 엄격성을 요구하면서 대립을 첨예화시킴으로써 조화가 불가능한 선택만이 허용되었다.

유교적 전통사회에 새로 전래한 천주교가 쉽게 현실적 주도세력이 되기 어려웠던 상황 속에서 현세를 부정하고 죽은 다음에 구원을 희망하는 교리로서 천당, 지옥설이 처음부터 지나치게 강조되었던 측면을 엿볼 수 있다. 유교전통과 대결해야 하는 현실에서 거듭되는 수난을 겪어가는 과정을 통하여 죽은 뒤의 천당은 구원의 희망을 약속함으로써 신앙의 용기를 격려하였던 것은 사실이며, 이러한 과정에서 천당, 지옥설에 따른 사후세계에 관한 관심이 뿌리 깊어졌던 것이라 할 수 있다.

물론 어느 시대나 현실사회의 모순은 인간의식에 깊이 깔려 있는 것이고, 더구나 조선 후기의 사회적 붕괴과정에서 현실적 모순은 더욱 심각한 것이므로, 정의롭고 축복된 믿음으로서 사후세계는 현실 속에 고통받는 신앙대중에게 복음으로 전달되었던 것은 사실이다. 그러나 신앙집단이 현실의 개선에 적극적 관심을 갖지 못하고 현세부정적인 신앙의식에 기울어지는 경향은 그만큼 현실사회와의 타협이 어려워지고 확산과 역할에 제약을 불러일으키는 요인이 될 수도 있는 것이다.

천주교신앙운동이 아무리 유교사회에 타협적이라 할지라도 도학의 정통주의에 의해 이단·사설로 배척될 수밖에 없었던 것이지만, 이러한 배척의 불길에 기름을 끼얹는 계기가 된 것은 1790년 이후 북경교회의 지시에 따라 제사를 거부하고 신주를 불태우는 진산(珍山)사건(1791)이라 할 수 있다. 조상신에 대한 제사의 거부는 그 배경에 천주교의 신관과 영혼관이 합리적으로 뒷받침되어 있지만, 그보다 천주교신앙의 정통적 입장에서 유교의례를 우상숭배 내지 미신으로 거부하는 입장의 강경성에 근거하는 것이다. 그리고 제사의 거부는 전통사회의 친족결합의 형태를 파괴하고 신앙공동체를 중심으로 하는 재구성을 지향하는 것이라 할 수 있다. 그것은 또한 비록 새로운 신앙공동체가 신 앞에서 평등을 보장해주는 것이라 하더라도 문벌단위의 봉건적 신분계급체계를 부정하게 되는 것이며 전통 사회의 전반적 기반을 흔들어 놓는 위협이 될 수 있었다. 가족 안에서 조상과 가장의 지배권이 신부를 중심으로 하는 교회의 권위에 의해 대체되고 특히 신부의 배경에 서양문화가 두껍게 쌓여 있을 때 천주교의례의 실천은 전통의 전반적 부정이라는 위기의식을 야기하게 되었던 것이다.

3. 전통사회에 끼친 충격

천주교신앙운동의 초기에는 이벽·이승훈·정약용 형제·권일신 부자·이가환 등 성호학파의 청년유학자들이 중심이 되었지만, 이 시기에 이미 중인(中人)들이 참여하였고 사회적 금압에 따라 사대부계층이 급속히 후퇴한 반면에 중인·서인·천인과 부녀자들에로 신앙집단이 확장되어 갔다. 이들 서민대중은 조선 후기에 사회체계가 경색화함에 따라 더욱 심하게 소외되었던 계층으로서 천주교신앙에 참여함으로써 새로이 삶의 의미를 획득할 수 있는 구원을 받을 수 있었다고 할 수 있다. 지배계층과 민중의 유리화는 이 시대에 조선사회가 안고 있는 가장 심각한 모순으로서 실학파에 의해 개혁방안이 진지하게 제기되어 왔던 것이 사실이지만, 지배계층은 이 문제를 적절히 해결할 수 있는 기능을 상실하고서도 권력유지와 권력투쟁에 몰두하게 되자 사회적 모순은 더욱 심화되어 갔던 것이다. 이 시기에 소외된 민중에 대해 가장 먼저 손을 뻗침으로써 천주교 신앙운동은 정부와 사회로부터 엄혹한 금압을 당하면서도 강인하게 성장해 가면서 기반을 다져갈 수 있었다.

그러나 천주교신앙운동이 전통사회의 규범체계나 제도와 관습에 전반적으로 이질적 형태를 띠고, 또한 내세 중심적 신앙의식에 젖어들었고 더구나 서양의 위협세력에 연결된 양상을 보이고 있는 데 대해 전통사회의 거부와 배척도 그만큼 강경해졌던 것이 사실이다. 여기서 신앙운동이 민중 속에로 침투하면서 일깨워준 자극은 소외된 민중들의 사회적 저항의지 내지 개혁의식으로 나타나는 데 원인이 될 수 있었을 것이다. 홍경래난(1811)이나 진주민란(1862) 등이 천주교신앙운동에 직접적 영향을 받은 자취는 없으나, 이러한 민란이 그 당시 사회의 필연적 자연발생이라면 민중 속에 침투하는 현실의식에 있어서 천주교 신앙운동이 선구적인 위치를 가졌던 것이라 할 수 있다. 그리고 이러한 자극의 영향은 최제우(崔濟愚)에 의해 1860년 동학이 창도됨으로써 뚜렷이 나타나게 되었다.

동학은 발생배경에 민중의 구제를 위한 관심과 더불어 당시의 천주교인 서학에 상대되는 신앙운동으로서 등장한 것이다. 동양의 전통문화를 기반으로 하면서 동학에서도 '천주'라는 궁극자의 호칭을 이끌어 쓰고 있고 신앙집단의 조직을 통해 서학에 대항하였다. 비록 동학이 현재까지 지속적 성장을 성취하지는 못하였다 할지라도 그 시대에 짧은 기간 안에 민중 속에서 폭발적인 성장을 하였던 사실은 천주교신앙운동이 전통문화에 대한 극도의 이질성과 외세적 배경에 따른 대중과의 거리를 넘어섰던 현실의식에 있어서의 강점이라 할 수 있을 것이다. 김일부(金一夫)의 『정역』(正易)을 통한 후천개벽(後天開闢)사상이나 강증산(姜甑山)의 해원(解怨)사상 등 19세기 말 이래 발생한 신종교(新宗敎)운동들도 대중의 구원과 새로운 세계질서의 제시를 추구하는 만큼 천주교신앙운동을 통해서 제기된 문제로부터 충격을 받으면서 그 한계인 우리의 전통적 기반을 활용한 민중신앙운동이었던 것이라 할 수 있다.

4. 전통문화 속에서 천주교신앙의 역할

천주교사상이 한국 사회의 근대적 전환기에 역사의 전개방향을 지시하는 역할을 담당하였다는 것은 오늘에서도 지속적 가치와 기능이 있다고 하겠다. 봉건질서의 붕괴과정을 촉진시키고 더욱이 새로운 평등사회의 질서를 제시함으로써 격심한 변화과도기에 한국인의 신앙적 안식

처로서 내지 시대정신의 나침반으로 역할을 하였던 것이다. 전통질서의 거부가 단순한 파괴가 아니라, 정연한 새 가치질서를 제공해 주었으므로 신앙대중의 놀라운 확산이 이루어질 수 있었다.

그러나 전통질서와 대립된 서구문화적 새 질서의 제시는 전통사회에서 이미 극도의 위기의식과 폐쇄적 배척을 받았던 것이며, 대중 속으로 확산하는데도 격렬한 저항과 한계에 부딪혔던 것이다. 17세기 초에 천주교사상이 전래한지 4세기가 지났고 신앙운동이 이 땅에서 발생한지 2세기가 되었지만 아직도 외래종교로서의 분위기를 탈피하지 못하고 전통문화의 기반에 무관심 내지 몰이해한 현상은 신앙기반이 전통 속에 뿌리를 내려 영양을 섭취하지 못하고 있는 현실을 말하고 있는 것이다.

천주교신앙이 한반도에서 정착하는 과정에서 성공적인 기반은 지식인의 합리적 설득에서가 아니라 대중을 현실적 고통으로부터 구원하는 복음으로서였다. 불교나 유교가 이 땅에서 성장할 때는 대중 속에서 기능할 때이었고 쇠퇴할 때는 대중으로부터 유리되어 귀족주의적 지배력을 유지하려고 할 때였다. 개인의 구원과 사회적 구원이 동시에 충족될 수 있을 때 구원의 기능이 건전할 수 있고 신앙의 건전한 사회적 기능이 수행될 수 있을 것이다. 현실사회의 모순에서 빚어지는 소외된 대중에 복음으로 역할을 할 때, 그리고 역사 속에서 그 민족의 전통을 의미화시키고 끊임없는 개혁을 통해 계승할 수 있을 때, 민족문화 속에서 천주교사상의 형성도 역할도 성취될 수 있을 것이다.

Ⅵ. 한말도학파의 척사론과 시대의식

1. 이항로의 의리사상과 척사론

1) 의리의 개념

중암 김평묵(重菴 金平默)은 그의 스승 화서 이항로(華西 李恒老; 1792~1868)의 학문을 한마디로 요약하면서, 맹자가 선비를 설명한 말을 이끌어서 "仁에 살고 義를 따라간다"[居仁由義][20]고 지적하였다. 인과 의는 유학의 근본덕목이고 이를 실천하는 인격주체가 선비라 한다면, 화서는 조선조 말엽에 살았던 도학자요, 선비의 전형을 보여주는 인물이라 할 수 있다. 우리나라의 도학이 의리정신을 기준으로 삼고 있으며, 선비는 이 의리정신을 구현하였기에, 화서를 통하여 의리사상을 해명한다는 것은 곧 도학사상 및 선비정신의 한국적 특성을 인식할 수 있게 한다고 하겠다.

도학은 의리학에 기준하면서, 성리학에서 근원을 찾고, 예학으로 행

---

20) 『華西集』(下) p.983, 「行狀」, "先生之學, 居仁由義, 內外不偏, 而大人之事粲然實備."

동양식을 규정하고, 경세학으로 사회를 관리한다. 이러한 도학의 구조 속에서 각 영역은 유기적으로 연관되어 있지만, 특히 의리는 모든 영역을 판단하는 평가기준이요, 가치규범을 제공해 주고 있다.

의리는 도리의 뜻으로 이해되는 것이 가장 적절하다. 도가 보편적 당위성 내지 진실성의 뜻이 강한 데 비하여, 의는 맹자가 자신의 허물을 부끄러워하고 남의 악을 미워하는 마음[羞惡之心]에서 단초를 발견하고 있는 것처럼 심정적 내지 의지적 성격을 내포한다고 대비해볼 수는 있다. 그러나 의리의 가장 중요한 속성은 정당성과 진실성에 있다고 하겠으며, 따라서 개인 사이나 집단에 대한 맹목적 충성심을 뜻하는 통속적 의미의 의리와 구별되어야 한다는 의미에서 도리와 통하는 것이다.

의리의 근원이 천리 또는 성리라 한다면 적용은 사리라 할 수 있다. 정이천이 "사물에 있는 것은 理이고, 사물에 대처하는 것은 義다"[在物爲理, 處物爲義]라는 언급에서 볼 수 있듯이, 의는 이에 근원하면서 사물에 적용되는 것이다. 의는 마땅하며 옳다는 말이다. 따라서 근원적인 필연성을 내포하면서 현실 속에 올바르게 실현되는 당위성을 뜻한다. 여기에 필연성으로서의 이가 당위성으로서의 의와 결합되어 의리(義理)라는 용어가 나오게 된다. 그리고 이에서도 필연성으로서의 이치[所以然之理]와 당위성으로서의 이치[所以然之理]가 구별되지만 서로 분리될 수 없는 일체를 이루는 것으로 파악할 수 있다.

화서에 의하면 사물에는 그 자체로서 마땅함이라는 객관적 이치[在物之理]가 있고, 사람에는 사물에 대처하는 마땅함이라는 주관적 의리[在我之義]가 있다 하여, 이와 의를 객관성[外]이라 주관성[內]으로 구별한다. 여기서 그는 사물에 이치가 갖추어져 있어도 대처하는 사람 마음 자세가 마땅하지 못하면 의가 아니요, 사람 마음이 진실하여도 대처 방법이 사물의 이치에 합치하지 않으면 의가 아니라 하여, 의가 객관성과 주관성의 합치[合內外之道]임을 강조하고 있다. 비유해서 음식물에는 갖가지 맛의 소재[理]가 있고 입에는 그 맛의 감각[旨]이 있지만 입이나 음식물에 결함이 있으면 맛이 제대로 나타나지 못하는 사실을 들고 있다. 따라서 그는 고자가 의외열(義外悅; 義는 對象 속에 있다는 입장)을 주장하는 것은 입에 맛을 감각하는 기능이 있다는 사실을 외면한 것이고, 불교에서 절물지심(絶物之心; 對象세계를 거부한 唯心論)을 제시하는 것은 음식물에 맛의 소재가 있다는 사실을 외면한 것이라 비판하였다.21) 이처럼 의리는 도리로서 필연성의 근원과 당위성의 적용을 포함하고, 의와 이의 결합으로서 주관성과 객관성을 합치하는 데에 드러나는 것이라 정의해 볼 수 있을 것이다. 그렇다면 화서의 의리사상도 주관성의 내면적 근원과 객관성의 실제적 적용을 구분하여 해명해 보는 것도 가능하게 된다.

2) 의리의 내면적 근원

의리의 근원으로서 천리 또는 성리에 대해 화서는 자신의 입장을 엄밀하게 규정하고 있다. 그는 주자의 "理와 氣는 결단코 두 가지 것이다"[理氣決是二物]라는 명제를 성현상전지결안(聖賢相傳之決案)이라 하여 확신하는 만큼 이기이원론자(理氣二元論者)이다. 또한 이가 주인[主]이고 기가 손[客]이거나, 이가 주인[主]이고 기가 일군[役]이어야 바른 것이요, 뒤집어지면 어려운 것이라 한다. 이처럼 그는 이를 존중하고 있는 만큼 주리논자이다. 그에게 있어서 이의 의미는 주체적이고 보편적이며 궁극적 존재로서 모든 실제와 가치의 준칙으로 확인되는 것이다. 이가 모든 세계의 주재적 지위를 확보하는 것으로 이해되며, 한 사람[一身]의 주재인 마음[心]도 이와 기의 통합으로 파악하면서, 본심 또는 명덕으로서 이가 기준이 됨을 밝히고 있다.22)

---

21) 같은 책, 651~2, 「在物爲理 處物爲義說」.
22) 같은 책, p.1067, 「雅言・神明」, "心者, 合理與氣而立名也, 單指理一邊則曰本

화서는 마음에 이와 기의 분별이 있음을 인정하면서 이를 주재로 정립시켜야 한다는 심주리(心主理)의 당위성을 강조한다. 곧 성명에 근원하는 도심이 이를 주재로 삼는 것이요, 인욕에서 발생하는 인심이 기를 주재(主宰)로 삼는 것이라 분석한다.23) 여기서 도리에 관련된 것이 형기(形氣)에 관련된 것보다 크고 중대함으로 도리를 앞세워야 하며, 따라서 도리에 관련하는 주리의 도심이 형기에 관련하는 주기의 인심을 주재하도록 요구하는 주리론을 확립하게 된다.

의리는 사람의 마음에서 도리를 앞세워 도심이 주재가 되어야 함을 확인하는 데서 성립하는 것이요, 따라서 화서의 성리설인 주리론은 의리론의 인격내면적 근원을 해명하는 정밀한 철학적 성찰이라 할 수 있다. 사람의 마음이 현실존재에서는 이이기만 한 것이 아니라 이와 기가 함께 있지만, 당위적으로는 이가 기를 주재할 때 정당한 선의 상태가 되고 기가 이를 주재하면 혼란과 악에 빠지는 것이 된다. 특히 화서의 성리설은 의리의 근원을 선명하게 규명해준다는 의미에서 도학의 진정한 면모를 보여주는 것이라 하겠다.

인심과 도심의 문제에서 도심은 의리의 준거요, 도심의 확립은 의리의 구현이다. 이러한 의리의 구현방법으로 정(精)[엄밀성]과 일(一)(독실성)이 고전적으로 제시되어 있다. 엄밀성은 마음의 작용에서 미세한 계기를 살펴 욕망의 침투를 막고, 판단이 애매할 때에 엄격하게 분별하는 태도로서, 『대학』의 격물·치지나 『중용』의 학·문·사·변(學·問·思·辨)이 의리의 엄밀한 구현방법이라 본다. 또한 독실성은 도리에 맞는 것을 지키고 도심의 주재적 역할을 지키는 데 독실한 태도로서, 『대학』의 성의·정심·수신이나 『중용』의 독항이 의리의 독실한 구현방법이

心也."

같은 책, p.1072, 「雅言·心」, "明德者, 就人方寸中, 指言其天命之本體而己, 由其神明虛靈主宰統攝而言則謂之心, 由其名目條理零碎界破而言則謂之理."

23) 『華西集』(上), p.82, 「擬疏」, "特其所主者理, 則謂之道心, 所主者氣, 則謂之人心也."

라 보고 있다.

화서에 의하면, 일이 없을 때[靜時]에는 경건함[敬]으로 나태[怠]함을 이겨내어 마음에 거느리는 자[帥]와 부려지는 자[役]의 한계가 정해져야 한다 하며, 사물과 교류하여 활동할 때[動時]에는 의로움[義]으로 욕심[欲]을 이겨내어 마음에 자식과 도적의 분리가 이루어져야 한다고 지적된다.24) "경건함으로써 마음을 곧게 하고, 의로움으로써 바깥 사물을 바르게 한다"[敬以直內, 義以方外. <坤卦·文言>]는 『주역』의 언급처럼 경과 의가 의리의 구현방법에서 정시(靜時)와 동시(動時)의 관계로 일관됨을 밝혀주는 것이다. 곧 정시의 존양과 동시의 생찰을 포함한 지경(持敬)이 의리의 내면적 근원이 되는 마음의 자세라 할 수 있다.

내면에서의 경건성을 통한 강직함은 의리의 실천에서 원동력이 되며, 인간이 행동할 때 어떤 욕망의 유혹이나 힘의 위협에도 굴복하거나 타협하지 않고 확고하게 행동하는 직절(直截)함은 우리의 실천에 필수적 조건이 된다. 화서는 위기를 당하여 마음이 동요하지 않는 부동심의 방법을 평상시에도 방심하지 않고 항상 경외의 자세를 지켜야한다 하고, 평상시에 경외의 마음을 정성스럽게 지킬 수 있는 방법은 이를 정밀하고 절실하게 파악하여야 할 것을 지적하였다.25) 또한 이러한 내면적 마음의 자세에서 성실성을 요구하면서 고식(姑息)의 태도를 가장 경계하며, 항상 사생을 결단하는 마음을 지켜 확고하게 할 것을 요구한다.26)

의리의 근원으로서 도리(천리 또는 성리)는 공변되고 정대한 근본적인 규범으로 제시된다. 이것이 곧 천륜이며 인륜이요 또한 강상이라 일

---

24) 같은 책, p.83, 「擬疏」, "其靜也, 敬有以勝怠, 而此心之帥役 定其分矣, 其動也, 義有以勝欲, 而此心之子賊 致其決矣."

25) 『華西集』(下), p.975, 「行狀」, "今人平時放意自在, 故臨危便動, 若常存敬畏, 則安危一致矣."
   같은 곳, "見理精切, 何蹈而非深淵薄冰也."

26) 같은 책, p.985, 「行狀」, "爲己爲人, 最怕姑息, 姑息二子, 誤人平生, 故常存判決死生之心, 以養確乎不拔之强."

컬어지는 것이다. 인·의·예·지·신의 오상이나, 친·의·별·서·신의 오륜이나, 효·제·자 또는 지·인·용 등의 덕목이 모두 도심의 근원이 되고 따라서 의리의 규범을 이룬다. 의리는 이러한 근본적인 강상의 덕목을 근원의 규범으로 확인하면서 인심의 원천인 사욕을 엄정하게 분별하여 억제하는 확고하고 직절한 자세와 도리의 규범을 깨뜨리는 데 대해 강한 수치심과 증오심의 의지를 통하여 실현되는 것이다. 이에 따라 도학의 의리정신은 의리(도리)와 이해(사욕)를 대립적으로 파악하는 배척의 엄격성을 특징으로 보여준다.

3) 의리의 현실적 구현

의가 사물의 대상적 세계에 대처하는 것[處事爲義]이요, 또 이를 바르게 하는 것[義以方外]이라는 측면에서 보면, 의리는 현실 속에 구현되는 것이다. 사람이 생각하고[念慮], 말하거나 행동하고[云爲], 사회활동을 하는 일[出處]에서부터 나라 사이의 관계나 역사의 전개가 의리에 따라 평가되지 않는 것이 없다.

강상의 오륜도 부자·군신·부부·장유·붕우의 인간관계 속에 나타나는 도리이다. 그것은 인간이 현실 속에서 지닌 인간관계의 위치와 그 역할에 따른 분수를 지키는 것이며, 이러한 분수는 사물과의 관계에서도 의리의 실천준칙이 되는 것이다. 분수는 인간의 삶에서 모든 상황을 통하여 정당성 곧 의리의 실제적 조건이 된다고 할 수 있다. 분수에 따라 규정된 정당성이 명분이고, 명분은 모든 행위의 실제적 준칙으로서 의리를 대변해 주는 것이기도 하다. 분수나 명분이 봉건적 계급사회 안에서 적용되었을 때 그 시대사회에만 한정된 의리를 규정하지만 또한 그만큼 구체적인 실천규범으로 나타나는 것이라 하겠다. 따라서 사회가 변동하면 그 사회의 체제에 적응하는 분수의 양식이 의리의 현실적 실천규범을 구체화시킬 것이다.

화서는 "중화를 존중하고 이적을 물리치는 것은 천지의 최종적인 대경이다"27)라 하거나, "군신의 의리와 화이의 분별은 천지의 도리요 만고의 공리이다"28)라 언명하여, 그 자신의 시대사회에서 의리의 가장 중요한 과제로서 존중화양이적(尊中華攘夷狄)이라는 화이의 분별론을 제기하고 있다. 임금과 신하 사이의 관계나 중화와 이적의 분별은 봉건사회 안에서 제시된 분수의 양식에 따른 구별인 것은 사실이다. 그러나 화이의 분별도 유교전통에서 오랜 연원이 있는 의리규범이기도 하다. 공자의 『춘추』는 존왕천패, 존주양이(尊王賤覇, 尊周攘夷)의 의리를 제일의로 제시한 것이요, 주자가 여진족의 금나라가 중원을 지배할 때 금과 강화하려는 현실론에 대해 척화론을 펴고 『자치통감강목』(資治通鑑綱目)을 지어 춘추의 의리를 밝혔던 것이며,29) 송우암이 만주족의 청나라에 대해 배청숭명의 의리를 제기한 것이 일관된 전통임을 화서는 강조하고 있다.

존화양이론도 중화를 의리의 기준으로 확립하는 정통의지의 표현이며, 이러한 정통주의는 특히 도학의 뚜렷한 특징이기도 하다. 주자는 공자·증자·자사·맹자에 이어 정자로 잇는 도학의 정통 곧 도통을 밝혔으며, 조선시대의 도학에서는 도통의 규정을 통한 정통성의 확립이 의리의 중요 과제였다. 화서에 있어서도 공자·주자·송자(우암)를 도통으로 밝히고 있다. 특히 우암을 주자 이후의 정종이며 다른 선류에 비교할 수 없다고 높였다. 이러한 화서의 도통설은 화이의 의리론에 근거한 것이라 하겠으며, 그만큼 화서에 있어서는 의리론이 도학의 기준임을 재확인하고 있는 것이다.

---

27) 『華西集』(上), p.395, 「溪上隨錄」, "尊中華攘夷狄, 窮天地之大經, 黜己私奉帝衷, 有聖賢之要法."
28) 『華西集』(下), p.982, 「行狀」, "君臣之義, 華夷之辨, 天經地義, 萬古公理."
29) 華西도 春秋義理論에 근거한 朱子의 「綱目」에 따라 內人 柳重教와 金平默을 시켜 「宋元華東史合編綱目」을 편찬하게 하였다.

　화서는 "하늘에 음과 양이 있고, 땅에 강과 유가 있고, 사람에 남자와 여자가 있고, 정통에 있어서 화와 이가 있는 것은 천지의 중대한 분계(分界)라"30) 하여 화이의 분별이 보편적 원리에 근거하는 것이라 확신하고 있다. 화서는 중화가 양이고 이적이 음이라 배당시킨다. 또한 양을 선·명·공·의·군자(善·明·公·義·君子)로, 음을 악·암·사·리·소인(惡·暗·私·利·小人)으로 대립시킴으로써, 음을 억누르고 양을 받들어야 한다[抑陰尊陽]는 원리에 따라 중화와 이적을 엄격히 분별하며 중화를 높이고 이적을 물리쳐야 할 것으로 보았다. 그는 "중화에 폭군이 나라를 어지럽혀도 대낮에 흐린 날씨와 같고, 이적이 나라를 안정시켜도 밤중에 하늘이 갠 것과 같다"31)라 하여 서로 변할 수 없는, 결정된 것으로 보았다. 물론 중화는 의리와 도덕의 문화를 의미하는 것이지만, 동시에 한족의 민족정통성을 고수하는 입장에 사로잡힌 것이 사실이다.

　화서의 화이론적 의리론은 특히 그 당시의 조선사회에 압력이 되는 외세이었던 서양에 적용하여 척사위정론을 제기하였던 사실에서 가장 뚜렷하게 역사적 구체성을 보여주고 있다. 그는 서양을 화이론의 이적에 대입하면서, 서양이 무부무군의 인륜이 없는 것을 근본성격으로 하고, 통화통색[재물과 여색에 대한 탐욕을 풀어놓는 것]의 사욕을 억제하지 않는 것을 방법으로 한다고 규정하였다.32) 그것은 한마디로 의리를 파괴하는 위협의 세력으로서 인간성을 상실한 금수로 보았던 것이다. 따라서 그는 병인양요(1866)로 서양의 침략을 당하자 서양과 싸움으로써 전통을 보존하고 금수의 상태에 빠지는 것을 막아야 한다는 척

---

30) 『華西集』(下), p.994, 「行狀」, "夫天有陰陽, 地有剛柔, 人有男女, 統有夷夏, 此天地之大界分也."
31) 같은 책, p.993, 「行狀」, "今夫中華之暴君, 畫而陰曀者也, 僭虜之少康, 夜而淸霽者也."
32) 같은 책, p.1171, 「雅言」·「洋禍」, "西洋之說, 有千端萬緒, 只是無父無君之主本, 通貨通色之方法."

화주전론을 펴는 상소를 올렸다.[33]

화서의 서양에 대한 배척과 저항은 의리를 보존하려는 의지이기도 하지만 동시에 침략세력에 항거하는 의리정신의 도학적 발현이기도 하다. 그의 척사의리론은 중암 김평묵·성재 유중교·면암 최익현·의암 유인석 등 그의 문하에로 계승되어 일제침략에 대항하여 의병운동과 항일정신으로 강인하게 발휘되었던 사실을 볼 수 있다.

도학의 의리사상은 의리의 근원적 진실성에 대한 신념이 너무나 순수하게 요구되면서 리해를 헤아리는 욕망을 엄격하게 억제하는 금욕주의적 성격을 띠는 것이 특성의 하나라 할 수 있다. 물론 오늘날의 현실에 적응하기 위해서 만이 아니라 유학적 근본원리에서도 의리와 이해는 전적으로 모순된 것이 아니라는 인식에 주목할 필요가 있다. 욕망을 억제하고 배제하려는 입장이 아니라 욕망을 순화시켜 의리와 조화를 추구하는 의리론이 선진류학에서나 실학파에 의해 제기되어 있는 것이 사실이다. 그럼에도 불구하고 화서를 통해 선명하게 드러나는 도학파의 의리사상이 비록 시대적 제약을 지니고 있지만 인간의 숭고한 도학적 가치를 인간내면의 가장 깊은 데서부터 역사와 사회의 가장 넓은 데까지 철저히 관철하려는 의지와 신념은 유교 이념의 고귀한 발휘였음을 깊이 되새길 필요가 있다.

4) 척사론

순조원년(1801)의 신유교난은 정조 때의 온건한 금교(禁敎)정책에서 급전환하여, 오가작통법의 전(全)사회조직을 동원하고 천주교도를 역률로 다스려 "의진감지(劓殄滅之)하여 비무유종(俾無遺種)하라"는 대왕대

---

33) 『華西集』(上), p.85, 「辭同副承旨兼陳所懷疏」.

비의 하교에 따른 강경한 금압정책을 나타내는 것이다. 이러한 금압정책은 19세기 전반기에도 계속되었고 서교문제가 심각해지는 과정에서 유교사회의 반서학활동은 18세기 신후담·안정복·이헌경·홍정하 등에 의한 이론적 비판이 19세기에 와서 정부의 교옥에 의존함에 따라 척사론음(1839)의 이론을 벗어나지 못하였던 것으로 보인다. 그러나 세도정치 아래의 사회적 혼란이 심화되고 천주교의 대중적 전파와 서양문물에 대한 이해가 확산되어 감에 따라 대중사회의 동요가 일어나자, 재야의 사류(士類)들에서도 이러한 사회의 동요를 막기 위한 대책이 요청되었고 그 방법의 일단으로서 서학비판을 위한 이론적 관심이 다시 대두하게 되었던 것으로 생각된다. 19세기 중엽의 이 시기에는 중국에서 아편전쟁(1840)이나 북경함락(1860) 등 서양침략이 일어났으며 우리의 해안에도 양선이 출몰하고 통상을 요구하는 위협을 당하고 있었다. 병인양요(1866)는 서양의 무력침략 앞에 국가의 안위가 좌우되는 중대한 위기의 시련이 아닐 수 없었다. 이러한 19세기 후반의 상황에서 사림의 지도적 인물로서 서학배척을 이론과 행동으로 주창하였던 사람으로 화서 이항로가 출현하였다. 그의 반서학론은 이 시기의 유교적 입장을 대표한다고 할 수 있고, 또한 양요(洋擾)와 개항을 전후한 시기에 그와 그의 문인들이 제시하는 태도는 위정척사파로 이들을 특징질 수 있게 한다.

　화서의 사상적 성격은 조선조 도학의 전형적 전통을 계승하는 것이다. 그는 주자와 우암을 도통으로 받아들이고 이들의 의리학과 벽이단론을 철저히 구현하였다. 그는 존화양이의 춘추의리에 입각하여 『송원화동사합편강목』(宋元華東史合編綱目)을 편찬하였거니와, 서학에 대해서 이단사교로 비판하며 서양을 이적금수로 배척하는 것은 그의 핵심적 사상체계에 근거하고 있는 것이다. 화서는 45세 때 『논양교지화』(論洋敎之禍)(1836)를 지어 "무슨 책을 읽고 어떤 행동을 하는지를 물을 필요도 없이 통화·통색·무분·무의를 은연중에 주장하는 자는 모두 양학자이니 죽여야 한다"고 극론하고 있다. 그의 서학에 대한 비판리론의 배경은 『반교문』(1801·1839), 순암의 『천학고』(1785)와 우인 리정관의 『벽사변증』(1839) 및 남숙관의 『원서애유략만물진원변략』(遠西艾儒略萬物眞源辨略)을 1839년 무렵에 구독하는 데서 엿보인다.

화서의 서학비판리론은『동서남북설』을 비롯한 논설이나 서한과 『계상수필』『봉강질서』『화서사언』 등에서 단편적으로 찾아볼 수 있으며『벽사녹판』(1863)에서 체계적인 비판이 나타나고 있다. 그는 서양의 성(性)은 경생이락사(輕生而樂死)요, 心(심)은 희리이매의(喜利而昧義)요, 술(術)은 희환이염상(喜幻而厭常)이라 규정하였다. 또한 유교의 존심양성을 통한 사천과 서교의 배천기복(拜天祈福)을 통한 사천(事天)을 대조시켜 유교의 천은 도리이지만 서교의 천은 형기·정욕이라 하여 서교의 천을 부정하였다. 유교의 사물(四勿)은 예를 표준으로 하지만 서교의 삼모망(三母妄)은 배군·배부·제신(拜軍·拜父·祭神) 등을 망(妄)이라 하여 멸륜(滅倫)의 사열이라 하고, 유교는 살신하여 성인하지만 서교는 낙사(樂死)하여 천당의 이(利)를 탐한다고 비판한다. 여기서 화서의 입장은 이미 서학의 합리성에 대한 일호의 이해나 대화를 위한 여지를 남겨두지 않는 철저한 적대적 성격을 띠고 있는 점에서 18세기의 서학비판과 차이를 드러내고 있는 것이다.

화서의 반서학입장은 병인양요 동안 올린 몇 차례의 상소를 통하여 사회적인 영향력을 미쳤고 또한 척사위정론을 대표하는 위치를 차지하게 되었다. 그는 철저한 주전론자(主戰論者)로서 "양적가공자(洋賊可攻者)는 국변인(國邊人)이요 양적가화자(洋賊可和者)는 적변인(賊邊人)이라"하여 주화론자(主和論者)를 적(賊)의 편이라 규정하였으며, "안으로는 유사(有司)로 하여금 사학의 당을 포주(捕誅)하고 밖으로는 장사(將士)로 하여금 입해(入海)의 관(冠)을 출정(出征)하여야 한다."고 안팎의 대응책을 제시하였다.

화서는 서양인이 국내에 잠입하여 전교하는 것은 종당을 심어서 안팎으로 상응하고 허실을 탐지하여 군대를 이끌고 쳐들어와서 우리의 전통을 짓밟고 우리의 재화와 부녀를 약탈하는 것이라 파악하여, 서교를 서양의 침략 수단으로 규정짓고 있다. 그는 서양이 요구하는 교역은 곧 그들의 손으로 만드는 공산품과 우리의 땅에서 나는 농산품의 교역이요, 그들의 여유 있는 것과 우리의 부족한 것을 바꾸면 우리는 더욱 빈곤해지고 저들은 더욱 풍요해진다고 하여 교역을 거절할 것과 양물을 금할 것을 주장하였다.

그는 서양의 침략을 막는 방법으로 의군(義軍; 義旅)을 조직하여 적(賊)이 오면 절충어모(折衝禦侮)하여 왕실을 보호하고 적이 물러가면 수명 이륜(修明 彝倫)하여 사교를 막아야 할 것을 제시하여 척사와 위정의 양면성을 지적하고 있다. 그는 양적이 창궐하는 이유는 우리 백성이 내응(內應)하기 때문이고 백성이 내응(內應)하는 것은 민심이 원반(怨叛)하기 때문이라 분석하여 보민(保民)의 선정을 촉구하면서 또한 만동묘(萬東廟)를 복설(復設)하여 존화양이의 의리를 밝혀 모든 백성들로 하여금 위정척사론자로 교화할 것을 주장하였다. 여기서도 다시 화서에서 벽이단론과 화이론의 론리가 서교와 서양에 대한 배척으로 일관되고 있음을 보게 된다.

2. 유인석의 의리정신

지난 세기 후반에 접어들어 이 땅에는 서양제국과 이를 모방한 일본의 팽창세력이 해일처럼 반도를 강타하여 왔다. 이를 계기로 오백년 유교전통의 조선왕조는 마침내 개항과 개화에 따라 근대화로의 출범을 보였으나, 한편 전통질서가 뿌리 깊이 동요됨과 더불어 망국의 비운을 겪게 되었다.

근백년 사이의 이 역사적 전환기를 대표하게 되는 인물들은 어느 면에서 깊은 충격과 강한 충동 속에 사로잡혀 그 의식은 절실하고 행동 또한 비상하였던 사람들이다. 한 시대가 막을 내리려는 긴박한 시점에서 드러나는 유교인의 주장과 행동을 이해한다는 것은 오늘의 유교를 재정립하고 또 전통과 현대와의 매듭을 찾기 위해서 중요한 의미가 있는 것이다. 여기서는 한말 전통유교의 열렬한 대변자인 의암 유인석의 사상과 행동을 시대의 상황에 비추어 간단히 살펴볼 것이다.

유인석(의암, 1842~1915)은 고흥 유씨의 가계로 춘천에서 태어났다. 14세에 먼 친척인 유중선의 양자가 되어 양근에 옮겨갔고 이때부터 숙부 유중교를 따라 화서 이항로의 문하에 나가 수학하게 되었다.

이항로는 한말 위정척사론의 종장이요, 그의 영향 아래 김평묵·유중교·최익현·유인석 등 문인들은 서양과 일본에 대한 척화 의리를 밝히고 항일 의병운동을 주도하였다.

병인양요가 일어나자 이항로가 상경하여 주전 상소를 올릴 때 유인석은 25세의 청년으로 그를 수행하였다. 1876년(병자) 일본의 무력위협 앞에 정부가 수호조약을 맺을 즈음 유인석은 홍재구 등과 척화상소를 올렸으며, 이항로가 죽은 다음에는 그가 스승으로 따랐던 김평묵과 유중교의 뒤를 이어 화서학파를 이끌어 개화정책에 대한 비판과 저항을 계속하였다.

갑오경장(1894)으로 역법·복색·관제 등이 개혁되자 새로운 법령은 친일개화파가 일본군대의 힘을 빌려 군왕을 위협한 변란의 결과로 규정하고 불복 저항을 시작하였다. 유교전통의 의례제도가 파괴되고 왕비가 왜인의 칼에 변고를 당하여 유인석은 선비로서 죽음이 의롭다는 신념 아래 1895년(을미)부터 그의 제자와 친우들이 일으킨 의거를 지도하는 적극적 행동을 시작했다.

의병은 왜병의 지원을 받는 우세한 관군에 패하여 충주에서 단양을 거쳐 정선으로 밀리게 되었다. 유인석은 이 국가변란에 대처하는 선비의 태도로서 세 가지 길[處變三事]을 제시하였던 바, 곧 '의병을 일으켜 역당을 쓸어내는 것'[擧義掃淸], '떠나서 구제도를 지키는 것'[去之守舊], '죽음으로써 뜻을 이루는 것'[致命遂志]에서 첫 번째 방법이 실패하자 만주로 기지를 옮겨 둘째의 방법을 취하게 되었다. 만주에서 전투준비를 갖추어 적을 토벌할 것을 기도하였으나 청나라의 구원병도 얻지 못하고 의병마저 해체당했다.

그러나 그는 1894년 54세에 의병을 일으킨 이래 남은 생애 동안 개화론 자와 일제에 대해 항거하며 의리를 지키기 위한 투쟁을 계속하여 유림의 병의 조직화와 지구적인 항거기반의 구축을 위해 노력하였다.

1900년 귀국하여 관서지방 등지에서 선비들을 모아 학문을 강론하면서 항의정신을 일으키는 활동을 하는 동안 을사보호조약과 정미칠조약을 맺어 일제의 침략 앞에 왕조의 몰락을 보고 다시 나라를 떠나 의리를 지키기로 결단을 내리고 각기병과 중풍으로 시달리면서 67세의 노구로 1908년 러시아의 블라디보스톡으로 제자와 동지들을 이끌고 갔다.

그는 그곳에서 의병을 조직하여 13도 의군도총재(義軍都總裁)로 추대되어 13도 동포에게 항일저항의 방법을 제시하는 통고문을 보내고, 한일합방을 당하자 고종에게 블라디보스톡으로 파천하여 세계의 공의를 일으켜 국권을 회복하도록 상소를 하였고, 또 국내의 지사도 만주에 망명하여 항일전을 계속하도록 촉구하면서 자신도 만주로 옮겨갔으나 뜻을 이루지 못하고 1915년 74세로 이역 땅에서 세상을 떠났다.

유인석의 생애는 한마디로 도리와 나라가 함께 멸망하는 어려운 시대에 유교의 정통을 지키고 나라를 회복하려는 대의를 위한 혼신의 투쟁이었다. 그는 항상 자신이 언제 죽어야 할 것인가를 생각하면서 살았기에 순도의 길을 갔던 인물임에 틀림없다. 의암의 역사적이고 거국적 행동의 기반에 깔려 있으며 또 이런 행동을 가능하게 하는 그의 사상적 성격을 살펴볼 필요가 있다.

　　유인석은 이항로의 제자였고 멀리 주자와 공자를 받들지만, 가까이 우리나라에서는 유인석과 이항로를 도의 정맥으로 존숭하였다. 또한 그는 평생 이항로·김평묵·유중교의 셋을 자신의 스승으로 모셨고 이들을 계승하여 한말 성리학파의 주리론의 입장을 전개하였다.

　　이항로에 있어서 이기의 이원적 분리와 이우위설(理優位說)은 시대와 현실에 제약되거나 매몰될 수 없는 보편적이고 주재적인 이의 본질을 강조하는 것이었다. 따라서 인간에 있어서 마음은 이와 기를 겸하였다고 규정하면서도 '이'가 주재하고 명령하는 마음의 구조를 추구하게 되는 것이다.

　　유인석은 특히 마음이 '이'나 '기'에 편속시킬 수 없음을 강조하고, 이나 성이라기보다 마음을 태극의 경우와 그 포괄성·보편성·근원성에서 일치하는 것으로 파악하였다. 이것은 유인석의 성리설이 보다 구체적인 현실 속에서 근원적이고 포괄적인 근거를 발견하려는 것이요, 실천적 태도의 기반을 설정하는 것으로 생각할 수 있다.

　　이항로의 문하에서 유인석이 영향을 받고 발휘한 정신은 성리설에서 나아가 의리정신에서 더욱 직접적으로 나타난다. 이항로가 퇴계나 율곡마저 빼고 단적으로 공자→주자→우암으로 도통의 계승을 지적한 것은 성리설을 넘어서 의리론의 비판적 정신을 중심문제로 확인하고 있음을 보여주는 것이라 하겠다.

　　춘추시대 말기와 남송시대 및 조선조의 병자호란 이후의 시대는 정통성 내지 자주성이 도전받는 위기였다는 공통성을 띠고 있으며, 한말의 역사적 위기에서 이 시대들의 의리론적 성격을 논의하고 강조하였던 것은 현실의 의리론적 의미를 파악하는 역사의식의 표출이라 할 수 있다. 여기서 『춘추』는 다른 경전에 앞서서 이념적 기준으로서 중요시된다. 『춘추』의 이른바 존왕천패(尊王賤覇)의 의리는 곧 존화양이(尊華攘夷)의 의리로서, 유인석에 의하면 여기서 '華'는 유교문화의 정통인 명나라를 가리킨다면 '夷'는 서양 오랑캐의 모방자인 일본을 지시하는 것이다. 그는 친일파인 개화론자들이 이 의리에 역행하여 왕비를 살해하고 임금을 폐지하며, 윤리를 파괴하고 나라를 팔아 망하게 하였다고 비판하였다. 그는 철저히 개화를 거부하고 수구론을 내세웠지만, 이러한 그의 보수적 입장에는 도학적 의리론에서 보는 현실의식과 비판정신이 예리하게 제기되고 있는 데 주목할 필요가 있다.

유인석은 일본이 우리나라를 침략하는 방법의 논리를 간명하게 분석하였다. 곧 일본이 우리나라를 빼앗는 것은 서양제도[西法]에 의한 것이라 규정한다. 먼저 이 서양제도를 흠모하는 마음을 얻어서 개화를 하게하고, 그다음에 독립을 하게하고, 그다음 보호를 하고, 그다음 합방을 한다는 것이다. 서법(西法) → 개화 → 독립 → 보호 → 합방의 연속적인 과정은 바로 서양제도에서 말미암는다는 인식으로 그는 자신이 서양제도를 거부하고 개화를 반대하는 이유를 확인하고 있다. 그는 나라를 잃는 것은 마음을 잃는 데서 온다는 사실을 강조함으로써, 개인에서나 민족에서 자기 중심성 내지 주체성의 확립을 개인이나 국가존립의 근본전제로 파악하였다. 바로 여기에 그의 수구론이 비록 한계를 지닌 것이지만 시대상황에서 절실한 의미를 갖는 것임을 주목하게 된다.

유인석은 한말의 역사적 위기에서 우리 민족이 지켜야할 주체성의 조건을 유교 이념의 전통에 근거하여 파악하고 있다. 곧 중화문화의 내용으로서 국가의 주권[帝王大統]·종교로서의 유교[聖賢宗敎]·강상의 도덕[倫常正道]·예법의 전통제도[衣髮重制]로 제시하고 있다.

'제왕대통'(帝王大統)은 『춘추』의 대일통정신에 제시된 중국 중심의 천하(세계)의식이다. 유인석은 군주주의를 옹호하고 공화제를 반대하면서 성왕은 전제와 독단을 하는 것이 아니라 백성의 소리를 듣는 데 있다는 민본정신의 유교적 정치이념을 다시 강조하였다.

'성현종교'(聖賢宗敎)는 공자를 만세종사로 받드는 유교의 정통성에 대한 신념이다. 그는 중국이 중국일 수 있는 것은 유교를 받드는 데 있고, 인류가 인류일 수 있는 것도 유교에 있다고 확신하였다.

그는 유교가 절대적 진리일 수 있는 근거를 '윤상정도'(倫常正道)에서 찾고 있다. 오륜은 인륜이면서 천륜이요, 따라서 불변적 진리로 받아들여지고 있다. 전통교육이 인륜을 밝히는 데 상반하여 서양학문의 신교육은 형기 곧 물질적인 것을 추구하여 욕망의 충족을 지향할 뿐이며 반윤리적인 것이라 규정하고 이를 거부한다. 그는 또한 여성교육과 남녀평등의 문제도 '하늘은 높고 땅은 낮은'[天尊地卑] 질서를 파괴하고 나아가 남편이 아내에게 속박되는 질서의 전도가 일어날 것으로 비판하였다.

'의발중제'(衣髮重制)는 전통의 의례적 제도에 대한 존중이다. 그는 개화시기에 좁은 소매로 고치게 한 변복령이 내려지고 머리들을 깎아 갓을 벗기는 단발령까지 내려졌을 때, 의복과 두발의 제도는 중화와 오랑캐를 분별하는 형식의 표준이라 강력하게 주장하였다. 그는 의복과 두발 같은 예법의 제도가 변화하는 것은 도 곧 이념체계의 파괴까지 연결되는 것임을 꿰뚫어 보았다. 그릇[器]이 깨어지면 그 속에 담긴 물[道]은 쏟아지는 법이라는 것이다.

유인석은 한말 도학파의 한 인물로서, 이처럼 유교전통의 이념을 고수하고 있는 것은 명백히 폐쇄적 보수성을 보여주는 것이 사실이다. 그러나 그는 유교전통의 붕괴와 서양문화의 압도가 일어나는 역사의 전환점에서 문화적 정통성과 민족적 자주성을 확보하기 위하여 강인하게 투쟁하면서 유교 이념의 의리정신을 선명하게 드러내었던 시대사상의 대표적 인물의 한사람이다. 동시에 그의 서양문명에 대한 전반적 거부는 시대적 한계에 사로잡혀 있음을 인정하여야 한다. 그러나 오늘날에 우리의 근대화 성과가 전통질서와 가치체계의 광범한 파괴와 서구화의 끝없는 모방과정이 지닌 문제점을 성찰하는 데 있어서 유인석의 수구론에 담긴 의리정신은 다시 한번 음미해 볼 가치가 있을 것이다.

1. 정치·법제적 양상

1) 군왕과 관료

한반도를 중심으로 삼국시대 초기에 부족국가의 형태로부터 발전하였던 국가조직은 국가의 체제를 수립하는 데 유교의 체제를 수용하여 왔었다. 문화적으로 우월한 중국대륙의 영향이 미치면서 정치적 세력에 대한 저항을 위한 결속과 또한 중국의 발달한 국가 조직의 모방을 통한 체제정비에 의하여 삼국이 성장하였던 것이다. 고대국가의 공통적인 형태로서 군주국가가 있었으나, 군왕과 봉건귀족 및 백성과의 관계는 세속적인 권력관계로써만 규정되는 것이 아니었다. 유교 이념에 의하여 왕도가 왕권의 근거를 이루며 덕치와 민본정신이 임금과 백성의 관계를 지배하는 규범이 되고 있다. 임금의 지위는 권력이 강대한 자가 획득하는 것이 아니라, 덕이 있는 자가 천명을 받아서 하늘을 대신하여 백성을 다스리는 것으로 확신 되었다. 따라서 왕권이 쇠약해지더라도 권력을 장악한 신하가 임금을 폐할 수는 있어도 스스로 임금이 될 수는 없다. 선덕여왕 말기와 진덕여왕 초기에 대신인 비담과 렴종이 반란을 일으켜 여왕을 폐하려 할 때 김유신은 "이제 비담 등이 신하로서 임금에 모역하고 아랫사람으로서 윗사람을 범했으니, 이것은 이른바 난신적자입니다. 사람과 신이 모두 미워하고 하늘과 땅이 용납하지 않을 것입니다. ……"34)라고 축문을 지어 하늘에 제사를 드렸다. 연개소문이 막대한 권력으로 영류왕을 시해하고도 보장왕을 추대할 뿐이었으며, 견훤은 경주에 쳐들어가 경애왕을 시살하였으나 경순왕을 세우고 돌아갔고, 리성계일파에 의하여 우왕과 창왕이 폐위될 때에 그 명분을 실정에서 찾기보다 혈통이 왕씨가 아니라는 설을 내세웠던 것이다. 따라서 삼국과 고려·조선의 세습왕권이 수백 년 지속할 수 있었던 배경에는 유교의 군신윤리가 중요한 역할을 한 것이다. 단군신화 및 삼국의 개국설화에도 시조의 신화가 뒤따르지만 왕건이 고려왕조를 세우고 이성계가 조선왕조를 세우는 데는 천명이 부여되었다는 설화적 윤색이 필수적으로 따르고 있다. 왕건이 궁예를 치는 데는 고경(古鏡)이 출현되어 천명을 예시하였고,35) 이성계에게는 꿈에 신인(神人)이 금척을 주면서 예언한 것이나 지리산 바위 속에서 나온 이서(異書)를 바쳤던 일36)은 유교에서 혁명은 천명을 받은 자만이 가능하다는 의식에서 발생하는 설화인 것이다. 천명을 받은 자의 방벌(放伐)을 통한 혁명과 민심을 얻은 자에게 선양으로만 세습왕권을 교체할 수 있다는 원리가 왕조를 지속시킴으로써 국가질서를 안정시켜 왔으며, 봉건체제를 19세기 말까지 지속시키는 데 기반이 되었던 것이다.

군왕은 절대적인 권력을 장악한 독재자가 아니라 백관에게 권력을 분배하여 나라를 다스려야 한다. 백성을 다스리는 권력은 군왕에서 나오는

---

34) 『三國史記』, 卷 41, 「列傳·金庾信條」, "天道則陽剛而陰柔, 人道則君尊而臣卑, 苟或易之, 即爲大亂, 今毘曇等, 以臣而謀君, 自下而犯上, 此所謂亂臣賊子, 人神所同疾, 天地所不容."
35) 같은 책, 권 50, 「列傳·弓裔條」.
36) 『太祖實錄』, 권 1, 「元年壬申七月條」.

것이 아니라 하늘에서 오는 것이며, 신하는 처음부터 분배되어 있는 권력에 참여하는 것이다. 따라서 군왕이 신하의 권력을 임의로 빼앗을 수 없는 것이다. 관직의 제도는 시대에 따라 변경될 수 있는 것이지만 정치가 없어지지 않는 한 관직이 없을 수 없으며, 여기에 관직의 원리가 유교의 경전 속에 제시될 수 있는 이유가 있다. 『주예』는 주나라 초기에 주공에 의하여 정비된 제도라 전해지지만 유교의 경전으로서 조선왕조 말기에 이르기까지 관직제도의 기본 원리로 존중되어 왔다. 『주예』의 6관은 천관몽재·지관사도·춘관종백·하관사마·추관사구·동관사공(天官冢宰·址官司徒·春官宗伯·夏官司馬·秋官司寇·冬官司空)으로서 천지와 사시의 우주질서를 관직기구로 나타낸 것이다. 군왕은 중심으로서 부동한 위치를 갖는 북신에 비유하고 제관이 중성처럼 북신을 둘러싸고 있는 모습에서 정치의 원형을 찾고 있다.[37] 군왕을 보좌하여 정무를 집항하는 기본 기구로서 삼공(三公)과 륙경(六卿)의 제도는 주대에서 확립된 것이다. 태수·태부·태보(太守·太傅·太保)의 삼공은 군왕의 측근에서 가르치고 덕을 펴도록 하며 신체를 보호하는 직책을 맡았다. 천관(天官)은 정치의 원리를 베풀고, 지관(地官)은 백성의 생활을 안정시키며, 춘관(春官)은 예법을 맡고, 하관(夏官)은 나라를 평정시키며, 추관(秋官)은 형벌을 베풀고, 동관(冬官)은 시설과 사업을 맡았다. 한국의 관제가 주례에 따라 확립된 것은 고려 태조 2년에 당나라 제도를 모방하여 삼성·육상서(三省·六尙書)의 제도를 설립하는 데서 시작된다. 조선시대에서도 의정부의 삼공과 육조를 행정의 기간(基幹)으로 하고 많은 부속기관을 두었던 것이다. 육조의 이조(吏曹)를 천관, 호조(戶曹)를 지관, 예조(禮曹)를 춘관, 병조(兵曹)를 하관, 형조(刑曹)를 추관, 공조(工曹)를 동관으로 분류하는 것은 주례의 질서를 그대로 계승하는 것이었다.

　『주례』의 6관이 천지와 사시의 우주질서를 반영하며, 또 6관을 360

---

37) 『論語』「爲政」, "爲政以德, 譬如北辰, 居其所, 而衆星共之."

직으로 세분하고 있는 것은 1년 360일의 자연질서를 정치제도에 수용하고 있는 것이다. 조선시대의 지방행정 단위로 부·주·군·현이 337개소(『世宗實錄』·「地理志」)였던 것도 360에 가까운 수이었다. 지방관아에도 중앙의 육조에 해당하는 육방을 두어 사무를 분장하여 행정의 6분화를 기본형식으로 삼고 있다.

조선 초 정도전이 『조선경국전』에서 치전·부전·례전·정전·헌전·공전의 6전을 전장으로 제시하였던 것이나, 세조·성종 때의 『경국대전』, 영조 때의 『속대전』, 고종 때의 『대전회통』에 이르기까지 조선사회의 정치원리와 법전으로서 주례 육관의 구조는 확고한 기반으로 계승되어 왔다. 조선 후기에 정치질서가 혼란되고 부패와 타락의 폐단이 노출되었을 때, 이것을 비판하면서 새로운 정치풍토를 조성하기 위한 정치원리를 제시할 때에 정약용은 『경세유표』와 『목민심서』에서 다시금 육전의 구조에 따라서 『론어』 「爲政」, "爲政以德, 譬如北辰, 居其所, 而衆星共之." 문제를 논의하였던 것이다.

또한 군왕과 관료의 지위는 백성을 통치하는 권력을 장악하지만, 백성의 생활을 넉넉하게 하며 그들의 성품과 풍속을 올바른 데로 이끌어야 하는 의무와 책임도 지고 있는 것이다. 따라서 군왕이 백성을 사랑으로 보살피고 국가를 튼튼하고 안전하게 지키지 못한다면 그의 지위를 잃을 수 있다는 가능성이 시인된다. 군왕이 자신을 '과인'[寡人; 德이 부족한 사람]이라 칭하고 임금을 가리켜 '고'[孤; 외로운 사람]라 일컫는 것은 군왕의 위엄과 권위를 두렵게 의식하는 면이 아니라 군왕이 스스로 겸허한 태도를 밝히고, 신하가 대의를 위하에 군왕을 사랑하고 돕는 자세를 취하는 면이 있음을 보여준다. 정치조직이 정비되고 기능적으로 운영된다 하더라도 유교적 정치형태를 취하는 군왕의 자세가 확인되지 않으면 왕자가 아니라 패자(霸者)로 지목되고 광해군의 경우에서처럼 폐위의 이유가 되었던 것이다. 군주의 전제적인 권력을 제약하는 힘은 권력의 분립을 법률로써 확립하기보다는 유교의 왕도 및 덕치이념의 정신에서 나오고 있다. 이러한 이념은 군왕의 독재를 막기 위하여 항정권의 분양에도 배려가 있었으나, 간관의 제도와 윤리를 수립하였다. 사헌부·사간원·홍문관의 역할은 군왕과 관요의 비의를 규탄하는 일이 포함되어 있다. 간관은 죽음을 두려워하지 않고 충직하게 군왕과 권신의 과오를 지적하여야 하며, 군왕은 간언이 마음에 즐겁지 않더라도 받아들여 신중히 고려하여야 한다는 윤리가 있다. 이렇게 간언을 하는 근거는 군왕이 개인으로서의 한 인간이 아니라 질서의 한 정점에서 중심을 확립하여야 하며, 국가와 국민을 보존하고 육성하는 공인이라는 사실에 있다. 간관의 제도가 법률로써 보호되는 요소는 극히 미약하며, 행정의 기능을 둔화시키는 영향을 끼치기도 하지만, 조선사를 통하여 간관이 활동한 업적은 정치적으로도 중요한 비중을 갖는 동시에 유교정신을 정치에 반영시키는 데 결정적인 역할을 하였다고 볼 수 있다.

홍문관·예문관·교서관 등은 학술기관으로서 조선왕조의 정치기구 속에서 중요한 위치를 갖고 있다. 경전과 학문의 연구가 왕궁의 밖에서 행하여지는 것이 아니라, 임금의 측근에서 모든 정책의 입안과 결정에 자문함으로써 유교정신의 검열을 거쳐 시정(施政)이 이루어지도록 하는 것이다. 또한 춘추관의 역사기록은 임금도 마음대로 할 수 없는 객관성을 지키도록 보장되고 있다. 사관은 임금의 모든 활동에 참관하여 자유롭게 사실을 기록하고 평가를 하며 그 기록의 정리는 임금이 죽은 뒤 이루어짐으로써 임금의 과오가 역사의 기록 속에 실려 비판될 수 있다는 사실이 강한 구속력을 발휘하였다. 우왕(禑王)은 스스로 무도함을 알고 사신에게 "내가 듣건데 사관(史官)이 나의 과실(過失)을 적는다 하니 드러나면 죽이겠다"고 사신(史臣)을 위협하였다.38) 조선 태조는 즉위 4년에 즉위 이후의 사초(史草)를 보려고 하다가 대신과 대간의 반대

---

38) 『高麗史』, 卷 47, 「列傳·辛禑條」.

로 그만두었으며[39] 7년에 다시 보이도록 명령을 내렸다. 이때 사관 신개가 상소하여 사관이 임금의 언항정사와 신하의 시비·득실을 바른 대로 써서 숨기지 않으므로 그 행동의 경계를 삼는데 임금이 자신의 행적을 보려고 하면 사신이 감히 사실대로 기록하지 못하게 됨을 논하고, "사관이 사실대로 기록하는 필법이 없어지면 미행과 악항을 보여 권장하고 경계하는 뜻이 어두워집니다. 이렇게 되면 한 시대의 군신이 무엇을 꺼리고 두려워하여 반성을 하겠습니까."라고 반대하였다.[40] 연산군 4년 김일손의 사초가 이극돈의 무고로 문제되었을 때, 김일손은 세조가 단종을 찬위(篡位)하고 은폐한 사건을 직필로 기록한 사실이 드러나 무오사화를 당하게 되었던 것이다.[41] 이러한 사관제도는 공자가 『춘추』를 찬수하여 후세의 난신적자(亂臣賊子)를 두렵게 한 유교정신의 실현으로서, 유교 이념 위에 선 조선정부로서는 이를 무시할 수 없었다.

군왕이 정사(政事)를 전단(專斷)할 수 없도록 제도가 설비되어도, 그 정신자세가 확립되지 않으면 어진정치가 베풀어지기 어렵다. 군왕의 정신을 유교의 이념으로 바로잡고 품성과 지혜를 개발하기 위하여 유교이념의 왕조에는 경연(經筵)이라는 특수한 제도가 마련되었다. 세종처럼 천품이 학문을 좋아하는 군주는 희귀하고 왕궁은 향락의 유혹이 많으므로, 군왕이 경전과 역사를 연구하고 유학자들과 토론할 수 있는 경연제탁는 조선시대에 큰 비중을 가졌던 것이며, 군왕의 출석이 거의 의무화되어 왔다. 세자 때의 서연(書筵)은 주로 교육을 받는 데 그치지만 경연에서는 경전과 사서의 원리가 곧 현실의 정치문제에 연결되어 토론되며 시정에 반영되는 것이다. 경연의 시독관(侍讀官)·시강관(侍講官)·삼찬관(參贊官) 등은 홍문관을 중심으로 한 유학자들이며, 이들은

---

39) 『太祖實錄』, 卷 7, 「4年 6月 辛未條」.
40) 『太祖實錄』, 卷 14, 「7年 6月 丙辰條」, "史無直筆, 而示美惡垂勸戒之意晦矣, 則一時君臣, 何所忌彈而修省也."
41) 『燕山君日記』, 卷 30, 「四年 七月條」.

시종으로서 군왕의 측근에 위치하도록 제도화되어 있었다. 군왕이 조강(朝講)·주강(晝講)·석강(夕講) 등 수시로 참석하여 행정의 실무를 담당하지 않은 학자들의 강론을 들어야 하는 경연은 정치를 권력의 행사로부터 유교 이념의 실현에로 전환시키는 중요한 기능을 담당하고 있는 것이었다. 중종 때의 조광조는 경연관으로서 그의 지치(至治)의 이상을 임금에게 역설하였으며, 이때 경연관들은 조강(朝講)을 시작하면 해가 기울도록 계속하여 임금이 피로해서 싫증을 내는 줄도 몰랐던 것이 중종의 미움을 받게 되는 원인의 하나로 지적되기도 하였다.[42]

임금이 신하와 백성들로부터 의견을 듣는 언로의 제도는 임금의 전단을 견제하고 대중의 의사를 반영하도록 마련되었으며, 국가의 중대한 문제로 존중되어 왔다. 경연에서도 유신이 정치의 원리를 임금에게 계언하지만 면대하여 말하는 방법 외에도 상소를 중심으로 하는 문서로 의사를 임금에게 전달하는 제도는 단순히 관료의 행정적인 보고를 넘어서 임금에게 대의를 논하고, 시정방책을 제시하는 기본적인 의사전달 방법으로 확립되어 있다. 모든 상소는 승정원에서 수집하여 임금에게 매일 보고하였다. 상소는 국정의 전반에 걸쳐 모든 관료나 선비가 할 수 있으며, 상소로 인하여 벌을 받기도 하지만 유교의 의리정신에 따라 죽음을 두려워하지 않는 직언을 하여 왔다. 특히 사간원은 언로를 맡아 백성의 실정과 공론을 임금에게 직간하는 것이 임무이다. 언로는 여논에 가까운 말로서 언로가 막히면 임금의 이목이 멀어서 정치가 시행될 수 없으며, 국가의 존망이 여기에 관련된다고 주장되어 왔다. 조광조는 사간원의 정언이 되자 대사헌과 대사간이 언로를 막아 자신의 직책을 저버렸다고 탄핵하는 상소를 올렸다.[43] 그는 "언노가 통하면 다스려지

---

42) 『隱峯全書』, 卷 13, 「己卯遺蹟」, "朝講或至日昃乃罷, 聖體有時疲倦, 或欠伸, 或改坐, 御床憊然有聖, 袞等揣知上有厭意."

43) 李相殷, 「朝鮮朝 國論에 反影된 義理精神」, 『斯文論叢』 第1輯, 1973, pp.59~145, 참조. 中宗 10·11年에 趙光祖에 의하여 提起된 言路問題에 따른 정치적 사건의 과정을 자료로 제시하고 있음.

고 막히면 나라가 어지럽고 망하게 된다. 그러므로 임금은 힘써 언노를 넓혀서 위로는 공경(公卿)과 백집사(百執事)로부터 아래로는 마을과 저자의 백성들에 이르기까지 다 말할 수 있게 하여야 한다"고 상소하였으며,44) 율곡도 "공론이 조정에 있으면 다스려지고, 마을에 있으면 나라가 어지러워지고, 상하에 모두 공론이 없으면 나라가 망하게 되는 것은 무엇 때문인가? 위에 있는 자가 공론을 주재하지 못하고 공론이 아래 있는 것을 미워하여 백성의 입을 막고 죄로 다스리면 망하지 않는 나라가 없다"45)고 상소하여 백성과 관료의 여론이 임금에게 전달되는 언로를 보호하도록 주장하였다. 임금은 국가에 재난이 있으면 널리 구언하여 백성들의 실정과 의사를 임금이 앎으로써 재난과 위기를 극복할 수 있다고 생각하여 자유롭게 상소할 수 있는 구언의 제도가 언로의 한 부분을 이루고 있다. 이러한 제반 제도를 통하여 임금의 절대적 권력은 유교적 이념에 따라 제약되며, 국가의 정치체제는 다양한 구조 속에서 조화를 통하여 운영되도록 제도적으로 갖추어 있음을 본다.

2) 외교와 전쟁

한반도에서 수립된 국가는 국내의 문제와 함께 국제적인 관계에 끊임없이 압력을 받아 왔다. 중국대륙 및 만주나 일본과의 관계가 곧 국가의 안전을 도모하기 위한 기본적인 요건이 되는 것이다. 삼국시대부터 중국에 대하여는 국가의 독립을 지키기 위하여 저항과 순응의 태도를 지켜 왔다. 중국의 봉건제도의 질서에서 천하에 한 천자만을 인정하고 그 밖의 국내 국외의 모든 국가는 제후로서 자치가 허용되지만 천자에게 신하로서 종속관계에 놓여 있어야 한다는 것이다. 중국과 관계

---

44) 『靜庵集』, 卷 2, 「司諫院請罷兩司啓一」.
45) 『栗谷全書』, 卷 7, 「代白參贊疏」.

를 맺는 모든 주변국가는 이러한 봉건질서를 승인하지 않을 수 없고, 이 질서는 유교의 정치질서를 승인하고 있다. 그러나 유교가 소국과 대국과의 관계에서 일방적으로 소국의 복속을 요구하는 것이 아니라, 맹자에 의하면 소국이 대국을 섬기는 것은 그 나라를 보존하는 원리이며, 대국이 소국을 섬기는 것은 천하를 확보하는 인자의 원리라 하여 상호 봉사적인 관계인 것이다.46) 한국의 중국에 대한 관계는 사대의 관계로서 정치적으로는 자존을 위한 수단이요, 문화적으로는 우월성에 대한 추종이었다. 고구려는 태조왕 59년(A. D. 111)에 한나라에 사신을 보내어 현토군(玄菟郡)에 속하기를 자청하면서 한사군을 몰아내는 정책을 실시하였던 것은 한반도가 중국대륙에 정면으로 도전할 수 없는 현실을 일찍부터 보여주었다. 삼국이 서로 공벌(攻伐)을 계속할 때에 중국과의 관계가 그 나라의 안전을 유지하는 데 큰 역할을 하였고, 신라는 변방의 치우친 지리적 조건을 극복하고 중국과의 해상통로를 확보하기 위하여 많은 희생을 치루는 전투를 벌였었다. 백제도 전지왕(腆支王) 때(A. D. 416) 동진(東晋)으로부터 책봉(冊封)을 받았다. 그러나 삼국 초는 중국에 정치적으로 복속되는 것이 아니라 중국이 회유책으로 사신을 보내어 책봉하였고, 신라도 법흥왕 23년(A. D. 536)에 건원이란 연호를 사용하리만큼 자주적이었다.47) 중국에 대한 사대의 예는 천자에 군왕이 신하로 자칭하며 사신을 보내어 조공을 드리는 외교관계에 그

---

46) 『孟子』·「梁惠王下」, "以大事小者, 樂天者也, 以小事大者, 畏天者也, 樂天者
   保天下, 畏天者保其國."

47) 東洋의 봉건질서 속에서는 自體의 年號를 사용하는 것은 服屬관계가 없는 自
   立을 의미하는 것이다. 신라의 眞德女王도 4年(650)부터 唐의 年號를 사용하
   였다. 自主的으로 年號를 사용하였던 것은 渤海와 弓裔의 後高句麗 때이며,
   高麗初는 中國이 五代시대여서 年號를 표준삼을 곳이 없어 光宗 14년(963)
   宋의 年號를 쓸 때까지 잠정적으로 自國年號를 사용하였다. 丙子胡亂 후에
   淸의 年號를 사용하도록 강요받고도 비공식적으로 亡國인 明의 崇禎年號를
   사용하였던 것은 淸朝에 대한 抵抗의 표현이며, 高宗 31년(1894)에 開國紀年
   을 사용할 때까지 中國年號가 사용되었다.

치고 내정의 간섭은 없었다. 그러나 통일신라 때에 당나라가 백제와 고구려를 점령하여 도호부를 설치하자 당군을 몰아내었으며, 원이 고려를 점령하였을 때도 여말에 원이 쇠약해지자 무력으로 공격하여 원의 세력을 몰아내고 국토를 회복하였다. 여말에 주자학의 전래와 더불어 새로운 유교의 학풍은 엄격히 예법을 시행하도록 함에 따라, 중국에 대하여서는 대소사를 보고하고 특히 군왕의 계승은 반드시 중국조정의 승인을 받아야 합법성을 얻을 수 있었다. 조선개국 초에는 복잡한 국제관계로 명의 압력이 강하였고, 세공의 부담도 무거웠으나, 정조사(正朝使)·동지사(冬至使)·성절사(聖節使)·천추사(千秋使) 등 년 사회의 정기적 사행(使行)과 그 밖의 임시 사행은 당시의 국제무역의 기능도 담당하였으므로 우리 측에서 더욱 필요를 느꼈던 것이다. 임진왜란 때 명이 원병을 보냈던 것은 천자국이 제후국을 보호한다는 명분을 갖는 것으로 조선왕조의 사대예절은 은혜에 대한 보답과 중국문화에 대한 존숭이 담겨 때로는 자주의식에 누가 될 만큼 의존적인 양상도 보이고 있다. 병자호란 후에 청조에 대하여는 중국대륙을 지배하는 황조이지만 세력에 굴복할 뿐이요, 정신적으로는 명조를 추모하는 태도를 고집하였다. 이것은 사대의 예법에서 정치적 세력에 따른 외교관계와 봉건윤리의 정치이념을 분리하는 유교정신의 표현이라고 볼 수 있다.

국제관계로서 중국에 대한 사대와 더불어 일본과 여진 등에 대한 교린의 형태가 있다. 인근국가와는 평등한 관계이지만, 그 문화수준에 따라 마치 인간관계에서처럼 문명이 발달한 나라가 미개한 나라를 지도한다는 의식에서 회유정책을 주도하고 적대의식이나 정복의욕은 거의 나타나지 않았다. 일본은 왜구로서 삼국시대부터 변경을 약탈하는 일이 많았으며, 여진족도 조선의 북쪽변경을 소란하게 하였으나, 수시로 물리치는 것으로 만족하였던 것은 국력이 약한데도 이유가 있겠으나 이민족을 무력으로 다스리는 것이 왕도에 어긋난다는 유교 이념의 견제가 강한 데서도 이해할 수 있다. 심지어 여진족이 변경에 잠입한 것을 유포하기로 군왕과 대신이 결정하였을 때도, 조정이 도적의 꾀를 행하는 것은 의가 아니라는 반대에 중지되었던 것이다.[48]

국가 사이의 전쟁은 삼국시대의 통일을 위한 투쟁 이외에는 전부가 침략을 당하였을 뿐이다. 전쟁은 자국의 이익이나 군왕의 욕망에 따라 흔히 일어나지만, 유교적 이념에서는 부의는 징벌하지만 국토를 늘이기 위하여 전쟁을 하는 것은 철저히 부정된다. 따라서 삼국시대에 수와 당이 고구려를 침략한 것이나 고려 때 원의 침입, 조선조 때 일본과 청의 침입 등 한국 역사에 치른 모든 전쟁은 국가를 지키는 의미뿐만 아니라 불의에 대한 저항으로서 의전을 치렀던 의의를 갖는 것이다.

3) 형률의 체제

공자는 법과 형으로 다스리기보다 도와 덕으로 다스리는 덕치를 강조하였다.[49] 그러나 나라를 다스리는 데 금법(禁法)과 형률(刑律)이 없을 수 없다. 따라서 유교적 정신에서는 백성을 교화하고 풍속을 순화하여 선으로 이끄는 것을 근본으로 하고, 법으로 악을 징계하는 것은 말단으로 하는 가치 질서를 제시 하였다. 이러한 입장에서는 모든 행위를 법률로 규제하고 법률을 합리적으로 조직하는 데 힘쓰기보다는 법률의 밖에서 정치가 이루어지고 그 최후의 한계에서 형률을 시행할 때도 교화의 자세로 처리하도록 요구되어 왔다. 기자의 팔조금법으로 다스려질 수 있는 사회가 미개하다기보다는 오히려 이상적인 사회로 인식되는 것이다. 고려시대는 당률(唐律)에 따라 형전(刑典)이 제시되고 조선시대는 대명률의 법전을 적용하고 있다. 이러한 형률은 국가와 군왕에 대

---

48) 『中宗實錄』, 卷 34, 「13年 8月條」.
49) 『論語』, 「爲政」, "道之以刑, 齊之以刑, 民免而無恥, 道之以德, 齊之以禮, 有恥且格."

한 모역(謀逆)과 부모와 존속에 대한 부경이 가장 큰 범죄로 규정되고
있다.50) 충·효가 사회윤리의 핵심이며 형률이 윤리를 지키는 하한으로
서 국가와 존친에 대한 사회규범을 범하는 것을 가장 엄중히 다루는 것
은 당연한 표현 형태라 하겠다. 특히 상장의 예속을 범하는 것을 중대
하게 다루는 것은 윤리적 기능을 넘어서 종교적 근거에 확립되어 있음
을 보여주는 것이다. 『고려사』 「刑法志」에 따르면 금령의 첫 조목으로
부모나 부의 상을 듣고서 슬퍼하지 않고 작낙잡희(作樂雜戲)하는 등의
죄목을 제시하고 있으며, 『대명률』에는 사형률을 적용하는 10악 가운데
악역(惡逆)·불효(不孝)·불목(不睦)·내란(內亂) 등 4조목이 친족에 대
한 윤리를 범한 죄로 중시되고 있다.

　형률을 집행하는 기관으로는 형조·의금부·한성부의 중앙기구가 있
고 지방관도 사법권을 가지고 있다. 이러한 사법권자가 죄인을 심리하
고 죄를 결단하며 소송(訴訟)을 판결하는 데는 공정함이 생명이지만 그
보다 죄를 범하지 않도록 하고 송사를 일으키지 않도록 하는 것이 요구
된다. 공자는 "송사를 처리하는 것은 나도 남만큼 하지만 반드시 송사
가 일어나지 않도록 하여야 한다"[聽訟吾猶人也, 必也使無訟乎.『논어』·
「顔淵」]라 하였고, 고려와 조선시대 수령(受令)의 다섯 가지 또는 일곱
가지 기본 임무 속에 송사가 적어지는가[詞訟簡]를 한 조목으로 제시
하고 있다.51) 특히 친족 사이의 송사를 억제하고 자식으로서 존친을

---

50) 『大明律』에서는 死刑에 해당하는 10惡은 1. 謀逆(謀危社稷) 2. 謀大逆(謀毀宗
　　廟·山陵及宮闕) 3. 謀叛(謀背本國, 潛從他國) 4. 惡逆(毆及謀殺祖父母·父母·
　　夫之祖父母·父母, 殺伯叔父母·姑·兄姊·外祖父母及夫者), 5. 不道(殺一
　　家非死罪三人, 及支解人, 若採生, 造畜蠱毒魘魅) 6. 大不敬(盜大祀神御之物·
　　乘輿服御物, 盜及僞造御寶……) 7. 不孝(告言呪罵祖父母·父母·夫之祖父母·
　　父母, 及祖父母·父母在別籍異財, 若奉養有闕, 居父母喪身自嫁娶若作樂釋
　　服從吉, 聞祖祖母·父母喪匿不擧哀, 詐稱祖父母·父母死) 8. 不睦(謀麻巳上
　　親, 毆告夫及大功巳上尊長·小功尊屬) 9. 不義(部民殺本屬知府·知州·殺及
　　賣緦知懸, 軍士殺本管指揮·千戶·百戶, 吏卒殺本部五品巳上長官, 若殺見
　　受業師……) 10. 內亂(奸小功巳上親·父祖妾及與和者)
51) 『牧民心書』, 卷 1, 「赴任六條·辭朝」.

모역 이외의 죄로 송사를 일으키면 중형을 내려 금하였다. 조선시대에는 상장을 중요시하는 사회윤리에 풍수설의 비유교적 속신이 결합되어 구타와 살상과 송사의 절반이나 되는 산송이 일어나는 폐단을 낳았다.52) 이러한 송사의 대부분이 물욕이나 리해에 빠져 의리를 저버리는 것으로서, 판결에 앞서 대의로 타일러 소송을 그치게 하는 처리가 가장 중요하고 현명한 판결의 원칙으로 인식되었던 것이다.

　판결을 내리는 때는 형률에 따라 태형(笞刑)·장형(杖刑)·도형(徒刑)·유형(流刑)·사형(死刑)의 방법과 금전으로 대속시키는 경우가 있다. 태형과 장형은 비인도적 내지 잔학행위로서 생각되기 쉬우나 처벌이 교육으로서의 의미를 갖는 것으로 사법권자의 덕과 인격의 바탕 위에서 성립되는 것이다. 따라서 옥사는 항상 위엄을 경계하고 관용을 미덕으로 강조하고 있다. 유형은 많은 관요들이 당하였던 형벌로서 장기간 감옥에 수감하는 형벌보다 신체의 자유를 허용하고 반성의 기회를 주는 것으로, 죄목의 해석이 변동될 수 있을 때는 적절한 처벌방법으로 인정되어 왔다. 사형은 참수의 방법을 쓰는 극형이지만 죄의 성격에 따라 목을 베어 거리에 매달아두는 효수(梟首)를 하여 대중을 경계하기도 하며, 이미 죽은 자도 사체를 꺼내어 목 베는 경우가 있다. 이러한 처형방법은 형벌이 다만 범죄자의 처벌에 그칠 뿐만 아니라 위엄으로 백성을 경계하는 의미를 갖는 것이다.

　정치와 법제의 모든 제도적 양상들은 합리성이나 치밀함에 있어서 많은 허점을 내포하고 있으며, 따라서 악용될 때의 폐해는 실로 적지 않았다. 그러나 유교의 이념이 조문화된 제도의 조직에만 의존하는 것이 아니라 통치자의 심성 속에 확립된 덕에 근본적인 비중을 두고 있음을 명확히 인식할 필요가 있다.

---

52) 같은 책, 卷 9, 「刑典六條·聽訟」.

2. 사회·경제적 양상

1) 신분계급

봉건사회에서는 개인의 사회적 지위를 법률로 규정하고 신분계급의 세습으로 사회질서를 확립하였다. 모든 제도와 예절, 의복, 주거 및 혼인의 관습이 신분계급에 따라 규정되어 구분되고 있다. 사회적 신분계급을 크게 나누면 왕족 및 귀족계급과 상민계급과 천인계급으로 구분된다. 귀족계급은 곧 관료계급으로 백성을 다스리며 상민은 농업을 주로 하는 생산에 종사하고 잡직의 관리가 될 수 있을 뿐이고, 천인은 노예와 천직을 생업으로 하는 자로서 인격이 인정되지 않고 매매되는 재산으로 취급되기도 하는 계층이다.

한국의 고대사회에서도 이미 신분의 계급적 분화가 있었다. 고조선의 팔조금법에 도둑질한 자는 노비로 삼는다는 조목이 있어 그 시대에 이미 노예제도가 있었음을 보여준다. 신라의 골품제도는 귀족계급 자체의 등급을 세분화하고 17관계에 계급별 상한의 차이가 있으며 의복의 빛깔·옷감·장식, 가옥의 규모, 차마(車馬) 및 기명(器皿)에 이르기까지 계급에 따른 구별을 엄격히 제시하고 있다. 특히 조선시대에는 유교의 예제를 철저히 시행하는 과정에서 신분에 따라 관직에 나갈 수 있는 자격으로서 양반(士大夫)·중인·양인(庶人) 및 천인의 기본적인 사회계급이 확립되었다. 양반은 모든 관직에 나갈 수 있으며 유학을 공부하여 사회의 지식층 내지 지배층을 형성한다. 특히 관료적인 체제에 따라 조선시대에는 문·무관 삼품 이상은 아패(牙牌), 삼품 이하의 관료에는 각패(角牌), 생원·진사에 급제한 자에게는 황양목패(黃楊木牌), 급제 않은 사와 향리·서인에게는 소방목패(小方木牌), 천인에게는 대방목패

(大方木牌)를 소지하게 하는 호패(號牌) 제도에 의해 신분계급이 구분되고 있음을 볼 수 있다. 그런데 문·무관에 나갈 수 있는 양반이나 호패에 의해 구분된 상위계층은 관료계층이지만 조선사회에 가장 큰 정신적 영향력을 갖는 것은 오히려 관료와는 직접 관련이 없는 사림계층이다. 사림은 관직에 나가기도 하지만 관직과 상관없이 유학을 연구하고 의리를 지키는 유교 이념의 계승자로서 그 언론은 공론이 되며, 세상에 미치는 기개의 영향력은 사기로서 국가의 원기로 존중되고, 의리를 지키다가 권력 앞에 화를 당하는 것은 사화로서 역사의 교훈으로 삼는다.[53]

관료계급에 봉건질서가 결합되어 관직과 품계가 구분되어 있지만 함께 주어져 왔다. 정일품에서 종구품까지의 18품계로 나뉘는 조선조의 관제에는 문관에게는 종사품 이상에는 대부의 품이 내려지고 정오품 이하에는 낭의 품이 주어진다. 무관에게는 종이품 이상에 대부, 종사품 이상에 장군, 정오품 이하에는 교위·부위의 품이 주어진다. 품계가 직계와 차이가 생겨 한 품계로서 낮은 직이나 높은 직에 임명될 수 있으나 품계가 기준이 된다. 우리나라가 대부 이상의 품을 설정하지 않은 것은 봉건질서에 따른 제후국의 질서를 지키는 제도적 표현이다. 관직과 품계는 살아 있는 자만이 받는 것이 아니라, 이품 이상의 관직을 갖는 자와 종친의 조상에게는 삼대까지 품직을 추증(追贈)하며, 명유(名儒)·절신(節臣)에게는 사후에 그 품직을 높여서 내리는 제도가 있다. 이러한 품직의 추증은 사자에 대한 유교적 의식의 한 면을 보여주는 동시에 사회적 신분이 생사를 통하여 개인에게 갖는 의미가 중대하였음을 보여 준다.

양반계급이 갖는 직품 이외의 관직으로서 의(醫)·역(譯)·주(籌)·관상(觀象)·율(律)·도화(圖畫) 등 기술직은 양반과 서인 사이의 중인

---

53) 『燕巖集』, 卷 10, 「原士」, "天下之公言曰士論, 當世之第一流曰士流, 鼓四海之義聲曰士氣, 君子無罪而死曰士禍, 講學論道曰士林."

계급이 담당하고 있다. 이들은 관직에 나아가는 데 직품의 한정이 있어 유교정신에 입각한 지도자로서가 아닌 기술 및 사무적 기능을 발휘할 수 있는 것이다. 이 중인계급은 주거도 서울의 경우 중촌에 모여 살았었다. 이교의 말직에만 종사하는 계층도 서울의 경우 서부에 거주하여 신분에 따른 주거의 차이도 보여 준다.

관직과는 전혀 관계없이 농·공·상의 생업에 종사하는 상민(庶人)은 조선사회의 실질적인 백성의 위치를 갖고 있다. 이들은 모든 납세·부역·군역의 의무를 지고 국민의 기반이 되고 있다. 이 양인은 통치의 대상이 되며 법의 보호를 받을 수 있으나, 교육을 받을 기회도 적고 관직에 나아갈 자격도 없다. 따라서 경제적인 능력이 없을 때는 천역까지 맡아 신량역천의 경우에 빠지기도 한다. 관리가 부패해지면 가장 직접적인 피해를 당하는 계급이요, 경제적으로 유족할 때만 생활의 안정을 누릴 수 있는 계급이다. 봉건사회에서 통치자가 민심을 얻는다는 것은 이들 상민을 말하는 것이며, 유교의 이념에 따르면 이 상민은 국가의 근본으로서 통치자는 이들의 부모의 위치에 서서 양육하고 가르쳐야 하는 것이다. 맹자가 "귀한 것은 백성이요, 사직도 그다음이며, 군왕은 가볍다"[民爲貴, 社稷次之, 君爲輕. 「盡心下」]고 주장하는 민본의 이념은 이 상민을 가리키는 것이다. 그러나 정치의 실제에서는 한국사회가 중국보다 오히려 신분의 한계를 엄숙히 하여 상민이 관직에 나오는 것을 억제함으로써 의무만 지고 지배를 받을 뿐 지배층에서 철저히 배제된 우민(愚民)이며, 민권의 의식은 형성되지 못하고 말았다.

천인계급은 사회적인 천대를 받는 직업에 종사하는 백정·무격(巫覡)·재인·창기 등이나 불교에 대한 억압정책으로 승니(僧尼)까지 천인에 속하게 되었으며, 절대다수는 노비였다. 무격과 승니가 조선사회에 있어서 대중의 신앙에 광범한 영향력을 갖고 있으면서도 사회적으로 천시되었던 것은 개국 이래 유교를 정교로 확립하고 무속과 불교를 사교로 규정하여 신분계급으로서 사회적 지위를 박탈하였던 종교정책의 결

과인 것이다. 재인(廣大)이나 창기는 연예부문의 직업에 종사하는 것이
지만 유교사회의 도덕관에서는 엄숙성에 역행하는 연예를 비도덕적인
것으로 규정하고 신분적 천대를 통하여 사회의 표면에서 대중의 풍속
이나 관심을 지배하지 못하도록 제약을 가하고 있는 것이다. 백정은 가
축의 도살업을 하는 자로서 식생활에 중요한 역할을 담당하면서도 천
시되었다. 원래는 양인이었으나 도살이 불교의 윤리에서뿐만 아니라 유
교의 윤리의식에서도 인(仁) 내지 호생지덕(好生之德)에 배반되어 군자
로서 할 수 없는 일이었다. 이러한 도덕 감정에서 천대하게 된 것이어
서 정책적으로 사회적 대우를 개선하려는 배려가 있었으나 천인에서도
최하층의 대우를 받아 왔다. 노비는 인격적 천대 이전에 신체적 자유가
부인되어 개인이나 관청의 소유물로서 재산의 일부를 이루는 것으로
취급되었다. 고대사회의 유물로서 오랜 기원을 갖고 있는 제도이며, 조
선조에서도 노비의 소유권에 대한 문제를 전담하는 장례원(掌隸院)이
설치되어 있을 만큼 사회적인 중요성이 인정되고 있다. 그러나 유교의
이념 속에서 노예제도를 통해 인간을 매매할 수 있다는 근거는 없으며,
유학자 사이에 가끔 노예의 속량을 주장하기도 하였으나 근본적으로
노예제도를 폐지하려는 논의는 그 시대의 현실 속에서 제기되기 어려
웠다. 다만 노비를 다스림에 자애를 보일 것을 요구하는 윤리가 제시되
어 오랜 역사를 통하여 노비가 학대에 반발하기보다는 주인에 심복하
고 능동적으로 봉사하는 풍조를 형성하였던 것이다. 노비는 공노와 사
노를 막론하고 세습적으로 예속되며, 의복·언어·예법에 신분적인 제
약이 따르지만, 농노 형태로, 주가에서 떠나 독립생활을 하는 수가 많
았으며, 때로는 재산과 세력을 상당히 확보하는 경우도 있었다.

　조선사회의 특이한 신분적 대우를 받는 계층으로 서얼(庶孽)이 있다.
서얼자(庶孽子)는 축첩제도 아래서 발생하는 첩자로서 양반의 서얼자
도 양첩자(良妾子; 庶)와 천첩자(賤妾子; 孽)에 따라 신분·재산상속
등의 차이를 두었다. 서얼자가 적종자(嫡宗子)와 구분되는 것은 봉건적

인 종법 제도에 근거를 두는 것이나 조선 태종 때까지는 신분적 차별이 심하지 않았다. 그러나 태종 15년에 서선의 말에 따라 서얼자를 현관(顯官)에 임명시키지 못하도록 하는 이른바 서얼금고법(庶孽禁錮法)이 실시되면서부터는 양반의 서얼자가 중인 이하의 신분으로 제한을 받게 되었다.[54] 서얼의 문제는 유교의 가족윤리에 상당한 모순을 내포하였으며, 사회적인 문제점도 많아 서얼의 통허(通許) 내지 통청(通淸)을 주장하는 요구가 컸고 또 부분적으로 실시되었지만, 사회적으로 관직과 혼인 등에서 엄격한 제한을 받아 능력을 발휘할 기회를 얻을 수 없었다.

2) 가족제도

가족은 인간사회에 가장 보편적으로 존재하는 공동체의 기본단위이다. 그러나 가족이라는 공동체가 보여주는 형태는 시대와 민족에 따라 상당한 다양성을 찾아볼 수 있으며, 특히 유교사회에서는 가족이 종교적 공동체의 기능까지도 포함하는 특징을 보여주고 있다. 유교사상이 형성되었을 때는 이미 부계 가족제도가 성립되어 있었으며 혈연관계의 가족이 수세대에 걸쳐 한집에 거주하는 대가족제도가 통행되고 있었다. 이 대가족집단은 가장을 중심으로 자와 손 등 부계의 상하관계로 결합되어 질서를 확립함으로써 부부중심의 횡적인 소가족집단과는 상당한 차이를 보이는 가족제도이다. 친족은 부계로 직접 연결되는 종족과 모계의 모당과 처계의 처당이 자기를 중심으로 일족이당을 이루는 친족이지만 더 기본적인 형태는 가장을 중심한 부계의 종족이라 할 수 있다. 친족의 족벌은 사회적 신분을 세습하며 지역적으로 동족부락을 이

---

54) 『太宗實錄』, 卷 29, 6月, "右副代言徐選六一陣言, 宗親及各品庶孽子孫, 不任顯官職事, 以別嫡妾之分."

루고, 재산의 공동소유 내지 경제적인 공동 집단을 형성함으로써 사회 질서의 기본단위일 뿐 아니라, 사회의 기반을 이루고 있다. 따라서 국가도 가족집단의 결합으로서 부족사회를 거쳐 성장한 것이요, 가족집단의 영향력에 가장 큰 관심을 보여 왔던 것이다.

종족의 표시로써 성씨(姓氏)가 있다. 삼국 초에는 고유의 성이 있어 혈족을 나타내었으나 대부분의 민중은 성을 갖지 않았으며, 중국문화의 수입에 따라 중국식의 성을 사용하기 시작하였다. 성이 혈족과 다른 경우도 있어, 동일 혈족을 나타내기 위하여 성과 본관을 함께 사용하게 되었다. 본관은 동족부락의 전통에서 가능한 것이며, 종족이 번성하여 분파가 생기면 동성이본으로 혈족의 멀고 가까움을 나타내게 된다. 특히 관료적 지위에 따른 문벌을 구분하는 데 표준으로서 성과 본관이 중요한 의미를 지니고 있다. 동성동본으로서도 혈족이 다른 경우가 있어 족(族)·성(姓)·본(本)의 세 요소가 얽혀 사회적 신분이나 혼인의 가능여부를 가리기 위하여 복잡한 구성을 잘 구분하여 왔다. 종족의 범위가 넓어 이 속에 포함된 사람의 원근을 헤아리고 종족의 연속성과 그 관직을 기록으로 남기기 위하여 족보를 존중하였으며 조선에서는 성종 때 안동 권씨의 족보가 처음 간행된 이래 수보사업(修譜事業)이 종족마다 일어나서 크게 성행하였다. 종족이 신분의 우열을 나타내는 기준이 되는 혈연중심의 사회에서 성씨나 족보가 중요시되었던 것도 사실이지만 유교의 이념에서는 개인의 생명이 혈족을 통하여 연속성을 갖는 것으로 의식함으로써, 선조의 뜻을 받들고 추모하여 자손이 화목하는 정신적 기반이 되기 때문이다. 증자가 "尊親의 죽음을 삼가하고, 먼 祖上을 추모하면 백성의 덕이 두터워진다"[愼終追遠, 民德歸厚矣. 『논어』·「學而」]고 말한 것은 혈족의 존중이 내포한 도덕적 신앙적 의미를 갖는 것이요, 전주 이씨 족보의 첫머리에 "家傳忠孝, 世守仁敬"이라는 세종대왕의 유교를 실어 후손들이 세세토록 받들게 하는 것도 문벌의 지위에 대한 관심보다 가문의 정신을 계승하는 데 의의를 두었음을 보여준다.

친족의 가장 직접적인 긴밀성이 유지되는 범위는 자기를 중심으로 하여 부모와 자여, 조부모와 손, 증조부모와 증손, 고조부모와 현손의 사등친(四等親)이 가족을 이룬다. 여기에 친족의 범위가 넓어지고 그 관계가 멀어지는 등급을 나타내기 위하여 촌수를 따지게 되며, 조선조에서는 명나라의 예법에 따라 혈족은 10촌, 모족과 처족은 6촌까지를 친등의 범위로 삼았다. 이러한 친족은 사회활동에 있어서 청송관(聽訟官)이나 시관(試官)이 되기를 피하고 동일한 관청에 재직하는 것을 피하는 상피제(相避制)가 있어서 정실(情實)에 빠지는 것을 경계하고 있다. 또한 관직에 임명되는 데는 전조(銓曹; 吏曹와 兵曹)에서 해당자의 내족(內族)·외족(外族)·처족(妻族)의 부·조·증조·외조를 적어 사헌부·사간원에 심사를 받아 하자가 없어야 하는 만큼 친족의 과오가 그 족내의 모든 사람에게 영향을 준다. 이 민족은 생활의 공동체일 뿐 아니라 형벌에 있어서도 연좌 범위가 매우 넓어서 형률에는 모역자의 부·형·처·자가 처벌되지만 연산군 갑자사화 때에 처음 실제로 삼족의 8촌까지가 연좌 처형되고 사자는 부관육시하기도 하였다. 연좌는 친족에게 공동책임을 묻고 백성을 경계하는 뜻도 있지만 실질적으로 조전조사회에서 개인의 활동이 친족과 깊이 연관되어 있는 가족공동체의 구조에서 기인하는 것이다. 그 반면 법률로써 가족공동체의 질서를 보호하는 측면도 나타나 친족 안에서 존상자를 욕하거나 무고·상해·살해하는 경우는 별도의 엄격한 형률을 적용시키고 있다.

가족이 자손에 의하여 계승되는 것인 만큼 자손이 없으면 가문이 망하는 것이요, 불효 중에서는 가장 큰 것으로 여겼다. 가문의 계승에 있어서는 적장자가 우선권을 가지며 적자의 형제순을 따른다. 특히 왕위의 계승은 국가의 중대사이므로 많은 문제점이 있었다. 삼국시대에는 장자계승이 절대적이 아니어서 형제계승의 경우도 많으며, 능력에 따라 차자계승도 있었으나 유교가 확립될수록 장자상속의 원칙이 고수되었다. 장자는 종법 제도에서 종자로서 제사권을 갖고 있으며, 종교적인 의미를 갖는 것이다. 종족에 있어서도 장자의 재산상속권과 제사권은 절대시되어 종가를 계승하고 있다. 적자가 없는 경우에는 양자를 맞아 입후(立後)를 하는 제도가 있다. 여기에 여나 첩자는 원칙적으로 상속권이 없고, 더구나 이성으로부터 양자를 맞아 입후하는 것은 법으로 금지하여 가족의 혈통을 중요시하였다. 상속은 재산보다 제사권의 상속이 근본적인 의미를 갖는 것으로서, 재산은 유언으로 분배할 수도 있으나 제사권은 임의로 계승자를 결정할 수 없는 것이다. 다만 특수한 경우에 외손봉사(外孫奉祀)나 첩자봉사(妾子奉祀)가 인정될 수 있을 따름이며, 이 제사권의 문제로 송사도 일어나게 된다.

가족을 형성하는 출발은 혼인에 있다. 부부의 관계는 천·지, 음·양의 관계처럼 근원적인 것으로 신중한 예법이 따른다. 부부는 가족을 전제하는 것이며, 따라서 조선사회에서는 본인의 의사나 감정보다도 가족집단의 전체적인 문제가 앞서서 고려되었다. 혼인은 많은 사회적 제약을 받으며, 가장 우선적으로 혈족혼이 오랜 전통 속에 금지되어 왔다. 중국에서는 은·주 이래로 동족불혼의 제도가 확립되었으며, 우리나라에서도 중국 체제의 전래와 성씨가 성립되면서 동성불혼률이 확립되었다. 신라와 고려의 왕실에서 혈족혼을 하는 특수한 경우가 있었으나 후기로 내려올수록 동성불혼률이 엄격하여, 혈족이 다르더라도 성이 같으면 혼인할 수 없으며, 동일한 혈족의 경우는 본관이 다르다고 혼인하는 것은 엄격히 형률로 금지하였다. 또한 동일한 신분계급 안에서만 혼인이 이루어지며 같은 양반계급이라도 적서가 상혼(相婚)하지 않고, 서여의 경우는 양반의 정실이 되지 못하고 첩으로만 혼인이 이루어졌다. 조선조 후기에 와서는 사색당파에 따라 색목(色目)이 다르면 혼인을 기피하였다. 외족의 경우에도 사촌 이내에는 혼인이 금지되었다. 혼인은 본인이 배우자를 보고 결정할 수는 없고 오직 부모나 존친이 결정하며 양쪽 가문의 사이에 중매자가 중요한 역할을 하는 풍속이 있다. 또한 이혼은 도덕적으로 비난될 뿐 아니라 법률로서도 금지하며 여자에게는 이

혼권이 없고 남자에게는 이혼이 아니라 기처(棄妻)로 표현되고 있다. 이혼에 대한 윤리로서 이른바 칠거지악(不事舅姑·無子·淫·妬妬·惡疾·多言·竊盜)과 삼부거(三不去; 與共更三年喪·先貧賤後富貴·所有取無所歸)의 조건이 있어 이유 없이 기처를 한 경우에는 처벌을 받게 된다.

조선조의 유교사회에서 혼인형태로 축첩의 제도가 공인되었다. 태종 때 중혼금지법이 실시되면서부터 다처제는 없어졌으나 일처다첩제가 허용되었다. 축첩이 허용되는 것은 유교 이념에서 후사(後嗣)가 있어야만 한다는 종족계승의 원리에 따른 것이지만 실질적으로는 첩자의 지위가 저락(低落)하고 적자가 있는 경우에도 첩을 두어 도덕적 타락이 관습화한 것이지 유교정신에 허용될 수 있는 것은 아니다. 다만 제가를 하여야 사회활동을 할 수 있다는 원칙에서 처첩이 불화한 것을 막고 축첩으로 가정의 질서를 어지럽히지 않도록 엄격한 예법이 제약을 하여 왔다.

유교사회에서 여성의 지위는 실질적으로 보장을 받는 것이 못되었으며, 여필종부의 도덕관념은 여성의 모든 사회활동을 제한 당하고 시부모와 남편의 봉양과 자녀의 양육만에 종사하도록 하였다. 도덕적으로 지친(至親)이 아니면 여자가 남자와 면접·대담하는 것을 피하게 하며, 조선조에 와서는 외출 시에 여자는 승마를 못하고, 너울이나 장옷으로 얼굴을 가리도록 법령을 내렸다. 여자에게는 순종의 미덕이 강조되어 하나의 가족공동체를 형성하는 질서를 위하여 봉사하도록 하였으나, 여성의 재능을 계발하는 데는 별다른 배려가 없었던 것이다. 여성의 사회적 권리문제는 개인의 인격으로서가 아니라 가정과 남편이나 자식에 따르는 것이지만, 그때의 남자도 그 개인으로서 독립적이라기보다는 가문의 대표로서의 위치에 놓여 있는 것이었다.

3) 생산과 재정

국가의 통치에 경제의 중요정은 현실적으로 정치의 근본이 되고 있는 것으로 인식되고 있다. 경제라는 용어 자체가 '經國濟世' 또는 '經世濟民'에서 온 것으로 정치라는 말과 동일한 의미를 갖는 것이다. 맹자는 "백성들이 산 사람을 부양하고 죽은 사람을 장사하는 데 유감이 없도록 하는 것이 王道의 시작"이라고 하였다.55) 유교의 이념은 인과 의를 이에 앞세우고 있으나 빈곤을 미덕으로 하는 것은 아니요, 의를 저버린 이의 추구를 경계하는 데 있다. 더구나 백성은 안정된 생활근거가 없으면 항심을 지킬 수 없는데, 죄에 빠지게 한 다음에 처벌하는 것은 인정(仁政)이 될 수 없다. 여기에 통치자가 백성의 생활을 넉넉하게 할 수 있도록 정책을 마련하고 힘써야 하는 경제의 윤리가 유교 이념의 기초에 놓여 있음을 볼 수 있다. 경제의 출발은 생산에 있으며, 전통사회의 생산방법은 농·공·상의 분야로 나타난다.

농경사회에서는 농업이 생산의 근본이며 재정의 기초가 됨으로써, 토지제도와 조세제도가 경제의 기본 구조를 이루고 있다. 농업에 종사하는 백성은 토지를 국가로부터 수여받는다는 공전의 제도는 민토의 소유권이 군왕에게 있다는 봉건군주제의 기본 원칙에서 나온다. 그러나 공전으로 생산의 전부를 군왕이 소유한다는 것이 아니라 조세를 받을 뿐이며, 정전법의 토지제도에서는 8가가 1단위씩 사유하고 1단위는 공동 경작하여 조세로 바치는 것이다. 군왕은 국토를 공유화하고 다만 공신·관료 등에게 세습적인 소유권을 갖는 과전·직전을 내려 사전을 허용하였다. 이 사전에서는 경작자와 소유자가 생산을 반씩 나누어 갖는다. 그러나 정치가 혼란해지고 세력가의 횡포가 늘어 백성은 농경의 수확으로 생활의 안정을 확보하는데 위협을 받게 되었다. 사전이 늘고,

---

55) 『孟子』·「梁惠王上」, "養生喪死無憾, 王道之始也."

세력가에 의하여 공전까지 아울러 사전화하여 대토지 소유자가 나오게
되며, 사전의 생산도 7·8할을 토지소유자가 수탈하자 농민대중의 생활
은 빈곤에 빠지게 된다. 고려 말에 토지제도의 문란이 곧 백성을 빈곤
에 몰아넣고 국력의 쇠약을 초래하였으며, 전제개혁을 일으키게 하였던
것이다. 실제로는 권력자의 물욕과 관료의 부패로 토지제도의 공정한
운영이 실시되기 어려웠으나, 유교의 정치 이념은 전정의 확립으로 백
성의 경제생활의 안정을 획득하기 위하여 가장 큰 관심을 기울여 왔다.

　　조세의 기본은 농지에 있었고, 인구에 따른 부역이나 호구에 따라
토산현물을 부과하는 조(貢)는 부차적인 것이었다. 따라서 농민이 백성
의 근간이 되고 국가의 재정도 농민에 기반을 두고 있는 것이다. 국가
정책은 물론이지만 지방관의 기본 임무에 농상을 번성하게 하는 것을
첫째로 삼고 있다.56) 조세를 가볍게 하여 백성의 부담을 덜어주어 그
힘을 기르는 것이 선정의 기본 요목이요, 국가재정도 부국강병이 목표
가 아니다. 절검의 미덕이 앞세워져 왔다. 염구가 부세를 올려 계
씨의 재산을 늘리자 공자는 나의 제자가 아니니 북을 치며 성토하여도
좋다고 말함으로써 백성의 재산을 조세로 수탈하는 것을 혐오하였던
일면이 있으나,57) 맹자는 정전법에 따른 $\frac{1}{9}$ 내지 $\frac{1}{10}$의 조세가 국가
재정에 적절한 것이라 하고 $\frac{1}{20}$의 세율은 미개국의 재정이라 하여 반
대함으로써 세법에 관해 경전적 견해를 제시하였다. 조세와 부역을 균
평하게 하는 것은 백성의 생활을 보호하는 동시에 국가의 재정을 확보
하는 길이므로 치자의 기본적인 윤리를 이루고 있는 것이다. 조선조 정
부에서 시행하였던 균역법·환곡법·대동법·영정법 등의 재정정책은

---

56) 『高麗史』「辛禑元年條」에는 守令의 考績을 하는 五事로 "田野闢, 戶口增,
　　賦役均, 詞訟簡, 盜賊息"을 들었고, 『經國大典』에서는 守令의 七事로 "農桑
　　盛, 戶口增, 學校興, 軍政修, 賦役均, 詞訟簡, 奸猾息"을 들어서 守令의 任
　　務에 田野闢이나 農桑盛의 農耕을 첫머리에 제시하였다.
57) 『論語』, 「先進」, "季氏富於周公, 而求也爲之聚斂而附益之, 子曰非吾道也, 小
　　子鳴鼓而攻之, 可也."

국가재정의 확대에 목적이 있는 것이 아니라, 백성의 부담능력과 생존에 근거하여 중간의 부정을 배제하려는 노력이었다.

환곡은 춘궁기의 백성에게 식량과 종자를 빌려주는 구휼방법이었으나 후기에 이속들의 협잡으로 빈곤한 백성에게 끼치는 폐해가 매우 심각하게 나타났다. 조세와 부역의 균평을 위한 온갖 노력은 주로 지방관의 애민정신에 의존하는 것이었으나, 탐관오리의 간교를 막는 것은 사회의 전체적인 기강을 세우지 않고는 불가능한 것이다. 유교정신의 기풍이 맑아지면 기강도 서지만, 물욕이 의리를 가려 상하에 기강이 무너질 때 통치자의 덕망에 의존하는 사회질서와 경제체제는 쉽게 무질서와 부패에 빠지게 되고 말았다.

공장과 상고의 활동이 국민의 경제생활에 중요한 역할을 하는 것이지만 조선조사회는 농경에만 치우친 나머지 양민 가운데서도 공·상에 종사하는 자는 농경보다 천시되었다. 농경에 대한 권장을 위해 군왕도 친경의 예로 모범을 보이고 왕후도 친잠을 하지만 양반계층은 생활이 곤궁하여도 공·상의 일에는 거의 종사하는 일이 없었다. 조선조 후기의 실학자들 중에는 공장을 육성하여 농기구와 직기를 만들고 상인을 보호하여 유통을 활발하게 해야만 백성들의 생활을 넉넉하게 할 수 있다고 강조하였으나 공·상의 산업과 유통을 위한 국가의 정책적 지원은 극히 미미한 데 그쳐 보수적인 농경사회를 유지하는 데 머물고 말았던 것이다.

3. 교육·문화적 양상

1) 교육제도

한국의 역사 속에서 최초로 나타난 교육기관은 고구려 소수림왕 2년
(A. D. 372)에 세워진 태학이다.[58] 또한 고구려에는 지방에도 곳곳에
경당(扃堂)이 있어 청년들에게 송경(誦經)·습사(習射)를 가르쳤다고
한다.[59] 이때의 교육 내용은 유교경전과 무술이었던 것이다. 선진시대
의 중국에서도 교육 내용은 예(禮)·낙(樂)·사(射)·어(御)·서(書)·
수(數)의 육예로서 사(射)와 어(御)는 무술에 속하며, 유교의 교육 속
에 무술이 체육과목의 의의를 갖는 것이라 볼 수 있다. 백제에서는 오
경박사의 제도가 있어서 유교경전을 가르쳤으며, 일본에까지 유교를 전
수하였다. 신라도 신문왕 2년(682)에 국학을 세웠다가, 경덕왕 18년
(759)에 태학감으로 개칭하였으며, 박사·조교를 두고 논어·효경을 필
수과목으로 하에 경전을 중심으로 유교교육을 하였다.[60] 신라의 국학은
경(司業) 1인, 박사 약간 명, 조교 약간 명, 대사(主簿) 2인, 사(史) 2~
4인의 직책이 정비되어 있으며, 교과목에 있어서도 (ㄱ) 예기·주역·
논어·효경, (ㄴ) 춘추좌전·모시·논어·효경, (ㄷ) 상서·논어·효경·
문선의 세 과정으로 나누어서 9년을 한도로 교육을 하였다.

고려 때는 성종 11년(992)에 국자감을 세워 국자학·대학·사문학의
과정을 나누고 부조의 관직·품계에 따라 그 기술의 입학자격을 구분시
켰다. 국자감의 직제는 대사성(正·從三品)·제주(從三品) 이하 박사와

---

58) 『三國史記』, 卷 18, 「小獸林王 2年條」, "立太學, 敎育子弟."
59) 『唐書』, 卷 220, 「高麗 條」, "衢側悉構嚴屋, 號扃堂, 子弟未婚者曹處, 誦經
    習射."
60) 『三國史記』, 卷 38, 「志·職官」.

조교가 전문별로 나뉘어 교수를 담당하고 있다. 교과목도 (ㄱ) 상서·공양전·곡량전 각 2년 반, (ㄴ) 주역·모시·주례·의례 각 2년, (ㄷ) 예기·좌전 각 3년으로 각 항에서 1과목씩 선택하여 배우며 논어·효경은 필수로 1년 동안 배워 총 8년 반 동안 수학하였다.[61] 경전 공부와 함께 시무책을 익히며, 국어·설문·자림·삼창·이아 등의 역사와 문자학을 읽어야 한다. 신라와 고려를 통하여 논어·효경의 필수과목으로 중요시되었던 것은 유교의 실천적 효의 윤리와 공자의 정신을 근본으로 하고 있는 교육 이념의 내용을 엿볼 수 있게 한다. 국자감에서는 경학 이외에 율서산(律書算)의 교육도 하였으며, 지방의 12목에도 경학박사와 의학박사 1명씩을 파견하여 교육을 맡게 하고 제주에 학교를 세워 지방교육에도 힘썼다. 국자감에는 역·서·시·주례·예기·춘추의 경전에 뛰어난 학생을 경전별로 6재에 나누어 있게 하고 무학에 뛰어난 학생을 따로 모아 칠재를 둠으로써 전문별 교육에도 배려가 있으며, 예종 14년(1119)에는 양현고를 설치하여 인재 양성을 위한 재정적 뒷받침을 하였다. 또한 식목도감은 학식(學式)과 학칙(學則)을 연구하여 제정하는 역할을 담당하였고, 보문각은 장서를 관리하고 경연을 맡아 임금에게 경전을 강론하였다.

성종에서 현종대에 걸쳐 수차에 거란이 침입하여 관학이 황폐해지자 문종 때에 최충이 구재(九齋)를 세워 사학을 일으키는 데 비롯하여 십이공도의 사학이 일어나 경전교육의 학풍을 계승하였다. 최충의 구재에서는 구경(易·詩·書·三禮·三傳)과 삼사(史記·漢書·後漢書) 및 시부를 수업하였으며, 주로 과거시험의 준비를 하는 역할을 하였던 것이다. 국자감에는 고려 초기부터 공자묘가 세워져 수학과 동시에 문묘의례를 행하여 왔으나 전란으로 황폐해져서 안향은 중국으로부터 주자학의 새로운 학풍을 수입하고 충렬왕 30년(1304) 국자감을 재건하기

---

61) 『高麗史』, 卷 74, 「志, 選擧·學校條」.

위하여 관료들이 섬학전(贍學錢)을 내게 하여 양현고에서 교육자금으로 사용하게 하였다. 안향은 박사 금문정을 원나라에 보내어 공자와 70자의 상을 그려왔고, 제기·악기 및 경전·사·제자의 서적을 구해 왔으며, 경학과 함께 문묘의례를 다시 일으켰던 것이다. 고려시대의 학풍이 사장학에 많이 젖어 왔으나 후기에 성리학이 수입되면서 여말에는 불교를 비판하고 유교를 정치·사회 전반에 걸쳐 확립시키려는 움직임과 함께 많은 석유(碩儒)들이 등장하였다.

국자감은 유학을 가르치는 국립대학으로 인재를 양성할 뿐 아니라, 백성을 교화하는 근원이며, 국가가 다스리고 정치를 바로잡는 원천으로서 유교를 통한 교육의 중요성이 강조되어 왔다.[62] 따라서 인종 9년(1331)에는 국자감에서 노장학을 공부하지 못하도록 금지시켰으며, 국자감(成均館)[63]과 제주의 향교를 통한 학교와 교육을 진흥시키는 데 힘을 기울였다.

고려 일대는 불교가 융성하였고, 유학은 사장에 치우쳐서 경학의 발전을 이루지 못하였다. 여말에 와서 주자학을 받아들여 성균관을 중심으로 불교와 사장을 비판하고 유교 이념을 고창하여 새로운 학풍을 일으킴으로써, 조선조개국과 더불어 억불숭유의 정책을 확립시켰으며, 조선조 500년 동안의 국민정신을 주도할 수 있었던 것이다. 태조가 한양으로 천도한 후 동왕 7년(1398) 한양의 동부 숭교방(現·明倫洞)에 성균관을 설립하고 문묘를 세웠다.[64] 그 직제로는 지성균관사(知成均館事; 大提學이 兼任) 이하 동지사·대사성·사성·사예·직강·전적·

---

62) 같은 책, "恭讓王元年十二月, 大司憲趙浚等上疏曰, 學校風化之源, 國家理亂政治得失, 莫不由斯."

63) 國子監이 成宗 11년(992)에 설치된 이후, 忠烈王 원년(1275) 國學으로, 同 24년(1298) 成均監으로, 同 34년(1308) 成均館으로, 恭愍王 5년(1356) 國子監으로, 同 11년(1362) 다시 成均館으로 여러 차례 改稱되었으며, 恭愍王 11년 이후에서 조선조 말까지는 成均館의 명칭에 변동이 없었다. (高麗史 卷 76, 志, 百官·成均館條)

64) 『太學志』, 卷 1, 「廟宇條」.

박사·학정·학록·학유가 있어 문묘의 제사와 유생에 대한 교수(敎授)를 담당하였다. 성균관에 입학하는 자격은 과거의 소과에 합격하여 생원·진사의 칭호를 받은 사람이다. 여기에 중등교육기관으로서 서울의 사학과 지방의 향교가 있다. 향교는 지방교육기관으로서 전국의 각 주현에 설치되어 335개소에 이르고, 관학인 향교 이외에도 사학으로서 마을마다 서당이 있어 초학자에게 한문과 경전을 가르치고 있다.

각급의 학교는 유교경전을 교육과목의 근간으로 삼음으로써 국가 이념을 유교로 확립시키는 데 중심적 역할을 하여 왔다. 학교는 풍속을 교화하는 근원으로 가장 선한 곳이며 교육을 받는 선비는 예법과 의리의 중추로 국가의 원기를 이루고 있다 하여 교육의 중요성이 강조되는 것이다.[65] 지방관의 기본 임무 속에 학교를 일으키는 것을 제시하였고, 군왕도 성균관을 육성하는 데 많은 관심을 기울였다. 수령은 향교의 독서일과를 매월 관찰사에게 보고하였으며, 세자는 성균관에 입학하여 교육을 받았다. 학교의 재정을 위하여 학전을 내리고, 성균관에는 양현고에서 유생의 침식을 맡아 학업에 전념하도록 하였던 것이다.

성균관은 사학이나 향교를 거쳐 소과에 급제한 생원·진사들이 입학한 고등교육기관으로 엄격한 학칙에 따라 국가의 지도층을 위한 유교교육을 하여 왔다. 성균관의 유생들은 매월 삭망에 예복을 갖추고 문묘에 알성례(謁聖禮)를 올리고 매일 명륜당에 모여 북소리에 맞춰 교수에게 예를 하고 나서 각각 교수에게 강론을 들었다. 교과목은 사서·오경·제사 등의 유교 경전과 역사에 한하며 노장이나 불교 및 잡류(雜流)·백가자집(百家子集) 등의 책을 소지하면 처벌을 하여 이단을 금하는 학풍을 세웠다. 매월 초순에는 의의(疑義)·논(論), 중순에는 부(賦)·표(表)·송(頌), 하순에는 대책기(對策記) 등을 짓게 하여 시험하였고, 경전의 통달한 정도에 따라 대통·통·략통·조통으로 평가를 하고 성적

---

65) 『退溪全書』(二), 卷 41, 「諭四學師生文」, "學校風化之原, 首善之地, 而士子禮義之宗, 元氣之寓也."

이 뒤떨어지면 처벌을 하였다.66) 성균관 유생에 대한 국가의 대우도 상당하여 유생들은 자치활동을 하며 국가의 정치적인 문제에도 유소(儒疏)를 올려 군왕에게 의견을 진술하고 때로는 의사관철을 위하여 권당[捲堂; 동맹휴학]을 하였다. 유생이 상소를 올리는 때는 대궐 앞에 연좌하며, 군왕이 비답(批答)을 내리지 않을 수 없을 만큼 영향력을 가졌다.

조선조 후기에는 지방에 선현을 봉사하고 교육을 맡은 사학으로서 서원이 성행하였다. 중종 36년(1541) 영주에 백운통서원이 세워진 뒤로 급격히 발달하였고, 사액과 서적·토지·노비까지 보조하여 국가가 장려하였다. 말기에 와서는 향교가 쇠퇴하여 서원이 더욱 비중을 갖게 되었으나, 붕당과 더불어 지방의 유임이 서원을 중심으로 학업보다 특권의 남용이 심하여 폐단을 낳았고 대원군에 의하여 대부분이 철폐를 당하기에 이르렀다. 조선조 후기에 국가의 정치적 혼란과 사회적 모순이 드러남에 따라 교육기관도 청신한 학풍을 잃어 점차 붕괴된 것은 유교교육과 유교사회가 직결되어 있었음을 보여 준다.

조선조사회의 교육은 사회활동을 맡은 남성 중심이었으며, 여성교육은 거의 체계나 제도를 갖지 못하고 말았다. 여자들은 주로 가정에서 예절을 익히고 부모로부터 한정된 경전교육을 받아 왔다. 유교사회에서 여성이 갖는 윤리관이나 예법이 엄격한 특성을 갖고 있으며 이에 따라 여성교육을 위한 사회적 관심이 없었던 것은 아니다. 소혜왕후(成宗의 母后)는 렬여전(烈女傳)·소학(小學)·여교(女敎)·명감(明鑑) 등을 편집하여 내훈(內訓)을 만들고 언해하여 부도(婦道)를 가르치게 하였으며, 규중요람『閨中要覽』(李滉編), 계여서『戒女書』(宋時烈作), 여사서『女四書』(李德壽編), 사소절『士小節』(李德懋編)의 서적이 나와 여성교육의 지침을 세웠다.67) 비록 여성 교육을 위한 학교도 없고, 여성의 독서를

---

66)『太學志』, 卷 5,「學令條」.
67) 孫仁銖,「朝鮮朝에서의 女性敎育」,『閔泰植博士 古稀紀念 儒敎學論叢』, 1972,

경계하는 의식이 퍼져 있었으나 여성을 위해 기본적인 유교 이념의 저술을 익히고 가정을 통한 도덕규범과 예절을 엄격히 가르쳐서 유교사회의 가정윤리를 확립하는 데 여성의 위치를 확립시켰던 것이다.

2) 과거제도

과거는 관료 제도에서 인재를 선발하는 시험으로서 유교교육을 바탕으로 하여 경전을 중요시하여 왔다. 본래적으로는 교육이 근본이고 과거는 교육의 성과를 평가하는 수단에 지나지 않지만, 과거의 고시과목과 출제방법은 관료적인 사회의 교육자체를 제약하고 성격 지우게 된다. 국가적인 교육 사업이 인재를 양성하는 것이므로 교육기관은 곧 관료층의 양성기관이며, 삼국시대에 이미 신라는 독서삼품과를 설치하여 성적을 평가하고 인재를 선발하였다. 독서삼품과는 (1) 좌전(左傳)이나 예기(禮記)나 문선(文選)을 읽어 그 뜻에 능통하고 논어·효경에 밝은 자를 상품(上品), (2) 곡례(曲禮)·논어·효경을 읽은 자를 중품, (3) 곡례(曲禮)·효경을 읽은 자를 하품(下品)으로 하였고, 오경·삼사·제자백가에 능통한 자는 특별히 선발하였다. 이러한 고시과목은 신라사회가 논어·효경의 인과 효의 윤리를 중시하면서 유교 예법에 관심을 기울이고 있음을 보여 준다.

고려의 광종 9년(958)부터는 중국식 과거제도가 시행되어 진사과(製述科)·명경과, 잡과(醫·卜科 등)를 두었다. 진사과는 경의(經義)와 시(詩)·부(賦)·송(頌)·책(策)·논(論)등을 고시(考試)하고 명경과는 유교경전을 시험하는 것이었다. 이때 진사과에 시·부·송 등의 문학이 시험과목이 됨으로써 많은 선비들이 문학에 힘쓰게 되어 고려시대는

---

pp.237~288.

만당풍(晚唐風)의 사장학(詞章學)이 크게 일어났다. 명경과에서도 경전의 근본정신을 이해하려는 것이 아니라 암송이 중심이 되어, 과거제도의 영향으로 유학의 사상적 이해는 결여된 채 암기하는 데 그쳐서 학풍이 붕괴되었던 것이다.

조선조에서는 관료 제도의 발달과 더불어 과거제도가 조직화되었다. 문과·무과·잡과로 분야를 나누고 소과(初試·覆試)와 대과(初試·覆試·殿試)의 5단계로 나누고 있다. 문관우대(文官優待)의 분위기에서 문과가 과거를 대표하는 말로 쓰이게 되며, 소과복시(小科覆試)에서 제술에 합격하면 생원, 명경에 합격하면 진사의 자격을 주었고, 생원·진사는 사회적으로 양반의 신분을 공인받으며 영칭(榮稱)으로 사용되었다. 소과에 합격하면 성균관에 입학할 자격과 하급관료로 임명될 자격이 부여되는 것이다. 대과에는 명경시가 뒤에 없어지고 제술시가 계속되었다. 대과초시에는 초장(初場)에서 사서오경의 의(疑)·의(義)·논(論) 중의 편을, 중장(中場)에서 부송(賦頌)·명(銘)·잠(箴)·기(記) 중의 1편과 표(表)·전(箋) 중의 1편을, 종장(終場)에서는 대책(對策)을 짓도록 과시(科試)하였으며, 복시(覆試)에는 초장에서 사서오경의 강서, 중장에서 부 1편과 표·전 중의 1편, 종장에서 대책 1편을 짓게 하여 33인을 선발하였다. 전시(殿試)는 군왕 앞에서 대책(對策)·표(表)·잠(箴)·송(頌)·제(制)·조(詔)·논(論)·부(賦)·명(銘) 중에서 1편을 짓게 하여 갑·을·병과로 등급을 나누어 장원은 종 6품, 갑과 정 7품, 을과 정 8품, 병과 정 9품으로 임명하였다. 과거시험은 3년마다 정기적인 식년시(式年試)와 증광시(增廣試)·별시(別試)·정시(庭試)·알성시(謁聖試)·춘당대시(春塘臺試) 등의 임시 과거도 있고, 성균관 유생에게 특별히 부과하는 반제(泮製)·절일제(節日製)·관학유생응제(館學儒生應製) 등의 대과가 있어 인재 선발에 중요한 관심을 보여 왔다.

과거가 관직에 나아갈 수 있는 기본 과정을 이루고 있었으므로 학문은 과거과목에 관심이 기울어졌으며, 따라서 교육도 과거 준비에 치중하는 경향을 나타내게 되었다. 과거에 과도한 관심에서 시험에 부정이 일어나거나 도학이 과업으로 타락하는 면을 보였고, 경전의 연구를 등한히 하며 시제의 초집(抄集)만 외우는 폐단을 보였던 것이다. 여기에 조선 초부터 강경(講經)을 제술보다 중요시하여 사장을 배척하려는 주장이 대두되었으나, 강경도 암기에 치중하여 문학의 교양이나 표현력의 결여를 가져오는 결함이 지적되었고, 대책 등의 제술에서 유교정신을 기초로 하는 문제를 출제하는 형태로 시경과 제술을 내용에 있어서 접근시켰던 것이다. 그러나 과거가 있는 한 학업이 과업으로 타락할 위험을 벗어날 수 없으며, 성리학의 연구에 전념하는 학자들은 과거를 피하고 산림에서 도학의 연구와 실천에 힘쓰는 경향을 보였다. 따라서 과거에만 의존한 인재선발을 벗어나 유공자의 자제를 특서(特叙)하는 ‘문음’(門蔭) 이외에도 학행과 덕행으로 추천을 받는 ‘천거’(薦擧)가 있고 사림의 석학을 직계에 구애됨이 없이 임용하는 ‘유일’(遺逸)의 제도가 설치되었던 것이다. 그러나 군자가 치자(治者)여야 한다는 유교 이념과는 달리 학자로서 관심을 기피하거나 유학에 대한 신념 없이 관직을 추구하는 현실에서 환로와 도학이 분리되는 면을 보인다. 유교사회에서 관료와 학자를 일치시키려는 왕도의 이상을 위해 마련된 제도와 양자가 분리되는 현실 사이에서 유교 이념과 정치질서 사이의 복합적인 상관관계를 엿볼 수 있는 것이다.

3) 예술과 풍속

공자가 시를 배우지 않으면 말을 할 길이 없다고 하여 시를 통한 정서의 순화와 순수한 심성을 계발할 것을 강조하였던 정신은 유교의 전통에서 시경(詩經)을 경전으로 중요시하게 하였다. 시는 마음속에 일어나는 감흥을 언어로 표현한 것이나, 그 순수한 정신은 곧 유교의 이념과 일치하는 것이다. 감흥이 더욱 강렬하여 시로 표현되는 데 머무르지 않고 나아가면 음악이 되고 더 나아가 무도가 되는 것이다.[68] 시와 음악·무도는 예술의 세계이면서 인간의 정서를 순화시키고 발현함으로써 유교의 정신을 현실화하는 데 중요한 역할을 하는 것으로 인식되어 왔다.

삼국시대에 을지문덕은 수의 대군과 싸우는 전장에서 적장에게 오언절구를 한 수 보내리만큼 시가 생활화되었던 것으로 보이며, 미술이 불교와 더불어 발달한 데 비하여 시와 음악이 유교적인 분위기 속에서 삼국시대부터 융성하였던 것이다. 고려 때의 많은 문인들이 나타났던 것은 당풍의 영향으로 시문학에 힘을 기울였던 결과이다. 성리학과 더불어 사장이 인간의 심성을 나악하게 한다는 비판이 나타나, 조선시대에 성리학자들이 사장을 경계하였으나 문인들뿐 아니라 성리학자들의 문집에서 시문학이 절대의 비중을 차지하고 있다. 곳곳의 명산과 승경에 세워진 정루에는 시가 벽을 뒤덮고 있으며, 모든 선비가 시를 짓고 흥취를 가다듬었던 만큼 유교사회에서 시는 생활화되었다.

음악은 한국고유의 정서생활 속에 중요한 부분을 이루고 있다. 부여의 영고제나 예의 무천제는 연일 가무음주하였던 사실에서 가무가 종교 의례에서도 큰 역할을 하였음을 알 수 있다. 삼국시대에는 고구려의 재상 왕산악이 진의 칠현금을 개량하고 악곡을 지었으며, 신라에서 우륵이 가야금을 전한 것은 한국음악의 시원을 이루고 있다.[69] 고려 때에는 중국에서도 이미 없어진 육경의 하나인 악경이 남아 있어 송에 보내었다고 하니 한국유교의 음악에 대한 관심이 높았음을 증명한다.

---

68) 『詩經』, 「國風·周南」, "詩者 志元所之也, 在心爲志, 發言爲詩, 情動於中 而形於言, 言之不足, 故嗟歎之, 嗟歎之不足, 故永歌之, 永歌之不足, 不知手之舞之 足之蹈之也."
69) 『三國史記』 卷 32, 「志·樂」.

조선조에서도 세종의 특별한 관심 속에 박연으로 하여금 악기를 개량하고 악곡을 짓게 하였으며, 개국의 찬가를 몽금척(夢金尺), 수보록(受寶錄) 등 악곡에 담아 전하였다. 성종 때, 성현 등에게 악학궤범(樂學軌範)을 편찬하였던 일에서도 조선조의 유교 이념에서 백성의 풍속을 교화하는데 음악의 중요성을 얼마나 깊이 인식하고 배려해 왔는지를 알 수 있다. 음악을 한국 전래의 향악과 중국의 속악인 당악과 유교의 정악인 아악으로 구분하여 국가의 의례와 제사에 아악을 연주하였으며 아악의 보존은 중국과 일본에서 이미 상당한 부분에서 소멸되었으나 한국은 오늘날까지 계승하여 지키고 있다. 이퇴계는 가곡이 퇴폐적인 것을 우려하고 스스로 도산십이유(陶山十二由)을 지어 어린이들에게 가무하도록 함으로써 심성의 순화와 풍속의 교화를 꾀하였다.[70] 유교의 정신에서는 음악의 순화가 곧 풍속을 바로잡으며 나라의 질서를 확보할 수 있는 것으로 중요시하여 왔다. 조선조에 와서도 국가의 관청으로서 전악서(典樂署)·아악서(雅樂署)·장악서(掌樂署) 등을 두고 정악의 보존에 힘써왔으나, 유교 음악의 엄격한 음률이 전승되기가 어려웠고, 또 성리학의 엄숙한 행동규범은 예법을 발달시키는 반면 음악을 생활화시키지는 못하였다. 따라서 아악은 악관에게만 전수되어 오고 대중화하지 못하였으며, 속악은 유교 이념의 억제를 받아 선비층이 경계할 뿐 아니라 사회적으로 천시되어 기녀에 의하여 성행될 뿐이었다.

풍속은 대중생활 속에 자연발생적으로 형성되어 관습화되는 것이지만, 유교의 이념은 정치의 핵심적 역할이 풍속을 바로잡는 것으로 강조되었다. 따라서 대중의 행동양식·복장·주거·언어 등 모든 면에서 유교정신의 침투가 이루어졌으며, 여기에 유교의 대중적 정착 내지 토착화가 이루어졌던 것이다. 언어생활에 신분과 연령에 따른 경어의 발달은 언어생활의 유교화를 이루었으며, 의관정제하는 풍속과 배례의 생활

---

70) 『退溪全書』(二), 卷 43, 「陶山十二曲跋」, "令兒輩自歌而自舞蹈之, 庶幾可以蕩滌鄙吝, 感發融通."

화는 철저히 뿌리를 내렸다. 세시풍속은 신앙적인 면을 갖고 있으며 고유의 전통을 이루었으나 유교와의 결합으로 속절이 유희로 끝나지 않고 시제의 형식을 취하기도 한다. 고유의 대중 신앙이 유교의례와 결합되어 변형을 이루는 경우도 있다. 때로는 무속이 부녀자에 의한 생활풍속으로서 허용되기도 하며, 풍수설과 같이 상장(喪葬)에 침투되어 큰 사회문제를 일으키기도 한다. 그러나 유교의 이념은 예법을 엄격히 고수하면서도 시속의 의의에 대한 깊은 이해와 관용을 보이며, 동시에 풍속의 영향이 현저하게 드러날 때 의리에 따라 엄중한 비판을 가하고 있다. 이러한 비판은 그 정신이 유교의례를 보수적으로 지키는 데 있는 것이 아니라 생활 속에서 합리적인 비판기준을 제시함으로써 교화해가는 입장을 확립하고 있는 것이다.

제3부 현대 한국사회와 유교

Ⅰ. 현대 한국사회의 전통적 가치관

-가치근거로서 본성과 욕망의 문제-

1. 문제의 성격

우리는 지난 1세기 동안 격심하고 연속된 변화의 소용돌이를 거치면서 서구적 모형의 근대화를 추구해 왔고 또한 오늘의 세계 속에서 그 선두에 진출하려고 끊임없이 노력하고 있다. 곧 우리는 현대의 시대성을 특징져주는 고도 산업사회를 지향한 변화방향을 발전이라 규정하고 있으며 전 시대의 유산은 개혁하거나 폐기하여야 할 대상으로 파악하였던 것이 사실이다.

사회를 형성하는 주체로서의 인간과 인간을 통제하는 사회적 체제가 어떻게 서로 작용하고 조화하느냐에 따라 바람직한 사회, 바람직한 인격으로 나타나기도 하고, 고통스러운 사회, 고통 받는 인간으로 나타나기도 한다. 여기서 인간과 사회가 함께 모순이나 갈등 속에 빠져버려 서로 장애로 역할하지 않도록 하기 위해서는 양자 사이에 바람직한 관계의 질서를 탐색하여야 할 것이다.

사회가 인간의 삶을 풍요하게 향상시켜 주고 사람다운 삶을 보장해주는 경우도 있으며, 인간이 사회에 질서를 부여하고 사회의 기능을 원활하게 이끌어 가는 경우도 있을 것이다. 그러나 한 사회의 구성원으로서 모든 인간은 대체로 그 사회에 수동적으로 끌려가기보다는 능동적으로 참여하기를 희망한다. 이런 의미에서 비록 사회와 인간의 상호작용에는 어느 한 쪽에서 발단을 찾을 수는 없겠지만 사회보다 인간 쪽에 근원적 책임과 지향적 의지를 강조해 볼 수 있을 것이다. 곧 사회가 아무리 이상적 모습이라 하더라도 사회에 끌려가고 지배당하는 인간보다는, 사회를 이끌어 가는 인간의 모습이 바람직한 것으로 파악하자는 것이다.

우리 시대에서 산업사회라는 양상은 현실의 조건이며 동시에 앞으로의 당연한 사회발전의 방향이라 하겠다. 우리는 계속 산업화를 향상시켜 고도산업사회에로 가고 있는 중이다. 사회의 규모가 거대하게 되고 또 사회구조가 복잡한 조직을 갖게 되자, 개인은 사회의 전체를 파악할 수 없이 어느 부분에서만 참여하게 된다. 따라서 개인은 사회로부터 더욱 강하게 제약받고 지배당하는 것이 현실이라 할 수 있다. 고도산업사회라는 현대사회의 양상 앞에서 인간과 사회의 균형이 깨어지고 인간이 사회의 한 부품으로 전락한다면, 이러한 사회양상은 결코 인간이 추구할 사회의 목표가 될 수 없다. 결국 사회의 성장 발전과 병행하는 인간의 자각과 자기 성숙이 없다면 인간과 사회의 조화가 불가능하게 될 것이다.

현대사회에서 가치관의 문제도 사회양상에 의해서만 결정되거나 인간존재의 특성에 의해서만 결정되는 것은 아니다. 현대사회를 살아가는 인간존재의 자기 발견에 따라 가치관도 성립될 수밖에 없다. 따라서 전통유학의 배경에서 인간존재의 기본 구조를 통하여 현대산업사회 속에서 한국인이 부딪히는 가치관의 문제를 검토해 보고자 한다.

여기서 고려할 문제점은 첫째, 인간존재의 기본 구조를 본성과 욕망의 두 형식으로 설정하고 있다. 인간은 외적인 자극에 대한 직접적 반응의 평면적 존재에 그치는 것이 아니라 더욱 깊은 내면의 통합적이고 근원적 영역을 가진 존재라 할 수 있다. 이러한 넓이(욕망)와 깊이(본성)의 세계를 가진 인간이 현대사회 속에서 부딪히는 자기 존재의 선택적 문제는 평가적이게 되고 따라서 가치관의 문제로 나타날 수 있게 된다.

그리고 현재의 한국인은 이미 국제사회로 열려 있기 때문에 한국인의 가치관이 한국인 자신에 의해서만 결정되는 것도 아니다. 따라서 현대세계의 가치의식을 수용·섭취해 가야 하지만 한국인이 자기주체성을 포기하지 않는 것을 전제하고 있다. 우리가 자기주체성을 갖는다는 것은 기본적으로 독립된 판단주체라야 하며 동시에 역사적 자기연속성을 지녀야 한다. 여기에 현대의 문제는 항상 전통의 발판 위에서 구성되는 것이다. 전통의 발판을 잃는다면 우리는 허공에 떨어지지 않기 위해서는 우리 자신이 아닌 다른 존재에 매달려 있어야만 하게 된다.

또한 우리는 전통의 문제를 현대사회와의 관련 속에서 파악할 필요가 있다. 전통의 어떤 부분은 현대에 부적합하여 개혁되어야 할 대상이 되기도 하고 또 다른 어떤 부분은 현대에 결여된 문제 해결의 지혜를 제공해 주는 역할을 하기도 한다. 특히 우리는 오랜 역사의 전통 유산이 있기에 전통사회의 가치의식을 오늘에 재평가하여 개선하기도 하고 살려내기도 해야 할 과제를 갖는다. 전통사회의 가치관을 현대 속에서 음미하여 검토하고 동시에 본성과 욕망의 구조 속에서 인간을 통하여 사회의 문제를 해명하려는 탐색을 시도하고자 한다.

2. 본성과 욕망의 상호 관계

1) 본성과 욕망의 근원적 연관성

사람은 사물의 외부적 자극에 대하여 감각하고 반응하는 감정이 있고 이 감정은 반응 과정에서 의지로 나타난다. 감정에는 희노애락의 온갖 다양성이 있고, 또 더 좋고 덜 좋은 호·불호의 구별이 있기 마련이다. 가치관을 하나의 평가 체계라 한다면 감정의 세계에도 일정한 평가 규칙에 따른 가치관이 나타날 수 있다. 좀 더 쾌적한 기온이 있고 좀 더 안락한 의자가 있기 마련이다. 의지는 감정과의 관계에서 본다면 좀 더 좋아하는 것을 지향하는 힘으로 작용하게 된다. 겨울에는 따뜻하게 지내고자 하고 여름에는 서늘하게 지내고자 한다. 의지는 감정적 평가에 상응하여 감정이 좋아하는 결과를 가져오도록 추구하는 것이다.

여기서 욕망은 호·불호의 감정적 평가 체계와 그에 따른 의지의 추진력을 합쳐서 일컫는 것이라 할 수 있다. 욕망은 어떤 것을 좋아함과 동시에 그 좋아하는 것을 향유하려는 의지적 작용을 내포하고 있다. 목마른 사람에게 한 잔의 물은 좋아할 뿐 아니라 강력하게 갈망하는 욕망의 대상이 된다.

인간은 기본적으로 욕망을 지닌 존재이다. 욕망이 없다면 활동이 미약해지고 생명력이 활발하게 드러나지 않을 것이다. 배가 고파도 먹고 싶은 의욕이 없다거나, 높은 산을 바라보면서 올라가고 싶은 의사도 없게 된다. 욕망은 인간을 살아 움직이게 하는 원동력이고 또한 무엇이나 보다 좋은 것을 추구하는 가치지향적 의지이다.

그러나 인간은 욕망하는 존재이면서 더욱 깊은 내면에서 판단하고 명령하는 원천적 중심 곧 본성을 자각하는 존재이다. 본성은 외부의 자극에 직접 반응하는 것이 아니고 그 자극에 반응하는 태도를 조종하는 기능을 갖는다. 감정이 무엇을 좋아하고 싫어한다면 본성은 그 감정이 바르게 작용하는지 않는지를 판단하는 기준이 된다. 따라서 본성은 감정적 가치판단을 재판단하는 더욱 높은 가치체계를 이루고 있다고 하겠다. 본성은 때로는 감정적 작용을 격려하여 더욱 강한 힘으로 작용하게 하고, 때로는 한 감정적 작용을 억제하여 다른 감정적 작용과 조화할 수 있도록 조정해 주기도 한다. 복잡한 차를 탈 때 서로 먼저 타려고 다투지 않도록 줄을 서게 하여, 질서를 마련해 주는 것이 본성이다.

욕망과 본성은 인간존재를 구성하는 두 차원이라 할 수 있다. 그러나 본성은 욕망을 통하여 드러나고, 욕망도 본성에 의하여 인간다운 상태를 지킬 수 있는 것이다. 따라서 욕망만 있고 본성이 마비되었다면 그 욕망은 인간답게 나타날 수 없고 동물적 본능의 영역에 머무르게 된다. 또한 본성은 뚜렷하지만 욕망이 쇠약하였다면 인간의 본성도 밖으로 나타나지 못한 채 관념 속에만 머물러 있게 된다. 인간은 그 시대 사회 속에서 어떻게 본성을 발휘하며, 어떤 욕망을 통하여 본성을 발휘할까를 모색하기 마련이다.

본성의 표면화를 욕망이라 하고 욕망의 내면적 근원을 본성이라 언급한다면 그것은 본성과 욕망의 가장 자연스러운 연관성을 보여 준다. 본성과 욕망이 일관성을 지닐 때 한 인간도 인격적 통일성을 확보할 수 있고, 그 반대로 본성과 욕망이 대립되었다면 그만큼 인격 내면적 자기분열을 의미하는 것이다.

2) 본성과 욕망의 시대적 기능

본성은 시대적 환경적 조건에 의해 쉽게 변화하는 것이 아니다. 그러나 본성의 표현 수단인 욕망이 변화하는 양상에 따라 본성의 의미도 새롭게 이해될 수 있다. 본성은 선의 근거가 되고 도덕규범이 본성에 기반을 두고 있다고 한다면, 도덕규범의 시대적 변화에 따라 본성에 대한 의미도 변하게 된다. 사양하고 감추는 것을 미덕으로 삼다가 자기주장을 강하게 하고 남보다 앞서려는 태도를 진취적이라 긍정하는 상황에서는 본성도 소극적 측면보다 적극적 측면을 드러내게 될 것이다. 순종을 강조하는 시대에서 투지를 강조하는 시대로 바뀌면 본성에 대한 이해도 그 차이를 드러낼 수밖에 없다.

욕망은 본성에 비해서 훨씬 직접적으로 환경이나 시대변화에 민감하게 변하게 된다. 풍만한 신체에 호감을 가졌던 시기의 미감과 가냘픈 신체에 호감을 갖는 시기의 미감은 거의 반대에 가깝다. 상투를 틀고 갓을 쓰고 도포를 입는 복장을 지키기 위해 생명을 버리기까지 하였던 지난 시대에 비하여 오늘날 갓 쓰고 도포 입은 사람을 기이하게 보게 된 것도 엄청난 감각적 변화를 보여 준다. 농사도 장사도 거절하고 빈곤을 견디면서 오직 경전만 읽어 군자가 되겠다는 의지에 비하여 장사를 하거나 공장을 차려서 풍족하게 잘 살겠다는 희망을 갖게 된 것도 욕망의 변화를 나타낸다.

근대와 현대로 넘어오면서 사회변화와 함께 욕망의 대상이 커다란 변화를 겪으면서 본성에 대한 이해에도 변화를 일으킨 데 문제점이 발생한다. 욕망의 가치체계에 기준을 제시하던 본성의 상위적 평가 체계가 그 역할을 점점 상실하게 된 것이다. 인간의 본성이 욕망을 지배하고 조종하는 것이 정당한 질서라고 생각하던 이해가 변하게 되었다. 본성이 먼저 주어져 있다기보다는 욕망의 작용에 따라 형성되고 드러나는 것이라 보는 것이다. 사람에게 본성이 먼저 주어져 있다는 입장은 사람이 되기 위해서는 그 본성을 밝히고 실현시켜야 하며 본성에 순응하여 살아야 한다는 인식이다. 그러나 욕망에 따라 본성이 형성된다는 입장에서는 사람이란 무한히 변화할 수 있는 존재라 보고 스스로 변화시켜가는 것이 중요한 과제가 된다.

전통유학자들처럼 본성을 가치 규범의 근원으로 보고, 인간이 살아야 하는 모든 행동의 원칙으로 삼으며, 욕망의 작용도 이로써 통제하는 본성중심의 가치체계가 있다. 이러한 가치관에서는 본성이 불변적이고 근원적인 원리를 내포하고 있으므로 인간은 매우 강한 도덕적 의무감을 갖고 욕망의 작용도 본성의 원리에 따라 강력히 억제하는 태도를 보이게 된다. 이때에는 본성이 인간 위에서 권위적인 지위를 갖고 절대적 기준을 이루고 있는 가치관인 만큼 본성과 욕망은 수직적 상하관계의

질서로 나타난다. 그것은 강력한 안정성과 도덕적 숭고함을 이루게 하
지만 매우 보수적이고 폐쇄적이며 변화가 적은 체제를 제공하는 것이
라 하겠다. 본성은 항상 도덕적 훈계와 안전을 지키는 감시와 권위 있
는 지시를 내려 준다. 인간의 욕망은 언제나 자신을 억제하고 본성의
원칙을 받드는 순종하고 공경하는 자세가 요구되는 것이다. 욕망의 호
기심은 타락의 위험이며 훈계를 떠난 변화는 반항의 부도덕이 된다.

본성에 근원한 가치체계가 전통사회에서는 안정성, 지속성을 뒷받침
해 주었지만 오늘날 사회변혁의 시기에는 변화의 방향에 장애로 남게
되었다. 현대사회에서는 욕망이 강하게 동요되어 전통적 본성의 규범에
통제되지 않고 있다. 그리고 본성의 규범적 통제가 유효성을 상실하면
서 본성과 욕망 사이에 분열이 일어났고, 인간행동이 전통적 가치체계
를 상실한 혼란에 빠지게 되었다. 이러한 혼란 속에서 욕망은 걷잡을
수 없이 자극의 충동에 따라 분출되고 욕망에 의해 지배되는 삶의 양
상이 나타나고 있다. 욕망이 본성의 규범을 떨쳐버리고 자율적 추구를
하면서 대상과 관계에 따라 새로운 변화가 폭발된다. 이러한 변화가 커
지면서 전통사회의 본성적 가치체계로는 설명할 수 없는 문제들이 발
생하고 있다. 마침내 본성의 의미가 새롭게 해석되어 욕망과의 관계를
재정립할 때까지 본성은 무력하게 되고 말았다.

역사적으로 창업의 혁명기는 변화와 새로운 질서의 창립 과정이고,
수성의 계승기는 확립된 가치체계를 지켜가는 유지 과정이라 볼 수 있
다. 현대의 고도산업사회는 사회체제와 더불어 가치질서에도 엄청난 변
혁의 소용돌이에 놓여 있고, 따라서 새로운 가치체계의 재발견을 위한
창조적 계기라 파악될 수 있을 것이다.

3. 욕망의 방향

1) 부

인간의 욕망을 크게 세 가지로 나누면 부(富)와 식(食)·색(色)과 힘[力]으로 나누어 볼 수 있다. 부와 식·색은 밖에서 자기에게로 거두어 들이는 것이고, 힘은 자기 안에 간직된 것을 밖으로 발휘하는 것이라 하겠다.

부, 곧 재화는 인간이 필요로 하는 모든 물질적 욕망을 충족시켜줄 수 있는 수단이다. 유교경전에서는 부란 부지런히 생산에 종사하고 절약하여 소비함으로써 축적될 수 있다고 설명한다.[1]

여기서 한 단계 나아가면 가진 것과 갖지 못한 것을 서로 교환하여 쓸 때 그 중간 교환을 맡아서 한쪽의 흔한 물건을 상대 쪽의 귀한 곳에 보내고, 또 그 반대의 교환도 하면서 중간에 이익을 얻는 상업유통을 통한 부의 축적도 가능하다. 이때 부가 가치 있는 것은 인간이 그것을 바라기 때문이다. 인간이 욕망하지 않으면 어떤 물질의 축적도 부가 될 수 없을 것이다. 따라서 재화는 인간의 욕망을 강하게 일으킬수록 부로서 가치를 갖게 되고, 욕망이 있는 곳에 부가 있기 마련이다.

현대사회에서는 부가 상업유통의 과정에서 발생할 때에 엄청난 규모로 축적될 수 있는 데 주목한다. 이익을 추구하는 상업적 동기는 인간의 재화에 대한 욕망을 더욱 자극시키게 된다. 이러한 부를 향한 욕망을 무제한 허용한다면 인간은 끊임없이 생산을 확대해 갈 것이고 동시에 더욱 많은 재화가 활발하게 유통되어 끊임없이 소비를 증대시켜 나

---

1) 『大學』, 「傳10章」, "生物有道, 生之者衆, 食之者寡, 爲之者疾, 用之者舒, 則財恒足矣."

가게 될 것이다. 부의 욕망이 일정한 한도가 없을 때, 오늘의 현실에서 인간은 욕망의 충족감보다 상대적으로 더욱 확장된 욕망의 목표에 대한 궁핍감에 빠지지 않을 수 없다.

또한 부의 축적은 가진 자와 갖지 못한 자 사이에 엄청난 계층적 분리를 일으키고 있다. 부가 균등하게 분배되는 것은 부를 추구하는 욕망에 의해서 일어나는 것이 아니고, 그 욕망 밖에서 다른 가치질서에 따라 규제되는 것이다. 그리고 부는 이미 우리 사회에 새로운 계층적 분리를 가져왔으며, 동시에 부의 욕망은 사람 사이에서 서로 충돌하며 갈등을 일으키고 있다. 나의 부를 위해 때로는 남의 부를 억제하거나 심하면 남의 부를 강탈하기도 한다. 이러한 갈등을 해결하기 위해서 분배하는 원칙을 세운다면 그것도 욕망의 밖에서 제시되지 않을 수 없다. 유교전통의 원리는 재화를 인간생존에 필수적 요소라 인정하면서도 재화와 도덕을 상응시키고 있다. 재화는 가지 끝이고 도덕은 뿌리라 하여 도덕의 뿌리에서 성장하는 재화의 가지가 될 것을 요구하였다. 도덕과 재화의 뿌리·가지 관계는 그만큼 재화의 추구가 욕망에 마음대로 맡겨질 수 없다고 보고, 재화를 오히려 도덕에 예속화시켰던 것이다.[2]

전통사회에서 상업을 억제하고 상인의 신분을 제한한 것도 부의 욕망이 도덕적 질서를 넘어서지 못하게 하는 가치체계였다. 그러나 부의 욕망을 억제하는 것은 전체적 빈곤을 가져왔던 것이 사실이다. 여기서 오늘의 현대 산업사회는 기본적으로 부를 추구하는 욕망 위에 사회체제를 구축한다.

이에 따라 인간을 절대 빈곤에서 해방시키며 전체적으로 부를 가져오면서도, 욕망도 무제한 확장시켜 인간을 부의 추구에로 끝없이 몰고 가고 있다. 부의 추구가 사회적 조정을 통하여 질서를 이루면 커다란 갈등 없이 분배의 균형도 이루게 되지만, 이런 질서를 미처 못 이룬

---

2) 같은 책, "德者本也, 財者次也, 外本內末, 爭民施奪, 是故 財聚則民散, 財散
　　則民聚."

우리 사회에서는 온갖 부패와 투기와 부정이 만연하여 우리의 사회적 삶과 본성을 병들게 하기 쉽다.

2) 식·색

먹고 마시는 일과 남자와 여자가 만나서 사귀고 결합하는 일은 가장 일상적 생활이고 바로 여기에 진리가 있다고 보았다.[3]

인간의 일상생활은 이러한 생물적이고 자연적 차원에 기초하는 것이다. 통치자는 백성을 하늘로 삼는다면 백성은 먹는 것을 하늘로 삼는다는 것이 정치철학의 유교 고전적 원칙이다. 하늘로 삼는다는 것은 필연적이요, 필수적인 것이며 따라서 가치의 기초적 전제라 할 수 있다.

먹고 마시는 일은 인간 생존을 위해 필수적 중요성을 갖는 것이다. 인간은 먹을 수 있는 분량의 한계를 갖고 있지만 먹으려는 욕망을 긍정하여 풀어두면 맛의 감각을 찾아 엄청난 소비를 하게 된다. 미각의 감각적 욕망은 생존의 문제를 넘어서 음식의 품질을 무한히 개선하고 창출해 간다. 우리는 한 끼의 식사나 한 잔의 술을 다른 일반적인 것에 비교하여 수십 배, 수백 배의 가치로 평가하기도 한다. 오늘날 한국에서도 아이스크림을 미국에서 만든 것으로 먹고 비스킷도 영국의 기술로 만든 것을 먹게 되는 사실은 맛의 감각에 대한 욕망이 얼마나 소중하게 평가되고 있는가를 말해 준다고 하겠다.

유교적 교훈에서 음식을 배불리 먹고자 해서는 안 되고 거처는 편안하게 지내려고 해서는 안 된다거나 음식은 입맛에 달게 해서 안 된다는 것은 감각적 욕망에 대한 강한 억제요 오직 생존수단으로서만 허용하는 것이다.[4] 여기서 생존적 가치와 욕망적 가치가 뚜렷한 차이를 드

---

3)『圃隱集』, 卷 4,「本傳」, “儒者之道, 皆日用平常之事, 飮食男女, 人所同也, 至理存焉.”『禮記』,「禮運」, “欲食男女, 人之大至存.”

러내고 있는 것이다.

남자와 여자의 만남도 자연스럽게 사귀도록 허용하고 개인의 판단과 결정에 맡기는 방법도 있고 사회제도적 도덕규범적 제약을 엄격하게 가하는 경우도 있다. 전통사회에서는 남녀의 만남은 가정의 혈통을 계승하며 부모를 공경하는 목적을 위해서라고 규제하고 있지만, 오늘의 우리 사회는 인간의 본능으로서 이성에 대한 욕망을 허용할 때 가정의 비중은 점점 약화되고 남녀 두 사람 사이의 감정이 더욱 큰 비중을 갖게 된다. 인간은 가정이나 사회의 조직 속에 순응하는 것이 아니라 개인의 욕망에 따라 남녀가 결합하며 자유롭게 가정을 이루거나 해체하게 될 것이다.

욕망은 작을수록 아름답고 규범은 클수록 고상하다고 보는 입장에서는 생존의 필요를 벗어나는 욕망을 엄격하게 구속하게 되고 개인의 얼굴에는 핏기가 사라진 엄숙한 모습으로 보일 것이다. 그러나 오늘날 감각적 욕망이 자유롭게 허용되고 그 욕망의 충족을 위한 대상의 다양성과 세련미가 개발됨에 따라 개인의 얼굴에는 혈색과 미소가 감돌고 기름기가 넘쳐흐르게 된다. 그러나 그 활기 넘친 모습에는 무엇을 지향하는 시선의 확고한 방향이 없을 때 눈동자의 끝없는 방황만 남을 것이다.

3) 힘

힘은 우선 생명력이다. 살아 있다는 것은 힘이 있다는 것이다. 그 힘이 강할수록 생명은 활동적일 수 있게 된다. 물건을 쥘 수 있는 힘, 밀어서 움직일 수 있는 힘 등이 생명에 필수적이다. 이러한 힘의 발휘는 자기생명의 확인이고 자기 존재의 실현이다. 인간은 보다 강하게 자기

---

4) 『論語』, 「學而」, “君子食無求飽, 居居求安.”

존재를 실현하기 위하여 더욱 큰 힘에 대한 욕망을 갖게 된다.

물건에 미치는 힘은 한걸음 나가가 다른 인간에 미치는 힘으로 나타날 수 있다. 내가 원하는 대로 다른 인간을 조종하고 명령할 수 있는 힘은 권력이 될 것이다. 권력은 사회체제의 구조 속에서 신분이나 지위로 나타나기도 한다. 자기가 필요할 때 벨을 눌러 사람을 부르고 명령할 권리를 지닌 사람이 있고, 언제나 벨소리를 기다렸다가 달려가 명령을 받을 의무를 지닌 사람이 있다. 누구나 가능하기만 하다면 명령할 수 있는 위치에 서고자 욕망하게 된다. 이러한 지위를 갖는 데는 능력이 있어야 하고 그 능력은 개인이 계발하여야 한다면 모든 인간은 권력과 지위를 누리기 위한 능력계발의 경쟁에 돌입할 것이다.

또한 지위는 재화에 의해 획득될 수도 있다. 재화를 보수로 주고 다른 사람을 고용하였다면 그 고용주는 고용된 사람에게 당당하게 명령할 권리를 갖는다. 이처럼 재화의 소유는 권력으로 바뀔 수 있고, 그것은 금력과 권력이 서로 유통될 수 있는 측면을 보여준다. 이러한 권력은 힘을 집중시킴으로써 개인이 할 수 없는 엄청난 일을 할 수 있다. 만리장성을 쌓거나 피라미드를 쌓을 수도 있다. 힘의 경쟁에서 작은 힘들을 통합하고 마침내 거대한 국가를 수립하기도 한다.

이때 힘의 결합은 다른 생명력인 힘을 빼앗는 방법으로 이룰 수도 있고 작은 힘들이 합의하여 모일 수도 있다. 그러나 모든 힘의 결합에 항상 합의를 이루기가 쉽지 않다. 우리 사회에서도 힘을 소유하고 싶은 욕망에서 다른 존재의 힘을 억누르고 자신이 전체의 힘을 독점하게 되는 일이 흔히 있다. 대부분의 경우에서 단체나 조직의 힘은 그 구성원 전부가 균형 있게 나누고 있기 보다는 소수가 점유하고 있다. 경제적인 금력이나 정치적인 권력이 소수에게 집중되어 있고 그 힘의 소유는 쉽게 남에게로 이전되지도 않는다. 더구나 흔히 금력이나 권력이 획득되는 과정에서 정당한 노력의 대가로서가 아니라 폭력이나 부정에 의해 소유하는 경우도 있다. 힘의 정당성은 힘이 보장해 주는 것이 아니다.

여기에 지배하는 힘과 저항하는 힘 사이에는 끊임없이 권력이나 금력의 정당성에 대한 이해가 상반되고 있다.

금력이나 권력은 정당한 것이라기보다 현존하는 것이다. 따라서 힘을 소유하려는 욕망은 폭력이나 부정을 유발하기도 하지만, 약육강식의 생물법칙이 인간에게 그대로 적용될 수 없다는 관점이 있다. 강제력으로서의 권력이 아니라 포용과 화해의 사랑으로서의 힘은 강한 힘도 부드럽게 써야 한다는 외유내강의 규범을 불러온다. 힘에의 욕망은 외적인 지배력에로 나갈 수도 있고 내적인 자제력으로 발휘될 수도 있다. 욕망은 억압될 수만 없기에 풀어져야 하지만 풀어 놓는 데는 방향이 점검되고 평가될 수 있어야 할 것이다.

4. 본성의 위치

1) 인 격

사람은 여러 가지 기능이나 지식을 갖고 있다는 사실로 평가되지만, 무엇보다도 그 인간이 지닌 무엇이 아니라 그 인간 자체로서, 즉 통합된 인격체로서 평가된다는 데 깊은 뜻이 있다. 사람이 무엇을 입고 무엇을 알고 무엇을 할 수 있다는 점으로 평가되는 것은 외형적(皮相的) 평가이다. 그러나 그 사람이 누구든 내 집을 찾아온 손님이라 하여 정성스럽게 대접해 보내는 옛 풍속의 태도는 피상적 평가가 아니라 인간을 통체적으로 평가하는 것이다.

물론 사회체제 속에서는 부단히 인간을 선택하는 경우가 있다. 그때에 병렬된 사람 중에서 자신이 요구하는 기능이나 지식을 가진 사람을 높이 평가하여 선택하게 된다. 그러나 인간에 대한 평가적 선택을 최소화하고 서로 결합된 공동체를 이루었던 전통사회와 인간에 대한 평가와 선택이 극대화하여 끝없이 경쟁 속에서 살아가게 하는 현대사회는 인간을 전체적으로 이해하는 입장에 중요한 차이가 있다고 하겠다.

전통사회에서처럼 이웃이 서로 담을 허물고 어울려 살도록 요구하거나, 가정에 온 가족이 융해되어 있는 경우에서 인간은 개인만의 소유의식이 약하고 인간을 본성적으로 이웃과의 관계로서 파악하기도 한다. 사람은 그 자신으로서가 아니라 그 조직의 배경 곧 문벌·학벌 등에 의해 평가받고 있으며, 모든 이웃과 다양한 인연을 소중하게 지니게 된다. 이에 비하여 이웃과 높은 담을 쌓고 집마다의 성에 살며 집안에서도 벽과 문을 굳게 닫아 방마다의 성을 이루는 것이 현대사회의 삶이다. 그 속에서 인간은 자신의 비밀을 감추어야 하고 소유를 위해 대결해야 하며 선발에서 경쟁해야 하는 것이다.

경쟁을 통해 인간은 더욱 예리하게 연마되지만, 이웃을 경계하게 되고 타인에 대한 적대적 태도를 형성한다. 모든 인간이 다른 인간과 서로 늑대처럼 대립되는 관계에 놓여 있다는 전제에서 그 해결방법으로 타협·약속·계약·법률들이 중요한 의미를 갖게 된다. 계약과 법률은 인간이란 믿을 것이 못된다는 전제에서 서로를 지키는 방법이다. 이러한 법질서 속에서 인간은 누구와도 쉽게 공동체를 이룰 수 있기도 하다. 객관화된 계약과 법률이 자기이익을 보호해 줄 수 있을 것이기 때문이다.

그러나 전통의식에서는 인간을 서로 늑대라 보는 것과 정반대로 서로 믿음의 상대라 보는 입장에 놓여 있다. 인간은 다른 인간에 대한 믿음을 통해 자신을 개방할 수 있고 또 자기와 일치시킬 수 있다. 이런 인간관계는 인정으로 서로 사귀어야 하고 인간적 친밀성의 한정된 범위에서만 가능하게 된다. '선비'라는 전통의 인격은 빈곤하면서 굳은 절개를 지키는 내향적 진실성을 추구한다면, '전문가'라는 현대적 인격은 문제를 해결하거나 생산을 촉진하는 기능을 지녔으며 따라서 부도 누릴 수 있는 외향적 진실성을 추구한다. 인간이 자신에게서 믿음과 지조의 품위를 소중히 할 것인가, 지식과 생산의 능률을 소중히 할 것인가에 따라 인격의 내용이 엄청난 차이를 보이게 된다.

2) 재와 덕

오늘날의 우리 사회는 재능을 매우 높이 평가한다. 전문적 기술과 재능을 가진 사람이 영웅으로 등장되고 있다. 야구공을 잘 던지거나 잘 치는 재능에 대중이 열광하고, 그 재능을 위해 심혈을 기울여 훈련하는 사람들이 줄을 잇고 있다. 어느 곳에서도 사람을 살펴보면서 무엇을 할 줄 아는가, 얼마나 잘 하는가를 묻는다. 재능이 발달하여 극히 교묘한 수준에 이르렀고 앞으로도 얼마나 더 발달할지를 알지 못한다. 여러 종류의 스포츠에서 보아도 0.01초 단위로 속도를 측정하기에 이르렀다. 산업기술의 놀라운 발전은 우주여행까지 익숙하게 할 수 있고, 이와 더불어 천문학적 숫자 단위의 살상용무기도 생산하였다. 이제 재능이 있는 만큼 사회적 지위나 대우가 주어지고 재능이 없으면 무능한 인간으로 소외당하게 될 것이다. 기술의 발달과 함께 새로운 기술을 익힌 젊은 세대가 지나간 기술의 낡은 세대를 추월하게 되고 끝없이 기술개발을 할 때라야 생존할 수 있게 된다.

인간의 본성적 내면에는 지성이 있고 이 지성이 문제를 파악하고 해결할 수 있는 기술을 발견하는 것이므로 지성은 인간 본성 속에서 매우 높은 지위를 갖는다. 명백한 인식과 명석한 논리는 지성의 발휘라 할 수 있고, 이 지성의 훈련과 계발에 교육이 가장 큰 힘을 기울이게 된다. 무수한 시험이 부과되고 숫자로 평가하여 한 인간의 평가에 직접적 참고자료가 되도록 하고 있다.

이에 비하여 전통사회에서는 기술과 재능이 인간의 본성에 혼란을 줄 수 있다고 보았다. 기술이나 재능은 밖으로 표현되는 것이고, 본성은 근원적으로 속에 감추어진 원천이 중요하다고 본 것이다. 사람은 본성 깊이 근원적 가치를 간직하고 있다고 하며, 그것을 덕이라 한다. 덕은 사물을 다루는 데서 연마되는 것이라기보다, 사람이 태어나면서 이미 부여받은 것이라 생각한다. 따라서 덕은 본성의 다른 명칭이라 할 수 있다.

덕은 특정한 무엇을 할 수 있는 능력이 아니라 어떤 일에서나 따뜻하게 포용하는 힘이다. 재능은 서로 경쟁하게 하지만 덕은 서로 양보하고 서로 신뢰하게 한다. 재능이 없고 덕만 있으면 호인이지만 무능한 인간이 될 것이고, 덕은 없으며 재능만 있다면 유능하지만 비정한 인간이 될 것이다. 전통사회에서는 재능보다 덕이 넉넉하기를 요구하였기에 덕보다 재주가 앞서는 사람을 재승덕박이라 비난하였다. 달변보다 눌변을 격려해주고, 드러내기보다 감추기를 권장한다. 그것은 덕이 뿌리가 되고 재능이 가지가 되어 재능은 덕의 통제를 받아야 한다는 질서이다. 따라서 재능은 덕을 넘지 못하게 억제된다. 덕을 닦지 않고 재능을 연마하는 사람은 사회적으로 천시당하고 억제 받았던 것이다. 이러한 전통사회의 인간본성에 대한 이해 체계를 탈피하면서 현대는 덕을 뒤로 남겨두고 재능은 아무런 구속 없이 하늘 높이 날아오를 듯이 계발되고 발전하는 것으로 보인다.

3) 자 율

가치체계를 형성하였다는 것은 한편으로 추구할 목표와 기피할 영역을 규정지어 행동방향을 제시해주는 것이지만, 다른 한편으로 인간이 마음대로 행동할 수 없게 하는 규제력으로도 나타난다. 전통사회에서는 복잡하고 다양한 가치질서를 제지함으로써 인간을 도덕적으로 엄격하게 규제하였던 것이 사실이다. 규범체계의 제약을 엄격하게 받으면 인간은 심정적 욕망과 규범 사이에 괴리가 일어나게 되고, 이에 따라 표면적이나 형식적으로 규범을 따르면서 이 면에서는 실제로 욕망을 추구하는 이중적 태도를 보이게 된다. 이러한 이중적 행동양상은 결코 인간행위가 자유롭지 않으며 동시에 자율적인 것도 되지 못함을 말해준다. 진실로 마음으로부터의 승복을 받는 규범체계는 자율적으로 지켜질 수 있다. 그러나 규범이 진지한 의미에서 지켜지기가 부담스러워지면 인간은 그 규범에서 벗어나고 싶은 욕망이 일어나고 마침내 규범체계의 개혁을 요구하게 된다.

현대사회는 전통사회의 규범질서를 벗어나 인간의 자유를 구가하면서 모든 구속을 달갑게 여기지 않는다. 전통의 상하적 계층질서 내지 수직적 규범을 평등적이고 수평적 규범으로 개혁하면서 온갖 형식의 구속을 거부하고 자유를 매우 중요시하였다. 자유는 인간의 개체적 근원성을 전제하는 것이며, 무한한 가변적 세계에도 열어주는 창조적 기반이라 할 수 있다. 그러나 자유로 인하여 인간이 제멋대로 하고 탐욕스러운 부당함에 빠지지 않기 위해서는 스스로 자신을 제약하는 약속과 법률이 있어야 한다. 현대는 이제 인간본성의 근원을 도덕적으로 제약하는 것보다 훨씬 복잡한 약속과 법률을 만들어 인간행동의 결과를 규제하도록 하지 않으면 안 된다. 이러한 법률은 인간행동이 자유롭게 다양화되면서 폭발적으로 증가되고 마침내 자기 행동을 결과에 따라 규제하는 법률이 무엇인지 오직 법률전문가만 알 수 있는 상태에 이르렀다. 그것은 인간이 자신의 행동을 규제하는 법규를 모르면서 행동하지 않을 수 없음을 말한다. 따라서 행동 동기의 자율적인 도덕적 제약도 없고, 자기 행동을 타율적 법률 체계에 맡겨버린 상태에 놓이게 된다.

인간은 신이 아니기 때문에 무제한의 자유로 행동할 수 없다. 그러므로 어떤 제약을 스스로 가하는 자율의 원리를 받아들이지 않을 수 없는 존재이다. 전통사회의 엄격한 도덕규범 체계가 인간의 자율성을 억압하였다면 현대사회의 무제한한 자유도 또 다른 자율성을 위협하고 있다. 우리 사회에서도 법 없이 살 수 있는 사람들이 존경받고 살던 세상에서 법을 모르는 사람은 항상 손해를 보고 법을 이용할 줄 아는 사람이 유능한 인간으로 인정되는 사회가 되었다. 상당수의 법은 만들어지자 누군가 그 법을 이용할 수 있는 사람이 혜택을 받다가 어느 때 그 법을 폐기하면 많은 사람이 편안해지는 것이 현실이다.

5. 본성과 욕망의 조화

1) 절 도

전통사회가 도덕규범으로 인간행위를 규제하고 현대사회에서는 법률로써 규제한다면 이 규제력은 기본적으로 인간존재의 보호나 실현을 위해 필요성을 인정할 수 있다. 규제되지 않는 인간은 자연 상태라 할 수도 있지만 동물적이고 비인간적 상태에 빠질 수도 있기 때문이다. 여기서 도덕규범이나 법률은 인간 행동을 규제하면서 동시에 인간이 행동해야 할 바람직한 범위를 평가하고 있기 때문에 가치체계를 이루고 있는 것이다.

도덕친범으로 인간을 규제한다는 것은 인간본성으로 욕망을 억제하는 가치체계이다. 도덕이 숭고한 가치의 이상이므로 욕망을 억제한 도덕적 본성의 발휘는 인간의 품위를 매우 높여준다고 하겠다. 그러나 과도한 규제는 항상 중용을 잃고 모순을 야기하게 된다. 도덕규범은 규제를 하기에 앞서 인간이 자발적으로 실천하여야 할 행동규범이다. 도덕규범으로 인간의 자발적 동기를 강화시킬 것인가, 강압적 억제기능을 강화할 것인가는 일방적으로 규정하기 어려운 상황적 문제이지만 어느 한쪽으로만 치우치는 것은 도덕규범을 병들게 하는 것이다.

법률 체계도 법치만능의 강제력을 행사한다면 법이 폭력으로 나타날 수 있다. 또한 억울한 사람이 없도록 법을 최소한으로 적용시키다가 교활한 범법자를 보호해 주는 경우도 있다. 법률은 인간의 팽창된 욕망에 울타리를 치는 일을 할 수 있지만 인간의 본성이 지닌 도덕성으로부터 너무 멀리 떨어져 있어서 도덕적 품위를 기억하지 못하는 것으로 보인다. 그리고 법률은 한계에서 규제하지만 그 한계 안에서는 자유를 보장한다. 이 자유는 인간으로 하여금 아무런 전제적 제약 없이 무한한 가능성을 실험하게 하며 창조적 활동을 극대화시켜줄 수 있다. 그러면서도 자유는 인간의 욕망을 끝없이 유혹하고 자기파괴까지도 불러들이는 위험성을 갖고 있다.

본성에 기초하여 도덕규범으로 인간행동을 이끌어 가고 제약하는 전통적 가치질서도 긍정적 의미와 함께 부정적 문제점을 가졌다. 곧 도덕규범도 무제한 엄격화시켜 가는 것이 바람직한 것은 아니다. 인간본성도 도덕규범의 양식으로 표현되지만 어떤 양식을 형식적으로 고집하는 데서 본성자체를 질식시킬 수 있다는 데 주의해야 할 것이다. 도덕규범은 본성에 돌이켜보고 욕망을 규제하면서 유연성을 지녀야 한다. 욕망을 규제하는 것과 욕망을 억압하는 것은 다르다. 말을 탄 사람은 고삐로서 말의 달리는 힘을 규제할 필요가 있지만, 고삐는 조이는 동시에 풀어주는 기능이 있어야 한다. 고삐를 잡아당기기만 하는 승마자는 말을 멈추게만 하고 결국 달릴 수는 없다.

욕망을 법률의 한계 안에서 자유롭게 해방시키는 현대사회는 욕망의 활력을 지켜주고, 말을 달리게 하는 승마자와 같다. 그러나 욕망의 해방은 그 자제력을 충분히 배양하지 못하였을 때 오늘의 우리 사회에 엄청난 범죄를 가져다주었다. 청소년의 범죄에서 지도층의 권력형 부정부패에 이르기까지 범죄가 만연되어 도덕적 본성마저 병들게 하고 마치 날뛰는 야생마를 고삐도 없이 타고 있는 꼴이 되었다. 욕망은 그 자체에 의해 규제되는 자율성을 갖추게 해야 한다. 여기서 본성은 도덕규범을 유연하게 적용하여 욕망의 활동과 규제를 자율적으로 조정되게 하여야 할 것이다. 그것은 본성과 욕망이 조화를 이루어 새로운 도덕규범의 절도를 정립하는 것을 의미한다.

2) 균 형

욕망이 자유를 누리면 쾌락을 추구하게 되고 억압을 받으면 금욕의 인내를 하지 않을 수 없다. 전통적 도덕률과 가치관은 절대다수에게 금욕을 생활화시켰고 사회적으로도 욕망을 유발시킬 수 있는 조건을 엄격하게 봉쇄하였다. 따라서 전통 도덕률에 따라 금욕을 정활화하였지만 욕망의 유혹을 스스로 자제하고 극복하는 훈련을 받을 기회도 별로 없다. 한국사회는 이러한 상황에서 외부의 강제력으로 서구적 근대사회의 가치관이 전래되었다. 곧 소유욕을 유발하는 새롭고 교묘한 재화가 있고, 생물적 본능을 유발하는 남녀의 자유로운 왕래를 받아들이지 않을 수 없었다. 재화가 인간생활에 필수적이고 남녀가 인간생명의 존립을 위해서도 필연적인 것은 사실이다. 그러나 재화나 남녀의 개방에 따른 인간욕망의 폭발을 억제하려던 한말 유학자의 투쟁은 욕망의 격류를 전통도덕의 금욕이라는 사립짝으로 막으려는 안간힘이었다.

서구적 근대질서를 따르는 근대화의 과정은 더욱 강력하고 더욱 효율적이고 더욱 쾌적한 것을 추구하는 것이요, 이에 장애가 되는 전통유산의 관습과 규범을 과감하게 파괴하는 것이다. 갑오경장(1894) 이후 우리 전통의 복장을 고치기 시작했고, 이듬해에는 상투를 잘라버리는 데서 우리는 새로운 것을 받아들이기 위해 한순간에 옛것을 버리는 행동 원칙을 확립시켰다. 마침내는 산골까지 초가지붕을 벗겨버렸고, 도시의 옛 동네는 뜯어버리고 고층건물을 지어 가는 개조가 진행되었다. 한때 인간개조론까지 등장하여 본성까지 바꾸겠다고 벼르기도 하였다. 그 파급의 일단으로 우리에게 전해 내려온 것에 대한 혐오감은 마침내 우리의 타고난 얼굴모습을 벗어나려고 낮은 콧날을 성형수술하여 높이고, 까만 머리털을 노랗고 빨갛게 물들이는 현상까지 나타나기도 한다.

엄청난 격변의 영향으로 우리의 방향감각은 상실되어 자기 상실에 빠졌고 무절제한 쾌락주의가 번져서 퇴폐적이고 향락적 풍속이 도시 상류층에서부터 광범하게 번져가게 되었다. 이러한 시대조류에 지도계층의 탐욕적 부패상은 기본적인 사회적 신뢰나 한계로서의 법률적 정의마저 붕괴시키고, 사회문제의 규범적 명제마저 오염시켜 버리고 마는 것이었다.

오늘날 우리 사회는 무엇이나 병들게 하고 부패시킬 수 있는 욕망의 홍수가 범람한 모습을 보이기도 한다. 여기서 문제해결의 실마리는 모순의 발단을 찾아내는 데 있다고 하겠다. 곧 본성이 욕망을 과도하게 억압한 전통사회의 모순과 욕망의 해방으로 본성이 무력화된 현대사회의 모순이 모두 본성과 욕망의 괴리에 있다는 사실이다. 그것은 우리 시대의 과제가 본성과 욕망의 재결합으로 조화를 이룰 수 있게 하는 것이다. 또한 전통적 유산과 현대 산업사회의 양상을 종합하여 양자의 대립적 관계를 벗어나고, 서로 용납할 수 있는 논리를 발견할 필요가 있다. 욕망의 쾌락과 도덕규범의 금욕이 조정되어 균형점을 찾아주는 것이 긴요하다.

그러나 우리 시대는 전통사회처럼 오랜 시간 동안 변화의 범위가 지극히 제한된 정착된 사회가 아니라, 급격한 속도로 변화하는 격동의 시대이다. 급격한 변화가 목표의 방향과 균형의 안정성이 약하면 조만간 파탄하고 말 것이다. 현대의 변화하는 시대적 성격은 더욱 더 미래적 인간 삶과 사회의 목표를 확고하게 제시하여야 한다. 그 목표는 권태의 탈피로서 단순히 새로운 것이 아니라 더욱 올바르고 바람직한 인간의 가장 깊은 본성에 기초한 이상이라야 할 것이다. 이러한 이상을 향한 향상으로서의 변화와 균형의 안전성을 확보한 변화는 우리 사회를 부패나 혼란의 파탄으로부터 구해줄 수 있을 것이다.

3) 존엄성

이상이 없는 사회는 그 규모와 풍요함이나 힘이 아무리 강하더라도 이미 막다른 골목에 들어온 것처럼 부패하고 소멸할 것이다. 우리 사회는 아직도 너무나 많은 안팎의 문제점과 해결할 과제라는 목표를 가졌다. 그러나 이 모든 문제를 통합시켜 줄 이상의 이념은 무엇인가라는 문제가 놓여 있다. 일제 식민지 통치에서 벗어난 다음 우리에게 새로이 자유민주주의를 지키는 투쟁과 민족통일을 위한 염원이 있고, 실질적이고 진정한 자주성을 회복해야 할 임무가 있으며, 산업구조의 선진화나 경제적 분배의 균형과 평등하고 자율적이며 질서 있는 사회의 수립이라는 과제가 부과되어 있다. 이 문제들이 모두 우리 사회가 사람답게 살 수 있는 사회가 되기 위한 문제라 할 수 있으며, 사람다움의 가장 높은 조건은 인간이 존엄성과 품위를 확보하는 것이라 하겠다.

인간의 존엄성은 인간이 소유물이나 도구화되지 않고 주인이 되어야 하며, 인간을 학대하거나 경멸하거나 증오하도록 허용하지 말아야 한다. 산업사회의 기계적 사회구조나 대량처리과정에서 한 인간이 개인으로는 무의미에 가까워진다고 할 수 있다. 오늘날은 어떤 주장이 정당하냐 아니냐에 관심을 갖는 것이 아니라 얼마나 많은 사람이 주장하느냐에 의해 비중을 둔다. 개인은 대량적 기능교육을 통해서 쉽게 다른 사람으로 대치되어 버리고 만다. 현대의 거대한 산업사회적 구조 속에서 인간은 개인으로 극히 초라한 위치에 한정되어 집단의 힘을 통해 자기 의사를 표현하게 되고, 따라서 그 집단에 예속화되지 않을 수 없게 된다. 인물에 의해 국회의원을 선택하던 시대가 지나고 소속정당에 따라 선량을 선출하게 될 때 이미 개인적 판단은 극도로 위축되고 말았다. 사회를 구성하는 개인의 얼굴이 지워졌을 때 개인적 존엄성도 사라지지 않을 수 없다.

이러한 현대사회에서 인간이 이 사회체제에 적응하기 위하여 군중적인 집단화에 참가하여 안주하거나 일상적인 평범성에 자신을 맡겨버리는 것은 결국 충동적 욕망에 사로잡혀 인격적 자립성만 포기하고 말게 될 것이다. 그러나 현대사회에서는 생산성의 향상으로 노동시간이 단축되고 남는 시간을 향락적인 소비에 소모하기보다는 자기 계발과 수련을 통한 향상이 시급하다고 생각된다. 우리 시대의 문제점을 충분히 객관화시키고 반성적으로 성찰할 수 있는 지성과 판단력이 배양되어야 한다. 사회구조가 거대화되고 복잡화될수록 그 구성원으로서 인간의 자기 능력을 향상시켜야만 주체적이고 주도적인 지위를 잃지 않을 것이다. 기계에 예속되고 사회체제에 지배되는 왜소화되고 평균화된 인간상이 아니라, 강직하고 확고하며 심오한 자기 내면세계를 소유한 인간상이 싹트고 자라야만 인간에 대한 존엄성을 지킬 수 있다.

한 사람의 소리에도 귀를 기울일 수 있고 진실을 집단의 폭력으로 은폐하거나 억압하지 않는 현실이 있어야 인간의 존엄성도 살아 숨쉴 수 있게 될 것이다.

6. 문제의 특성

오늘날 한국사회는 유교 이념의 전통사회를 넘어서 현대의 서구적 산업사회로 전환하는데 표면적으로는 상당히 성공하였다. 그러나 사회 내면에 있어서 전통사회의 모순을 극복하는 과정에서 새로운 문제점들이 많이 제기되었고 또다시 해결해야 할 문제들을 안고 있는 것이 현실이다. 여기서 가장 중요한 근본적 문제는 현대사회를 이끌어갈 인격적 주체의 정립이 문제라 하겠으며, 그것은 가치관의 정착으로 나타나게 될 것이다. 이런 문제를 인간존재에서 본성과 욕망의 관계에 대한 인식에서 이해해 보려고 시도하면서 몇 가지 특징적 문제점을 지적해 볼 수 있다.

먼저 현대 한국사회가 부딪힌 난관을 들어보면, 첫째, 전통과 현대를 단절시키고 대립적이고 양립불가능한 관계로 파악하면서 가치질서의 근거인 인간에 대한 이해를 혼란시킨 점이 있다. 둘째로, 한국사회가 현대화하는 과정에는 일본 식민지통치나 미국의 원조 등 외국세력의 영향력이 한국인의 주체적 중심세력보다 앞장섰기 때문에 외세지향적이고 의존적 성향을 조장하였다고 하겠다. 이에 따라 사회 이념을 자율적으로 발견하고 형성하는 데 혼란을 일으키는 점이 있다. 셋째, 현대화가 외세의존적인 데에 따라 우리 사회의 미래에 대한 자립적 전망을 빈약하게 하고 진행 결과에 대한 책임의식도 박약하게 하였다. 따라서 모방주의에 안주하게 되고, 자기 부정적이며 자기 파괴적인 뿌리 없는 의식경향과 더불어 향락주의·순간주의·불신풍토를 조성하였다. 넷째, 한국사회는 산업사회를 추구하고 상당히 성취하였지만 그 폐단에 대한 정화기능이 없어 산업사회의 폐단으로 인간성의 파탄, 대량적 집단화, 물질만능적 의식이 심각하게 누적되고 있다.

우리 사회는 산업사회적 문제와 역사적 문제 및 정치 현실적 문제 등으로 가치관이 붕괴되고 혼란에 빠져 아직 뚜렷한 가치질서를 형성하지 못하고 있는 현실이다. 이러한 문제들의 해결을 위한 기초로서 우리가 고려해야 할 조건들을 검토할 필요가 있다. 먼저, 우리는 전통유산의 가치 규범을 적극적으로 검토하여 실질적으로 살릴 수 있고 받아들일 수 있는 내용을 제시해야 한다. 충·효의 전통규범을 몇 사람의 의도로 끌어가려는 정책보다 사회 안에서 자율적으로 전통문화를 균형 있게 살려낼 수 있게 해야 한다. 이를테면 의리(義理)가 없이 충(忠)만 분리된 강조나 인애(仁愛)도 없이 효(孝)만 강조하는 교육은 전통규범 체계보다 더욱 봉건적 사고방법임을 노출하는 것이다.

다음으로 전통유산의 계승은 현대와 조화되어야 한다. 그것은 원칙론에만 그칠 것이 아니라 전통적 규범질서와 현대의 사회체제를 종합할 수 있는 논리 체계에서 두 시대의 문제를 비판적이면서 조화적으로 종합시켜야 하겠다. 전통을 뿌리로 하면서 현대사회의 양식을 가지(꽃·열매)의 관계로 그 이질성을 근원에서 통합시키고 생명적 연속성을 발견하는 일이다. 또 한 가지, 현대 산업사회에서 한국인이 형성하고 활용하여야 할 가치의 발견은 힘에 의해 강제되거나 거짓으로 조작되거나 무책임하게 실험되는 혼란에서 벗어나야만 가능할 것이다. 대중에게 마음으로부터의 공감을 일으켜야 하고, 성실성으로 모범이 제시되어야 하며, 책임 있고 겸허하게 검토되고 실천되어야 할 필요가 있다.

오늘날 우리가 추구하여야 할 조화된 가치관은 인간의 품위와 존엄성을 살려내는 것이 되리라 믿는다. 여기서는 인간의 본성과 욕망이 조화하고 지성과 행동이 일관하며 침착하면서 모험성을 잃지 않고, 어떤 양극적 대립도 포용하고 지양시킬 수 있는 융화력을 갖는 것이라 기대한다. 풍요와 성장의 속도가 지체되더라도 인간의 체질에 허용되는 속도만큼 성장하여야 할 것이다. 성급한 농사꾼이 싹을 뽑아 올려서 키우려 한다면 싹까지 죽이는 어리석음에 빠지듯이, 체질을 망각한 풍요와 성장이나 본성을 망각한 욕망의 폭발은 인간이나 사회의 자기 파멸일 뿐임을 깊이 경계할 필요가 있다.

Ⅱ. 경로효친교육의 이념과 현실

1. 문제의 성격

1) 변동의 시대와 주체의 문제

역사와 문화를 가진 민족으로서, 그리고 오늘의 시대와 사회를 살아 가면서, 우리들 한국인에게는 어떻게 살아가는 것이 바람직한 삶인가, 또는 어떤 생활환경이 우리에게 바람직한가라는 인생의 가치와 사회의 질서에 관한 근원적 질문은 특히 새삼스럽게 절실한 물음으로 부딪혀 온다.

그것은 급격한 변화가 계속되고 이에 따라 뿌리깊이 동요가 심화되 면서 우리는 자신의 역사적 또는 사회적인 자기 존재의 주체적 확인이 나 연속성 또는 일체감에서 격심한 혼란에 빠져 있기 때문이다. 이러한 변화와 동요는 역사의 새로운 창조적 계기를 마련해 줄 수도 있고, 혼 란과 붕괴의 격랑에 좌초해 버릴 수도 있을 것이다.

우리의 시대를 지속과 안정이 아니라 변화와 동요의 시대로 특징짓 는다면, 이 변동기에서 우리가 지향할 목표와 방향이 밖에서 주어진다면, 어떤 예속의 형식에 사로잡히고 만다. 그러나 만약 우리의 목표와 방향을 우리 자신의 자율성에 따라 확립하겠다면 여기서 우리는 문제의 출발점은 우리 자신 속에 있는 것임을 확인할 수 있다. 곧 나는 어떤 존재인가, 나는 어떻게 살아야 하는가라는 자기 존재의 주체성에 관한 질문에 변동의 시대를 극복하는 해답의 열쇠가 감춰져 있는 것이라 하겠다.

2) 효·경의 규범과 시대적 한계

경로·효친이란 도덕규범이 우리 시대에 어떤 의미를 지니는지 확인하기 위해서는 먼저 우리 자신의 주체적 자기의식이 있어야 가능할 것이다. 경로·효친은 한마디로 전통사회의 규범이요, 유교 이념의 덕목임은 부정할 수 없는 사실이다. 오늘날처럼 전통양식이 광범하게 파괴되어 사회제도나 생활도구에서부터 의식구조에 이르기까지 엄청난 변화를 겪고 난 다음인데도 경로·효친과 같은 전통사회의 도덕규범을 논의하는 것이 과연 관습의 잔재가 아니라는 확고한 근거가 있을까? 설령 경로·효친이 오늘에도 유효하고 의미 있는 도덕규범이라 하더라도 우리의 삶에서 목표와 방향을 제시하는 규범이 될 수 있을까? 백보 양보하여 경로·효친이 우리의 삶에서 핵심적인 도덕규범이라 하더라도 오늘의 시대에서 경로·효친의 전통적 행동양식이나 개념 내용을 그대로 준용할 수 있을까? 이런 의문점들에 귀를 기울인다면 경로·효친이라는 덕목이 그렇게 쉽사리 승인될 수 없는 훨씬 더 복잡한 문제점이 많이 있다.

3) 세대의 단절과 경로의 난점

시대가 급격히 변화하면서 전통적 가치에 보다 깊은 친밀성이 있는 노인세대는 새로운 변화에 더욱 깊은 흥미를 가진 청년세대에게 존경을 받기보다는 기피되기 쉬운 것이 지극히 자연스럽게 보인다. 존경심은 의무감이나 강압에 의해 강요되는 것이 아니라 자율적인 감동이 있어야 발생하는 것이라면, 존경하는 것은 먼저 존경받을 만한 조건을 요구한다고 하겠다. 특히 우리 사회가 최근세에 겪었던 변동과정에서 청년세대는 노인의 훈계에 귀를 기울이기보다는 외국의 새로운 조류에 눈을 돌려 모방하는 데 열중해 왔다. 이런 상황 속에서 노인세대는 청년을 경박하고 위험하다고 비난하였으며 청년세대는 노인이 고루하고 거추장스러운 것으로 비난하여 왔던 것이 사실이다. 존경과 신뢰가 아니라 천로(賤老)의 현실을 개탄하거나 호소하는 소리가 높았다. 경로의 규범이 현실의 흐름에 역류하는 강제나 위압이라면 결코 실현되기도 어렵고 건전하게 기능하기도 어려울 것이다.

4) 효·경의 정당성을 확인하는 질문

경로·효친의 도덕규범을 우리 시대에 받아들이고 실현하기 위해서는 그 필요성과 타당성을 충분히 따지는 작업이 선행되어야 할 것이다. 그것은 우리가 사는 현실이 전통규범을 자동적으로 승인하기 어려운 많은 이질성을 포함하고 있기 때문이다. 적어도 경로·효친의 규범적 타당성이 우리 시대의 도덕규범체계 속에서 갖는 의미와 가치를 논리적으로 설득력 있게 전달될 수 있도록 따져야 할 필요가 있다. 이러한 논의를 거쳐서 상당한 합의가 이루어질 수 있을 때 우리의 현실에 합당한 실천 양식을 꾸준히 제시하고 정착시키는 노력을 수행하여야 할 것이다. 역사의 흐름에 역행하거나 이탈하지 않기 위해서도 도덕규범을 관습과 형식 속에 맡겨둠으로써 만족하고 안주하려는 안이한 자세를 탈피할 필요가 절실하다. 이런 의미에서 경로・효친의 규범이 갖는 도덕적 근거와 사회적 기능을 다시 한번 확인해 보고자 한다.

2. 효・경의 도덕적 근거

1) 다원화 사회 속에서 전통규범의 위치

오늘날은 이미 유교 이념이 이끌어 가던 전통사회가 아니고 다양한 신념과 가치체계가 복합적으로 얽혀 있던 다원화하고 개방된 사회임을 인정하지 않을 수 없다. 우선 이러한 다원화사회에서 유교전통의 경로・효친이라는 덕목이 보편적 타당성을 가질 수 있는 것인지 의심스러운 점이 많다. 부모에 대해서도 사랑하는 감정을 가질 수 있지만 과연 존경한다는 태도를 가질 필요가 있는지도 의문이다.

사랑은 개인적 친밀한 감정의 표출이라면 존경은 어떤 지식이나 능력의 권위를 인정하고 받드는 태도라 구별해 볼 수 있다. 존경은 사랑의 친밀감을 동반할 수도 있지만 존경은 두려워하거나 조심스러워 하는 긴장된 태도를 보일 수도 있는 것이다. 부모를 사랑하지만 존경할 의무가 없다는 태도가 있다면 하물며 노인에게 존경해야 할 도덕적 의무감이 있겠는가.

2) 사랑과 생명

사람이 사랑하는 대상은 여러 가지가 있고 그에 따라 사랑의 양상도 다르게 나타날 수 있다. 나무 한 그루 꽃 한 송이도 사랑하고 저녁노을의 경치도 사랑할 수 있다. 또 길거리에서 만난 귀여운 아이가 사랑스럽기도 하고, 이성에 사랑을 느낄 수도 있다.

자신의 국가와 민족을 사랑하기도 하고 인류에 대한 사랑도 있다. 사랑에는 대상을 향유하는 경우도 있고, 대상에게 헌신하는 경우도 있다. 곧 이기적인 경우도 있고 이타적인 경우도 있으며, 향락적인 경우도 있고 극기적인 경우도 있을 것이다.

여기서 사랑은 인간 존재에 근원적인 감정이므로 시대와 사회의 차이를 넘어서 인간의 삶에 가장 보편적인 존재 근거를 가지는 것이라 하겠다. 사랑은 부정이 아니라 긍정이요, 모든 긍정의 기본 형식이다. 긍정은 궁극적으로 모든 존재를 존재할 수 있게 하는 태도요, 부정은 존재를 거부하는 자세라 할 수 있다. 동시에 생명도 사랑의 긍정에서 존립할 수 있는 것이다.

따라서 창조와 생명은 사랑에서 근원하고 사랑과 일치하는 것이라 할 수 있다. 인간은 사랑할 수 있을 때 살 수 있고 사랑할 수 없다면 살 수도 없는 것이다. 모든 생명 있는 존재에게 사랑은 근원적 가치요 생명 자체의 존재 근거가 된다고 하겠다. 그러나 사랑의 다양한 형상에서 어떤 사랑이 근원적 가치를 갖는 것인가를 명백히 밝힐 필요가 있다.

3) 효의 애타(愛他)적 도덕성

인간의 사랑은 자기애(愛子)에서 출발하여 타자애(愛他)에로 확장되는 것으로 보인다. 자아와 타자는 상호적인 것이기 때문에 어떤 의식이 선행한다고 분별할 수는 없지만 자아가 구조상으로는 중심을 이루고 있다. 자기 존재에 대한 사랑을 상실한 인간 곧 자포자기한 인간은 아무것도 사랑할 수 없는 파괴적 부정에 빠지고 말 것이다. 그러나 동시에 자기애가 폐쇄되어 타자에로 나아갈 수 없다면 이러한 사랑은 이기심이나 본능적 욕구에만 사로잡혀 인간적인 사랑의 생명을 발현시킬 수 없게 된다. 여기에 참된 인간적 사랑은 자기애에서 타자애로 열려 있는 사랑이라는 특징을 갖는다. 인간 삶의 참다운 사랑은 자기 자신과 더불어 남을 사랑할 줄 아는 것이다. 여기서 자기애로부터 타자애에로 확장되는 계기가 부모에 대한 효라 할 수 있다.

부모는 인간이 이기적 자기애를 넘어서 사랑할 수 있는 최초의 타자가 된다. 부모와 자식의 사랑은 가장 자연적이고 본능적인 현실에 기초를 둔다.

부모와 자식은 한몸에서 처음 분리되는 단계이며 결코 완전히 분리되지 않은 반합반분의 단계라 볼 수 있다. 부모에 대한 사랑은 형성 과정에서 본다면 부모로부터 받는 사랑의 응답이 된다. 곧 부모가 자식에 대한 사랑은 자식을 자신의 연장으로 보고 무조건적이며 헌신적인 성격을 띠고 있지만, 자식이 부모에 대한 사랑은 자신의 미래에 상대되는 과거의 근원에 대한 보답적이고 의무적인 성격을 띠는 것으로 보인다. 이런 의미에서 부모의 자식에 대한 사랑인 자애는 도덕규범이라기보다는 자연적 감정에 가깝다면, 자식이 부모에 대한 사랑인 효친은 자연적 감정을 넘어서 도덕규범으로 고양시키는 기초가 될 것이다.

4) 효와 경외의 신성성

효는 어버이[親]를 친밀하게 사랑하는[親] 것이지만 사랑을 통한 친밀성 이외에 경건성의 요소를 내포한다는 점에서 중요한 특징이 있다.

부모는 자녀에 대하여 생물적으로도 자녀를 출생시킨 존재근원이 되며 교육적으로도 자녀의 행동과 생각에 모범을 제시하고 지도하는 교육자로서 권위와 위엄을 갖는다. 따라서 부모에 대한 사랑은 낮은 데에서 높은 데로 향하는 사랑이며 수평적 사랑의 평면에 수직의 새로운 공간적 차원을 열어주는 의미를 지닌다. 부모가 자신의 생명을 출산하고 양육하며 본받을 모범으로서 인식될 때에 바로 종교적 절대자 또는 신 개념과 통하는 것이다. 하늘을 아버지로 일컫고, 대지나 조국을 어머니로 일컫는 것은 인간생명의 존재근거요 성장의 기준이기 때문이다.

부모에 대한 효는 자기애라는 사랑의 점을 타자애라는 사랑의 평면으로 넓히는 계기요, 동시에 하늘에 대한 경외감이라는 사랑의 깊이로 심화시키는 계기가 된다.

효는 타자의 사랑에 응답이면서 생명의 근원에 대한 경외를 포함하고 있기에 화훼(花卉) 인간 삶을 동물적 본능의 세계로부터 본질적으로 구별할 수 있게 한다. 인간은 효의 경외감을 통하여 인간존재의 한계를 인식하고 자신을 낮출 수 있는 겸손함을 익힌다. 하늘(絶對者)을 두려워할 줄 아는 인간은 자신이 무슨 일이나 마음대로 할 수 없음을 알고 자신을 억제하고 겸허한 것을 마땅하게 여기는 도덕적 기초를 확보한다. 그러나 아무것도 두려워할 줄 모르는 인간은 못하는 일이 없는 무소불위의 자만과 난폭함에 빠지기 마련이다. 자신을 겸손하게 낮추고 억제할 줄 아는 것이 도덕성의 근원적 기초가 된다면 인간은 사랑과 더불어 경외의 두려움을 배워야 하며, 그 덕목이 바로 부모에 대한 효로 나타나는 것이다. 인간은 부모에 효함으로써, 자신이 마음대로 할 수 없는 겸허성을 훈련한다. 한걸음 나아가 효를 통하여 나를 넘어선 하늘(絶對·道理)을 겸손한 자세로 받아들일 수 있는 품성을 익히며, 또한 이 세계와 이웃을 경건한 마음으로 사랑할 수 있게 되는 것이다.

부모에 대한 효는 하늘에 대한 경외에로 높아지고, 나의 부모만이 아니라 남의 부모인 어른 또는 노인에 대한 공경으로 넓어지며, 더욱 확장하면 부부 사이나 형제간의 친밀한 사랑도 공경으로 승화되어야 할 것으로 볼 뿐만 아니라 인류와 생명 일절에 대한 경외감과 존엄성을 확보하여야 하는 것이다. 곧 인간은 효·경의 사랑을 통하여 사랑의 깊고 숭고한 가치를 실현하며, 따라서 효·경은 인간을 인간답게 형성하는 기초적 도덕규범으로 받아들일 수 있게 된다.

여기서 효·경은 사랑에 대한 보답 또는 탁월성에 대한 존경 등 어떤 전제된 조건에 대한 반응으로서의 계산된 합리성과 구별되어야 한다. 경·외는 어떤 공리적이거나 현실적인 이해를 넘어서서 무조건적이고 지상적인 도덕규범으로 받아들여질 때에 인간의 삶은 근원적 의미와 도덕적 가치를 지닌다고 할 수 있다. 부모의 사랑을 받지 못하여도 자식은 부모에 효도하도록 요구하고 노인이 무기력하여도 존경하도록 요구하는 것은 행동의 합리적인 공정성이 아니라 삶의 도덕적인 근본조건을 추구하고 있기 때문이다. 효·경의 규범이 도덕적 근원성을 확인받는다면 비록 사회적 변화 속에 규범적 역할이 일시적으로 쇠퇴하더라도 새로운 활력화의 당위성을 갖게 된다.

3. 효·경의 사회적 기능

1) 효·경의 사회적 한계와 위치

경로효친의 규범이 농경사회에서의 기능과 현대 산업사회에서의 기능에 뚜렷한 차이를 보일 수 있다. 맹자가 정부에서는 벼슬[爵]이 존중되고 마을에서는 나이[齒]가 존중되고 사회 전체에서는 덕이 존중된다고 언급

한 것도 사회의 범위에 따라 가치기준이 다양함을 지적한 것이다.[5]

마을에서 어른이 그대로 직장에서 어른이 되지 않고, 또한 온 나라나 세계의 존경을 받을 수 있는 것은 아니다. 농경사회에서는 경험이 풍부한 노인이 존경받았지만, 산업사회에서는 새로운 지식이나 기술을 가진 사람이 중요시될 수도 있다.

그러나 부모에 대한 효는 농경사회 또는 산업사회의 어느 특정사회에 필요한 도덕규범이 아니라 인간이 되기 위해 어느 사회에서나 의미 있는 기초적이고 보편적인 도덕규범으로 확인하였던 것이다. 따라서 효·경은 그 자체로서 무제한 적용되는 것이 아니라 가장 기초적 규범으로 위치를 갖는다 하겠다.

효의 가족 윤리적 규범이 사회공동체 속에서 가족중심주의로 머물러 사회화에 장애가 된다면 사회 속에서 효를 제거하여야 할 것이 아니라 효의 도덕성을 사회 속으로 발전·성숙시켜야 할 것이다. 효가 인간성에 고귀하고 심원한 가치를 제공해 준다면 먼저 가족도 효를 통하여 생물적 혈연성을 넘어설 수 있고, 사회도 효의 확대를 통하여 법률적 조직을 인간화할 수 있게 된다.

2) 효·경의 확장

효가 사랑의 타자애로 넓어지는 계기요, 경외감으로 깊어지는 계기라는 이념적 인식에서 효는 폐쇄된 규범이 아니라 열어주는 규범이라 할 수 있다. 곧 효는 남에로 향한 사랑의 출발점으로서, 부모에 대한 사랑[親親]에서 이웃에 대한 사랑[仁民]으로 확장되고, 더 나아가 만물에 대한 사랑[愛物]으로 확장된다.[6] 친(親)과 인(仁)과 애(愛)는 대상의 범위에 따라

---

5) 『孟子』, 「公孫丑下」, “天下有達尊者三, 爵一, 齒一, 德一, 朝廷莫如爵, 鄉黨莫如齒, 輔世長民 莫如德.”

사랑의 성격도 달라지는 것이지만 친이 가장 깊다. 따라서 효는 모든 사랑의 양상에 가장 깊은 잠재성을 지닌 기초적 출발점이라 할 수 있다.

효가 사회로 확장되면서 갖는 기능은 먼저 사회의 기본단위인 가족의 결속을 통해 사회의 안정된 기초를 제공하는 역할과 사회 전체를 가족적으로 결속시키는 역할을 생각해 볼 수 있다. 부모에게 효순하고 형제 사이에 우애하는 결속된 가정은 모든 사회적 변동의 충격을 흡수하고 완화시켜 줄 수 있으며 개인적 안정과 보장에도 기능적이다.

3) 가족주의의 극복

그러나 가족주의가 보다 넓은 사회 속에서 합리적이고 객관적 원칙들을 경시하며 분파적 친밀성에 사로잡혀 역기능을 할 수도 있다. 정실(情實)에 얽혀 가족적 사(私)와 사회적 공(公)을 혼란시키는 폐단을 외면할 수 없다. 효친의 규범이 객관적 법규범과 충돌할 때 효친을 법의 아래에 두기 어려운 갈등을 겪을 수 있게 된다. 여기서 바람직한 해결은 효경이 기초적 규범이고 출발점이지 전체가 아니라는 위치와 한계를 확인하는 것이다. 중대한 사회규범에서는 친족관계도 제약받는 것임을 자각하며,[7] 사회적 책임에 충실한 것이 부모에 효하는 것임을 인식하는 것이 필요하다.

효경은 가족주의에 사로잡혀 사회가 가족단위로 유리되거나 종친별로 분열되기를 방임해서는 안 될 것이다. 효·경을 부단히 확장하여 이웃과 사회를 사랑하는 품성을 키우지 못한다면 효친·경로의 도덕규범적 가치는 자라지 못하는 싹이나 열매 맺지 못하는 꽃처럼 사회적 기능을 상실할 수도 있다.

---

6) 『孟子』, 「盡心上」, "親親而仁民, 仁民而愛物."
7) 大義滅親 또는 先公後私, 見危致命, 忠孝兩全 등.

4) 지배윤리의 탈피

사회를 전체적으로 가족적 결속을 추구하는 것은 유교적 전통사회의 기본 국가관에서 볼 수 있다. 임금이 아버지와 같고[君父], 아버지는 임금과 같다[家君]. 나라와 가정은 일체인 국가라는 의식이다. 오늘날의 기업이 내 집 같고 고용인이 가족 같다는 사고도 가족적 친밀감의 표현일 수도 있으며 가부장적인 통제방법으로 볼 수도 있다. 효·경이 사회나 국가의 가족적 일치성을 설정하고 순종윤리로 이용한다면 국가의식의 왜곡일 뿐 아니라 효·경의 도덕규범조차 타락시키는 결과가 될 것이다.

가족은 지배와 순종의 조직이 아니라 사랑과 존경의 공동체이다. 사회나 국가는 가족과 본질적으로 다른 법과 정의의 원칙을 포함한다. 친애가 가족을 넘쳐흘러 사회까지 나가더라도 사회는 정의와 합법성이 확립되어야 한다. 법과 의가 지배하는 사회도 효·경의 사랑이 스며 젖어야 함을 이상으로 제시하지만 가족과 국가사회를 완전히 동일 구조로 볼 필요는 없다.

효·경의 규범은 국가의 지배 체제를 강화하거나 보호하는 것이 아니라 사회체제의 법률적 엄격성을 사랑과 존경의 도덕으로 인간화하는 데 기능하는 것으로 이해되어야 할 것이다.

5) 효·경의 계승과 지속

효친은 부모를 섬기고 부모에게 순종하면서 부모의 뜻을 현재와 미래에 펴나간다는 점에서 과거지향성을 벗어나 미래지향성과 시간적 연속성을 내포한다.[8] 부모와 자녀는 혈연적 생명의 확대 재생산적 연속

---

8) 『中庸』, "夫孝者, 善繼人之志, 善述人之事者也."

이면서 문화적 확대 재생산의 연속까지 이루는데 인간의 가치가 있다. 효가 부모에게로 지향된 예속과 순종의 질서가 아니라 의지와 이상의 발전적 실현에서 찾아지는 데 더욱 큰 의미가 있다. 개체의 고유한 의지와 가치 추구도 중요한 의미가 있지만 개인의 의지가 공동체의 의지와 대립되거나 무관계한 것이라면 공동체의 역사적 연속성도 지속적 발전도 불가능하게 된다. 개인의 의지와 공동체 의지를 조화시키고 통합시키는 사회적 기능은 효·경의 규범에서 가장 잘 나타날 수 있다.

가법이 전해지는 가정, 전통이 보존되고 세련되어 가는 사회, 지식이 축적되고 종합되는 학파는 개인의 독자적인 창의성보다 더욱 큰 힘을 발휘하는 것이 사실이다. 몇 대를 계속하면서 짓는 건축, 몇 세기를 계승해 온 학교와 사원은 보다 큰 의미를 갖는다. 그것은 효의 정신에 기초한다. 무엇이나 새로운 것으로 대치해 버리고 낡은 것은 버려야 하는 의식에서는 수백 년 교육기관을 허물어진 채 잡초 속에 방치하고 수백 년 제단을 놀이터로 바꾸게 만든다. 효는 개인의 부모에 대한 가족 속에서 적용되는 규범에 그치지 않고, 한민족이 그 전통의 역사에 대한 관계에서도 적용될 수 있다. 전통을 계승하고 역사를 두텁게 쌓아 올릴 수 있는 민족정신은 효경의 확장을 건전하게 기능적으로 실현한 것이라 하겠다.

4. 경로·효친교육의 방법과 현실

1) 효·경의 교육과 권위

경로효친은 부모와 노인이라는 특정한 대상을 지시하고 있지만 효·경의 이념적 본질은 특정한 대상에 한정되는 것이 아니라 이 특정 대상을 계기로 사회 전반에도 확장해가는 데 있다. 여기서 특히 부모와 노인을 문제 삼는 의미는 자신을 낮추고 상대편을 높이는 겸손과 봉사의 경건한 사랑을 강조하는 데 있지만, 동시에 부모와 노인은 성장기의 젊은이에게는 물론이고 일반적으로 근원성이나 권위를 내포하는 교육적 성격을 갖는 것이라 하겠다.

부모와 노인은 사회에서 무엇보다 교육자로서의 역할에 중요한 의미가 있다. 또한 교육에는 먼저 교육자에게 권위를 부여하여야 한다. 교육이 지식의 습득에도 교육자의 권위가 있어야겠지만 더구나 인격과 도덕성의 교육에는 감화력과 권위가 더욱 필요하다. 부모와 노인이나 스승이 존경받을 만하여야겠지만 이에 앞서 존경하는 자세가 요청된다. 권위가 없는 가정이나 사회는 혼란에 빠지지 않을 수 없다. 따라서 부모와 노인은 공경을 받아야 하고 또 자녀나 젊은이를 교육하는 역할을 맡아야 한다. 물론 학교에 교육전문가로서 교사가 있지만 교육은 사회의 모든 곳에서 모든 시간에 이루어져야 할 것이다. 권위와 존경이 성장의 전부가 아니라 때로는 도전과 논쟁이 필요하더라도 기준은 권위의 설정과 존경의 자세에 두어야 하겠다.

2) 실천 양식―범절

경로·효친의 덕목은 도덕적 의식으로서만은 불충분하고 실현되기도 어렵다. 이 효·경의 교육적 실현에는 구체적 실천 양식인 의례 내지 범절이 요구된다. 정밀하고 적절한 절차와 형식이 있어야 행동으로 실천할 수 있다. 여기서 전통사회의 효·경에 관련된 양식이 그대로 도입되는 경우가 너무 많은 데 문제가 있다. 핵가족제도의 도시화하고 산업화한 생활 체계 속에서 전통시대의 의례를 너무 안이하게 거론하면 결과적으로 효·경의 규범 자체가 존립이유를 잃을 위험이 있다. 그렇지만 우리의 현실 여건에 의미 있게 효경의 이념을 드러낼 양식을 제시한다는 것도 매우 어려우며 그 양식이 일반적 합의에 도달되기도 지극히 곤란한 것이 현실이다. 호칭과 경어의 사용법에서 손발의 동작에 이르기까지 적절한 범절을 확립하기 위해서는 사회적으로 공동의 관심을 모으고 토론을 꾸준하게 지속해 가야 할 것이다. 어느 누구의 방안도 한꺼번에 채택될 수는 없다고 하겠다. 우리의 일상대화나 학문적 토론에서 활발하게 효친·경로 등의 범절이 논의될 때 좀 더 표준 절차와 의례가 정립될 수 있을 것으로 기대된다.

3) 모범의 행동화

효친·경로의 행동 절차 내지 범절의 정립에는 모든 논의와 더불어 모범의 행동이 커다란 설득력을 가질 것이다. 행동지침처럼 문서화한 조목보다 아름다운 미담과 작품이나 영상 속에 행동의 모범이 감동적으로 전달될 때 모방효과가 훨씬 크게 나타날 수 있다. 여기에서 너무 극단적 사례나 고전적 사례들은 비현실적인 괴리감을 줄 가능성이 크다. 모범의 행동은 표준 절차로서의 범절에서 보다 좀 더 특수하고 구체적인 상황에서 개성적인 보습으로 나타나는 생동감을 줄 수도 있다. 이러한 모범은 아주 희소하게 나타나는 것이 아니라 자주 자연스럽게 접촉될 수 있을 때 좀 더 확실한 효과가 나타날 수 있을 것이다.

또한 경로효친은 자녀와 젊은이가 실천할 규범이지만 부모와 노인의 행동에 의해 훨씬 실천 효과가 높아질 수 있다. 부모가 자녀를 기르는 방법이 이기적이거나 맹목적이면 자녀의 부모에 대한 관계도 건전한 사회관계로 성장하기 어렵게 잘못 형성될 수 있다. 부모는 자녀의 가장 직접적 모범이기에 효·경의 교육은 부모에게 커다란 책임과 임무가 주어지게 된다. 효경의 원리가 가정에서 배양되어 사회로 확장되는 것인 만큼, 부모에 대한 가정교육의 방법과 이념에 대한 보다 폭 넓고 본격적인 사회적 관심과 인식이 전제되어야 할 것이다. 노인도 존경을 받고 권위와 안정을 향유할 수 있어야 하지만 노인이 사회에 어떤 역할을 하고 어떻게 기여하며 어떤 교육자적 문제의식을 지니고 있는지 젊은층이나 사회에 제시될 수 있어야 한다. 품위 있는 노인, 지혜로운 노인, 정의로운 노인의 모습이 부각될 때에 경로의 자세가 더욱 확고해지고 보다 쉽게 실천될 수 있을 것이다.

4) 훈련과 자율

교육은 규범의 구체적 절차를 제시하고 인식시키는 것도 중요하지만 생활 속에 익숙하게 훈련되어야 규범도 정착될 수 있다. 효친과 경로의 생활에 익어 그 절차를 익숙하게 알고 행동하더라도 효·경의 자율적 능동성을 확립하지 못하면 아직 미숙하다고 할 수밖에 없다. 곧 자신의 주체적 인격에서 부모와 어른을 공경하는 자연스러운 행동이 나타날 수 있어야 한다. 여기서 주체적 인격은 효·경의 정신을 모든 인간과 사회에도 확장하여 실천함으로써 인간다운 삶과 사회를 성취하는 데에 경로효친교육의 목표를 찾을 수 있다. 경로효친을 사라져가는 낡은 전통 규범으로 버리지 않고 앞으로 인류가 실현하여야 할 보편적 가치의 기초적 형식으로 정초시키려는 인식에서 우리 사회의 교육지표에 의미 깊은 지혜를 엿볼 수 있는 것이다.

1. 사회변동 속에서 유교의 책임

이 세계를 하나의 변화현상으로 파악하고 있는 것은 유교경전의 중추를 이루고 있는 주역(周易)의 기본입장이다.[9] 변화에 대한 경험적 지각은 불변성에 대한 원리적 인식에 앞서는 것임을 인정하는 것이 유교적 인식론의 태도라 할 수 있으며, 그것은 그만큼 변화현상의 중요성을 강조한 것이라 할 수 있다.

변화는 시간 속에서 이루어지는 것이요 또한 공간 속에서 드러나는 것이다. 따라서 역사와 사회는 곧 변화의 실현무대가 된다. 그리고 역사와 사회는 유교의 가치와 이념이 실현되는 가장 구체적 영역을 이루는 것이기도 하다. 하늘과 인간을 유교 이념의 주체라 한다면 역사와 사회는 유교 이념의 객체로 분석해 볼 수 있을 것이다.

유교가 오랜 전통문화로서 한국인의 정신적 기반을 이루고 있다면 우리의 역사를 형성하고 사회를 구성하는 데 결정적 역할을 하였던 사

---

9) 『周易』, 「繫辭上」에서는 "易有太極"이라 하여 변화[易] 속에서 궁극존재[太極]를 인식하고 있으며, 程伊川의 「易傳序」에서는 "易, 變易也, 隨時變易以從道也"라 하여 易이 때를 따라 變易하면서 道를 따르는 것임을 지적하였다.

실을 주목하여야 할 것이다. 또한 오늘과 내일의 우리 역사와 사회 속에 유교가 작용할 수 있는 기능에 대해서도 소홀하게 지나쳐 버릴 수 없다. 우리의 근대사를 통하여 서양문물이 막중한 영향력을 행사하였고, 사실상 근대화 과정의 많은 문제에서 유교전통이 극복되어야 할 전근대적 유산으로 부정되어 왔다. 그러나 유교의 역사와 사회에 관한 가치체계가 현대의 사회질서에 반가치적으로만 이해될 것이 아니라 그 긍정적 의미를 적극적으로 재해석한다면, 현대의 한국사회가 지닌 많은 문제에서 의미 있는 해답을 찾는 데 커다란 도움이 될 수 있을 것이다. 그 이유는 우리의 유교적 전통기반을 제거한다면, 현실적으로 오늘의 한국사회가 성립할 수 없을 만큼 유교전통은 아직도 광범하게 한국사회의 기초를 이루고 있다는 사실과, 서구적 현대질서도 모든 문제에 대해 전능한 해답이 아니라 많은 모순과 문제점을 지닌 채 진통하고 있는 현실을 고려할 때 쉽게 이해될 수 있다.

현대의 산업사회가 엄청난 속도의 변화 속에 놓여 있으면서 한편으로 인간은 물질적 풍요를 향유하지만, 다른 한편으로 그 변화의 주체로서 지닌 인간의 지위를 상실하고 변화의 급류에 표류하거나 기계화한 조직 속에 소외되는 위기에 부딪치고 있는 것도 사실이다. 유교는 이러한 현대사회의 상황 속에서 한국사회가 지향할 방향과 방법에 대해 대답할 의무와 책임이 있으며, 유교 이념이 이 시대 사회 속에서 맡을 수 있는 역할과 기능이 규명되어야 할 것이다.

2. 사회변동에 대한 유교적 인식

1) 일음일양(一陰一陽)의 순환

　유교가 세계를 하나의 변화현상으로 파악하면서 그 변화의 가장 기본적 양상을 음과 양의 순환적 변화양식으로 지적한다. 『주역』「계사전」에서는 "한번 음이 되고 한번 양이 되는 것을 도라 한다. 이 도를 계승하는 것이 선이요, 이 도를 이루는 것이 성이다"라 하며, "한번 닫히고 한번 열리는 것을 변이라 하며, 끊임없이 가고 오는 것을 통이라 한다"고 언급하였다.[10] 볕이 나고[陽] 그늘이 지는[陰] 것이나, 밤과 낮이 되풀이 되며, 추위와 더위가 바뀌어 가는 자연의 변화과정에서 변화의 원리인 도가 나타나는 것이다. 그리고 이 자연의 순환적 변화과정을 잘 따르는 것이 선하다는 도덕규범적 인식이나 이 순환적 변화과정을 따라서 성취하는 것이 성(本性)을 실현하는 것이라는 인간존재의 본질적 인식임을 엿볼 수 있다.

　일음일양의 자연적 변화형식은 역사와 사회의 변화형식으로는 적용될 수 있는 보편적 원리[道]로 나타난다. 맹자는 "이 세상에 사람이 살아온 지 오래되었으니, 한 번 다스려지면 한 번 어지러워진다."[11]라 하여 일치일란(一治一亂)이라는 역사변화의 순환론을 제시하였다. 요순의 치세에 홍수가 민생을 어지럽히니 우가 치수를 하여 바로잡았고, 은나라 말기에 주왕이 난폭하여 세상이 혼란해지니 무왕이 혁명하여 바로잡았으며, 주나라 말기에 제후들이 서로 다투어 세상이 어지러워지니 공자가 『춘추』를 지어 바른 도리를 밝혔다는 것이다.

---

10) 『周易』「繫辭上」, "一陰一陽之謂道, 繼之者善也, 成之者性也." 同上, "一闔一闢謂之變, 往來不窮謂之通."
11) 『孟子』, 「滕文公下」, "天下之生久矣, 一治一亂."

인간사회의 이상은 다스려지는 질서와 안정의 세계요 평화의 세계임에 틀림없다. 그리고 인간사회는 이 이상을 추구하고 지향하지만, 동시에 언제나 쇠퇴와 혼란에 빠지는 현실을 경험한다. 변화하는 현실로서의 세계에 대한 유교적 인식에는 질서로의 지향과 혼란으로의 몰락이라는 두 가지 상반된 방향의 작용에 주목을 한다. 진보와 퇴보, 존립과 멸망의 두 방향이 항상 병존하고 있는 것을 파악하도록 요구하는 것은 사회와 역사의 인식에서도 원리가 되는 것이다.

> 나아갈 줄만 알면서 물러날 줄 모르거나, 생존할 줄만 알면서 멸망할 줄 모르거나, 얻을 줄만 알면서 잃을 줄 모른다면 성인이겠는가. 나아가고 물러가며 생존하고 멸망함을 알면서 바른 도리를 잃지 않는다면 성인이겠는가.[12]

사회변화에서 진퇴나 존망의 양면성을 파악할 때에는 물론 그 속에 자연변화의 일음일양하는 순환적 반복성을 내포하는 것이라 하겠지만 단순한 순환론이 아닌 양면성의 긴장관계를 이해할 수 있다. 자연의 춘하추동이나 생장성쇠, 또는 한서(寒暑)·주야(晝夜)가 반복 순환하듯이 사회와 역사의 흥망·성쇠도 반복하는 것이 사실이다. 그러나 인간이 자연을 본받아 이루어야 한다는 규범성은 한걸음 나아가 역사와 사회 속에서 순환적 반복성의 현상을 인간적으로 재해석하여 실현하여야 하는 과제가 주어진다. 곧 인간은 치란이나 흥망이라는 사회변화의 순환 양상을 인식함으로써 그 변화를 넘어서는 바른 도리를 이끌어 낼 수 있게 된다. 유교는 이처럼 자연적 변화 양상을 거부하지 않고 그 순환적 변화 속에서 그 변화에 순응하면서 유교의 근원적 이념을 이끌어 낸다는 점이 하나의 특징일 수 있다.

---

12) 『周易』,「乾卦」, "知進而不知退, 知存而不知亡, 知得而不知喪, 其唯聖人乎, 知進退存亡而不失其正者, 其唯聖人乎."

　　위태롭다는 것은 그 자리를 안정하게 하는 것이요, 망하겠다는 것은 그 생존을 보존하게 하는 것이요, 어지럽겠다는 것은 그 다스림을 있게 하는 것이다. 그러므로 군자는 편안하여도 위태로움을 잊지 않고, 존립하여도 멸망함을 잊지 않으며, 다스려져도 어지러움을 잊지 않는다. 이 때문에 자신도 안정되고 국가도 보존될 수 있는 것이다.[13)]

　　안위·존망·치란이 반복 순환하는 사회변동과 역사의 과정에 놓인 인간으로서 그 변동의 흐름에 맡겨져 떠내려가는 수동적 태도를 지닐 수 없다. 그것은 변화를 계승하고 이루는 태도가 아닐 것이다. 오히려 변화의 원리를 인식함으로써 변화에 끌려가지 않고 변화를 이끌어 갈 수 있게 되는 데 인간존재의 가치와 역할이 있다고 하겠다. 또한 역사와 사회도 인간존재의 삶의 세계라는 의미에서 인간의 능동적 주체적 역할을 통하여 실현되고 설명되어야 할 것이다. 여기서 인간은 안정·존립·다스림의 바람직한 가치를 추구하는 데만 빠지면 자연의 순환성과 양면성을 망각하게 되고, 그 결과는 자연의 변화원리를 망각하는 데서 오는 자연법칙에 의한 지배를 받게 된다. 인간이 자연과 사회의 변화법칙을 통찰함으로써 안정 가운데 혼란의 가능성을 경계하고 존립하면서도 멸망의 가능성을 잊지 않는다면 역사와 사회변동의 주체가 될 수 있는 것이다.

2) 지시식세(知時識勢)와 현실

　　일음일양하는 변화의 도는 원리이면서 현실이라는 두 측면으로 이해된다. 도는 근원적 원리라는 의미와 유행(流行)하는 현실이라는 의미를

---

13) 『周易』, 「繫辭下」, “危者安其位者也, 亡者保其存者也, 亂者有其治者也, 是故君子安而不忘危, 存而不忘亡, 治而不忘亂, 是以身安而國家可保也.”

동시에 내포하고 있는 것이다. 성리학의 이기론은 곧 원리와 현실의 관계를 해명하는 이론 체계이기도 하다. 순환하는 변동의 형식은 현실 속에서 파악되는 원리적 법칙이라 할 수 있다. 음·양은 기요, 기에는 운동하는 양상[動]과 정지하는 양상[靜]의 현실적 작용양상이 나타난다. 곧 동은 양으로 정은 음으로 이해되는 것이다. 여기서 기는 운동과 정지의 작용양상으로 나타나지만 이는 운동하고 정지하는 작용의 근거가 되는 원리로 규정된다.

자연세계에서나 인간사회에서 변동하는 현실은 기의 작용력이요 작용현상이다. 이러한 기는 작용근거요 작용원리로서 이의 지배를 받지만 그 지배가 완전하지 못한 데 문제가 있다. 오히려 기의 현실적 작용력이나 작용현상은 이의 지배를 벗어나 자기대로의 힘을 발휘한다. 원리를 이탈하는 현실의 힘으로 우연성과 혼란의 타락이 나타나게 된다. 서경(書經)「大禹謨」에서는 "人心은 위태롭고, 道心은 희미하다"[人心惟危, 道心惟微]라 하여 천리보다 현실적으로 우세한 인욕의 힘을 지적하고 있다.

이 변화의 현실은 시간 속에서 나타나므로 변화는 시간의 현상이라 할 수 있다. 정이천의 역전서(易傳序)에서도 "때를 따라 변화한다"[隨時變易] 하였고 시간 속에서의 변화이므로 시변(時變)이라 일컫는 것이다. 따라서 시간은 변화하는 현실 그 자체를 가리킨다 할 수 있다. 또한 변화는 근거로서의 이의 지배력을 벗어난 기의 독자적 작용력을 지녔으므로 현실의 변화는 기의 작용력 곧 세를 중시하지 않을 수 없다. 정이천이 "時와 勢를 아는 것은 易을 배우는 기본 방법이다"[知時識勢, 學易之大方][14]라고 언명하였던 것도 변화의 현실을 인식하는 방법으로서 시간과 세력이라는 변화의 현실적 조건을 강조하고 있는 것이다.

---

14)『栗谷全書』·卷 5,「萬言封事」참조.

사회의 변동이 주어진 원리의 필연법칙으로만 해명될 것이 아니라, 시간적 특수성과 세력의 구체성에 따른 현실의 상황적 조건이 주요한 인식 대상으로 제시되고 있다. 현실사회의 변동은 이상과 원리를 목표로 추구하는 것이라 할 수 있지만, 이에 앞서 구체적 상황을 인식함으로써 현실성 있는 이상의 추구도 가능하다고 하겠다. 비유하면 사람이 말을 타고 갈 때 목적지를 향한 방향과 가야 할 속도가 그 사람의 의식 속에 확정되어 있다고 하더라도 닦아져 있는 길의 굴곡과 말의 힘을 파악하지 못한다면 결코 제시간에 목적지까지 도달할 수 없을 것이다.

시간과 세력의 상황적 조건은 사회와 역사의 변화에 무한한 다양성을 가져올 수 있고 또한 변화의 이상형으로부터 이탈된 우연적이고 역행적 현상을 불러일으킬 수 있다. 현실은 오히려 다스려지는 때가 드물고 어지러운 때가 많은 것으로 보이기도 하고, 선이 어렵고 악이 쉽게 나타나기도 한다. 이 세상에서 성현은 찾기 어렵고 범우(凡愚)는 넘쳐 있으며 세상은 갈수록 쇠퇴해가고 진실은 갈수록 은폐되어 간다고 세쇠도미(世衰道微)를 개탄하는 말이 귀에 설지 않은 것이 바로 현실이다. 이러한 현실의 맹목성이 시(時)·세(勢)의 한 특징이라 볼 수 있다.

따라서 현실의 사회나 역사는 항상 이상과 원리가 그대로 지배되지 않는다는 특성이 지적되는 것이다. 인간존재도 이성이 감성을 전반적으로 지배할 수 없고, 오히려 감성의 충동적 힘에 의해 이성이 은폐되고 있는 것이 현실이라 할 수 있다. 인간에 있어서 이러한 감성의 힘을 명확히 인식하지 못한다면 인간은 결코 이성에 의해 통제되는 이상적 인격을 실현할 수 없게 된다. 마찬가지로 사회와 역사의 변동에 작용하는 시와 세의 상황적 조건을 인식 못하고 이상적 질서를 이룬 사회를 확립할 수 없을 것이다.

인간은 변화하는 세계 속에서 자신이나 사회와 역사를 변화의 필연법칙에 맡겨 둘 수 없다. 변화의 능동적 주체가 되기 위해서는 변화의 현실을 거부하거나 무시하는 것이 아니라 그 현실 자체의 힘[勢]과 때[時]

를 인식함으로써만이 변화를 조종할 수 있는 역할을 담당할 수 있다. 능숙한 기수가 말의 성능과 길의 형세에 정통하듯이 현실인식의 조건은 곧 사회변동의 능동적 주체가 되기 위한 필수조건이 되는 것이다.

3) 개물성무(開物成務)와 진보

자연과 사회의 모든 변화에 일관하는 법칙으로서 반복적 순환의 형식이 있다는 것은 궁극존재의 자기 완결성에 따른 매우 추상적인 회귀론이라 할 수 있다. 이에 비하여 변화의 현실은 그 자체로서 시간과 세력의 작용력에 따라 다양한 가변성과 우연성을 지니고 있다는 구체적 상황을 이루고 있다. 여기에 인간의 현실인식에 따른 작용은 변화에 목적성과 방향성을 추구하며, 또한 가치부여를 통해 변화가 결코 단순 반복이 될 수 없는 진보적 진행을 실현하게 된다.

자연의 변화에도 순환의 규칙적 형식과 더불어 돌변의 불규칙적 형식이 얽혀 있는 것은 자연변화의 근원이 되는 도가 법칙적 원리인 동시에 규정될 수 없는 무한성을 의미하는 것이기 때문이다. 더구나 인간이 구성하는 사회와 역사는 그 변화의 반복적 형식성을 내포하지만 오히려 변화의 우연성과 인간의지의 작용에 따라 훨씬 넓은 가변성의 폭을 지니고 있는 것이라 할 수 있다. 인간은 도를 내재화하고 또한 도를 추구하면서 도에 의해 규정되기보다 도를 규정해 가는 능동적 존재이기도 하다. 공자가 "사람이 道를 넓히는 것이요, 道가 사람을 넓히는 것이 아니다"[人能弘道, 非道弘人. 『논어』·「衛靈公」]15)라고 한 언급은 인간이 도를 실현해 가는 주체임을 확인해 주는 것이다. 따라서 인간의 창조적 역할이 확립되며, 그만큼 사회와 역사가 인간 활동에 따라

---

15) 『論語集註』에서 朱子는 인간의 마음에 知覺이 있으나 道의 본체에는 作爲가 없는 것이라 대조시키고 있다.

변화의 양상이 결정될 수 있게 된다.

주역(周易) 「繫辭傳」에서 "易은 사물을 열어 일을 이루는 것이다" [夫易, 開物成務]라 하여 변화는 사물을 열어 주어 잠재성을 현실화시키는 것이요 임무를 성취시켜 목적성을 실현시키는 것이라 밝히고 있다. 변화를 통하여 닫힌 잠재적 존재가 열려진 현실화를 이룬다면 변화는 결코 반복의 순환에 갇혀 있는 것이 아니다. 또한 변화를 통하여 결정되지 못한 일이 결정되어 완성을 이룬다면 변화는 목적 없는 유전(流轉)에 빠져 있는 것이 아니다. 따라서 변화는 목적과 완성을 향하여 상향적으로 진보하는 것이라 할 수 있을 것이다.

인간의 사회도 변동하는 과정에 반복성이 있다 할지라도 그 변동은 반복을 넘어서 보다 높은 이상과 목적을 향해 진보하는 것으로 이해될 수 있다. 인간존재가 자연적 생명으로서 생장로사의 반복에 그치는 것이 아니라 끊임없이 자기완성을 지향하는 존재라는 점에서 그 생존의 가치가 있다면 인간사회도 진보하는 데에 그 가치가 있다고 하겠다. 사실상 변화라는 자의에서도 단순한 바뀜과 향상적인 진보의 두 가지 의미가 내포되어 있다고 할 수 있다.[16]

최한기는 기(氣)를 활(生氣)·동(振作)·운(周旋)·화(變通)의 4성질로 분석하면서 화(化)가 우세하면 개물성무(開物成務)를 한다고 언급하였다.[17] 변화가 사물 속에 잠재된 가능성을 열어서 그 현실화를 수행하는 과정으로 해석되는 것은 곧 반복적 순환운동을 벗어난 진보의 성격을 확인하는 것이다. 여기서 한국근대의 개화사상이 발생하던 시기에 수구론을 극복하고 진보의식을 고취하는 개화론에서도 황현이 개화를

---

16) 變이 變改·變動·變革 등 바뀐다는 사실을 뜻한다면, 化는 教化·化成·感化 등 向上的 變質을 뜻한다고 분석해 볼 수 있다. 崔漢綺는 '化'字의 뜻을 '萬物生息'·'以德化民'·'敎行于上, 風動于下'라 하면서, "바뀌는 것을 變化라 한다면 사물을 혁신하는 것을 化라 할 수 있다"[凡言改易曰變化, 革物曰化]고 지적하였다. (崔漢綺,『氣學』卷 2, 21張)
17) 崔漢綺,『氣學』券 2, 29張·32張 참조.

‘개물성무’(開物成務)와 ‘화민성속’(化民成俗)의 뜻으로 해석하고 있는 것을 볼 수 있다.[18] 다시 말하면 역이 ‘개물성무’하는 것이요 ‘개물성무’가 개화의 뜻으로 해석된다면, 역을 개화의 뜻으로 이해할 수 있을 것이다. 그것은 유교경전으로서의 『역경』은 음양의 순환적 변화원리로서가 아니라 자연현상과 사회현상의 진보적 변화원리로서 이해될 수 있음을 의미하는 것이다.

『주역』에서 대인(聖人)을 설명하면서 “하늘에 앞서 가더라도 하늘이 그를 어기지 않으며, 하늘에 뒤따라 갈 때는 天時를 받들어 행한다.”[19] 라고 언명한 것은 천에 앞서 갈 수 있는 인간행위의 창조적 역할을 밝혀주고 있다. 인간의 행위가 자연법칙의 규정을 따르는 것이 정당하지만, 법칙에 규정되기만 한 것이 아니라 법칙에 선행하여 법칙을 형성하는 창조적 역할이 허용되기도 한다. 이것은 곧 인간이 열려 있는 존재임을 의미하고 하늘[自然]도 열려 있음을 말해준다.

금일부(金一夫)는 주역(周易)의 선천·후천개념을 역사적으로 해석하여 한 질서에서 새로운 질서로 전환하는 과정을 선천과 후천으로 파악하는 후천개벽사상을 제기하였으며,[20] 청 말의 공양학자인 강유위도 공양전(公羊傳)의 삼세설(據亂世·升平世·太平世)과 예기(禮記) 「禮運」의 소강·대동설을 역사발전론으로 해석하면서 공자의 사상이 진보주의적 성격임을 제시하였다.[21] 이러한 이해는 서양근대사상에 자극을 받아 나타난 것이지만 유교적 사회의식의 근거에 진보성의 원리가 놓여 있는 것은 명확한 사실이라 할 수 있다.

---

18) 黃玹, 『梅泉集』 卷 6, 「言事疏」 “夫開化云者, 非別件也, 不過開物化民之謂.”
19) 『周易』, 「乾卦」, “夫大人者……先天而天弗違, 後天而奉天時.”
20) 金一夫, 『正易』, “後天之道, 屈伸, 先天之政, 進退, ……抑陰尊陽, 先天心法之學, 調陽律陰, 後天性理之道.”
21) 康有爲의 영향을 받은 朝鮮의 李炳憲도 “老氏則退步爲主, 孔子則進化爲主”(『儒敎復原論』, 제5장)이라 주장하고 있다.

3. 사회변동의 유교적 규범

1) 천명론 – 강상과 혁명

주역(周易) 「繫辭」에서 "生生之謂易"이라 하여 끊임없이 생성되는 것을 변화의 모습으로 파악하는 것은 의미 깊은 표현이다. 끊임없는 생성의 현상은 변화이지만 그 주체는 천(太極·理·道 등)으로 일컬을 수 있다. 우주의 모든 변화 현상을 주재하는 궁극존재를 천이라 할 때 변화는 천명에 따르는 것이고 또한 따라야 하는 것이다. 모든 변화현상의 근거는 천이라 하더라도 현실에서 천명에 어긋나는 변화가 있을 수 있다. 그것은 사실적 인식과 당위적 인식이 분별되는 문제인 것이다.[22]

인간의 사회적 삶에 나타나는 모든 변화현상도 사실적으로는 천도의 유행(流行)이라 할 수 있지만 당위적으로는 천명에 맞게 변화를 수행하여야 한다. 이러한 당위규범으로서의 천명은 인간사회의 모든 변화현상에 기준을 이루는 것이요, 유교의 천명은 불변적 기준인 강상을 제시하고 있다. 강상은 일반적으로 인간의 생활규범인 삼강과 오상(五倫)으로 규정되고 있으며, 삼강의 군신·부자·부부나 오륜의 부자(親)·군신(義)·부부(別)·장유(序)·붕우(信)는 유교적 인간사회의 구성요소에 따른 인간관계를 보여주고 있다. 올바른 인간관계를 통한 인간사회의 구성이 유교의 사회적 이상형이라고 한다면, 유교에서의 사회변동은 강상의 규범을 기준으로 평가되고 구현되는 것이다. 여기서 유교사회는 가족공동체와 이웃공동체와 국가공동체의 양상들을 내포하고 있으며 그 대표적 사회구조인 가족과 국가의 체제에 따라 효와 충으로 강상을 집약시킨다.

---

22) 『周易』, 「繫辭下」, "天地之大德曰生."
　　戴震, 『孟子字義疏證』, "道, 在天地, 則氣化流行, 生生不息, 是謂道."

한걸음 나아가 모든 인간관계의 근본규범이 되는 강상의 규범을 인과 의로 규정하거나 더욱 높은 통합규범으로서 인을 제시하고 있다.

인(仁)은 이인[두 사람]으로서 사람과 사람의 관계에 가장 근본적인 도덕규범이며, "仁은 곧 사람이다"[仁也者 人也]라는 맹자의 언급처럼 인간의 근본성품을 의미하는 것이기도 하다. 맹자가 "어버이를 친애(親愛)하고, 백성에 인자(仁慈)하며, 사물을 사랑한다"23)라고 군자의 덕을 언급한 것도 인간의 사회관계를 사랑의 규범 위에 정립시키는 것이라 할 수 있다. 그러면서 사랑[仁]은 정의[義]와 상응하여 인간사회의 규범을 이루며, 가족구조에서 부모와 형제와 자녀라는 상하 좌우의 관계에 따라 효(孝)·제(弟)·자(慈)를 인간의 기본덕목이요 인륜의 강령으로 제시하기도 한다.

삼국시대 화랑의 행동규범으로서 "국가의 위기에 생명을 바침으로써 충(忠)과 효(孝)를 모두 온전하게 이룬다"는 강상과 실현이 추구되었다.24) 조선시대에서도 세종 때 삼강행실도(三綱行實圖)가 편찬된 이래 오륜항실도(五倫行實圖)와 함께 국민교육의 기본교재가 되었으며, 소학(小學)도 오륜을 기본내용으로 편집된 것으로 대중교육의 규범원리를 제공해 주고 있다.

이처럼 강상은 유교사회의 모든 변화와 실현과정에 기준이 되는 규범이므로 의리론도 강상을 추구하는 신념이었다. 또한 강상의 규범은 한 시대사회의 건전성을 지키는 원리요, 사회는 기강이 확립됨으로써 확고한 안정성을 누릴 수 있는 것이다. 율곡은 사회의 폐단을 개혁하는 방법을 제시하면서 기강을 펼쳐서 조정을 맑게 할 것을 강조하였다.

　　"기강(紀綱)은 국가의 명맥(命脈)이다. 기강(紀綱)이 정돈되면 모든 일

---

23) 『孟子』, 「盡心上」, "親親而仁民, 仁民而愛物."
24) 『三國史記』, 「列傳·金令胤」, "欽春召子盤屈曰, 爲臣莫若忠, 爲子莫若孝, 見危致命, 忠孝兩全."

이 다스려질 것이지만, 기강(紀綱)이 문란하면 모든 일이 폐지된다.”25)

기강은 사회의 규범이므로 강상이 사회적으로 규정된 것이라 할 수 있다. 그리고 강상이 천명의 당위적 규범으로 도덕적 일반원리라 한다면 기강도 천명의 당위규범이 사회통치원리로 구현된 것이라 하겠다.

천명론은 보편적 규범으로 강상의 형식을 갖지만 역사의 특수상황에서는 혁명의 형식으로 나타나기도 한다. 사회의 변동이 강상의 규범을 실현하는 질서 속에 있다면 지속성을 보장하지만 강상이 폐지되고 기강이 붕괴되어 혼란에 빠지면 그 사회체제의 전반적 개혁이 요구된다. 혁명은 천명에 따라 사회체제를 개혁함으로써 강상의 실현도구로서 새로운 사회체제를 확보하는 것이다. 여기서 천명은 민심을 통하여 나타나는 것이라는 원칙에 따라 혁명은 대중의 향배(向背)를 근거로 한다. 유교의 혁명론은 민심이라는 사회적 대중의 존재를 천명의 표현으로 파악하면서 사회적 인간성을 천명과 강상의 기반으로 삼고 있는 것이다. 천명이 사회적 인간성 속에 부여되었고, 강상은 그 인간성의 규범원리이며, 혁명은 강상의 위기에서 민심을 근거로 천명을 새롭게 구현하는 사회체제 수립이라 할 수 있다. 혁명론의 개혁방법과 강상론의 지속방법이 군신관계의 변동에서 대립된 것으로 나타나기도 하지만, 근본적으로는 진정한 혁명은 진실한 강상과 더불어 천명을 실현하는 사회규범으로서 일관되게 이해되어야 할 것이다.

2) 중용론 – 정중(正中)과 시중(時中)

우주의 모든 변화양상은 양극적 형식으로 파악될 수 있다. 태극에

---

25) 『栗谷全書』, 卷 3, 「玉堂陳時弊疏」, 참조.

동(動)과 정(靜)이 나타나며 음과 양으로 형식화되는 것이나, 도덕적인 선과 악, 사회적인 치(治)와 난(亂) 또는 빈과 부 등 양극의 이원론이 어디에나 적용된다. 이러한 양극단의 변화현상 속에서 유교가 제시하는 규범원리는 『중용』에서 제시하는 중용의 규범이다.

> 순(舜)은 크게 지혜로운 분이로다. 순(舜)은 묻기를 좋아하시고 비근한 말도 잘 살피셨다. 악을 덮어주고 선을 드러내 주시며, 양극단을 잡아 그 중용을 백성에게 쓰셨다.[26]

양 극단을 모두 취해서 중용의 원리 속에 통합하고 이를 사회에 시행하는 것이 성왕인 순의 지혜라 한 것이다. 여기서 순은 악을 덮어주고 선을 드러내는 도덕성의 원칙을 동시에 제기하고 있다. 따라서 중용은 선과 악의 양 극단을 절충하는 것일 수 없으며, 선에 어긋나는 양극단을 선으로 수렴시키는 원리로 이해되어야 할 것이다.

조정암(趙靜菴)이 중종 때 왕도를 펴고 이욕의 풍조를 막아서 이상사회를 수립하려는 지치(至治)를 주창하다가 기묘사화에 희생되었다. 이때 정암에게 『중용』을 잘 읽지 못해서 실패하게 되었다고 한탄한 사람이 있었다. 정암이 중용을 잘 몰랐다는 뜻은 그의 지치론(至治論)이 중용에 어긋난다는 뜻이 아니라 중용의 원리도 시대사회의 상황에 적절하게 적응되지 못하면 온전히 실현될 수 없음을 말한다. 여기서 중용은 두 가지 의미로 파악될 수 있다. 곧 모든 변화의 양극적 다양성을 선의 정당성으로 지양시키는 이념적 중용과 시대사회의 현실 속에서 적절한 적응방법을 확보하는 장황적 중용으로 이해될 수 있는 것이다. 이념적 중용을 '정중'(正中; 中正)이라 한다면 장황적 중용을 '시중'(時中)이라 할 수 있다.

---

26) 『中庸』・6 章, "舜其大知也與, 舜好問而好察邇言, 隱惡而揚善, 執其兩端, 用其中於民, 其斯以爲舜乎."

정중은 도덕적 정당성을 확립하는 일반적 원리가 된다. 맹자는 당시에 양주의 극단적 이기주의인 위아설(爲我說)과 묵적의 극단적 박애주의인 겸애설(兼愛說)을 배척하면서 자막(子莫)이 절충하여 중간입장을 선택하는 절충주의도 집일설(執一說)이라 하여 거부하였다.[27] 여기서 맹자는 극단적 입장도 버리지만 절충적 입장도 기준[權]이 없는 타협일 때는 정당성을 가질 수 없는 것으로 부정하고 있다. 그것은 중용이 기준[權]과 정당성[道]을 지닌 정중임을 밝혀주는 것이라 하겠다. 이처럼 맹자는 정중이 아닌 입장을 거부하여 중용을 드러내는 부정적 방법을 보여주고 있지만, 정약용은 이러한 극단적 입장을 포용하여 종합함으로써 정중을 드러내는 긍정적 방법을 보여주고 있다. 정약용은 양주의 위아설은 수기(修己)요 의를 추구하는 것이며, 묵적의 겸애설은 치인(治人)이요 인을 추구하는 것이라 하고 양주와 묵적의 오류는 양극에서 한 극단만 잡고서 변통할 줄 모르는 데 있다고 지적하였다.[28] 정중(正中)의 이념적 중용은 모든 다양성을 포괄하거나 지양하여 정당성의 도를 내포하는 것이므로 천명과 일치될 수 있으며, 인성의 기준이 될 수 있는 것이다. 『중용』은 희·로·애·락의 감정이 발동하기 이전의 인간 본성을 '中'이라 하고 이 중에 알맞게 감정이 발휘된 것을 '和'라 하여 중화를 천하의 근본[大本]이 되고 기준[達道]이 되는 것으로 밝혀주고 있다.[29]

사회의 현실적 변동 속에서 정중의 표준을 세운다 하더라도 구체적 방법은 상황에 따라 다양하게 나타날 수 있다. 선을 실현하는 방법이 급진적일 수도 있고 점진적일 수도 있으며, 강경한 방법도 있고 온건한

---

27) 『孟子』,「盡心上」, "子莫執中, 執中爲近之, 執中無權, 猶執一也, 所惡執一者, 爲其賊道也, 擧一而廢百也."
28) 丁若鏞, 『孟子要義』 卷 2, 44張, "仁義相用, 不可偏廢, 二者各執其一, 不知變通, 是其謬也."
29) 『中庸』·1章, "喜怒哀樂之未發, 謂之中, 發而皆中節, 謂之和, 中也者, 天下之大本也, 和也者, 天下之達道也."

방법도 있다. 이러한 다양성 속에서 가장 올바른 방법은 상황의 모든 조건에 가장 적절한 방법이라야 한다. 퇴계는 그 시대에서 물러서기[退]를 힘썼으며 율곡은 그 시대에서 참여하기[進]를 힘썼다. 어느 한 기준에서 본다면 다른 쪽이 잘못된 것일 수 있지만 상황에 따라서 양쪽 모두가 정당할 수 있다. 맹자는 불의를 거부하고 은둔한 백이(伯夷)를 성지청자(聖之淸者)라 하고, 어떤 상황에서도 가신의 책임을 강조한 이윤(伊尹)을 성지임자(聖之任者)라 하고, 모든 변화에도 자기중심을 갖고 대응하는 유하혜(柳下惠)를 성지화자(聖之和者)라 하며, 상황에 따라 적절하고 정당하게 행동하는 공자를 성지시자(聖之時者)라 하였다.30) 정중은 수도의 엄격성에 해당한다면, 시중은 행권의 융통성에 해당한다고 할 수 있다. 정중도 시중을 통하여 현실화될 수 있는 것이라면 중용은 正(中)의 체(體)와 시중의 用(庸)이 융합된 것으로 이해할 수 있을 것이다.

3) 대동론(大同論) – 일통(一統)과 태평

인간의 사회적 생활양상은 다양할 뿐 아니라 차등을 이루어 불안정한 것이 현실이다. 여기에 사회의 갈등과 분열이 일어나고 동요와 혼란도 발생하게 된다. 능력에 따른 차별과 소유에 따른 차별, 기회의 차별, 지위의 차별이 현실적으로 존재하는 데서 오는 혼란을 극복하는 방법으로서 유교는 차별의 질서를 일찍부터 수립하였다. 봉건제는 사회적으로 신분의 차등질서를 제시한 것이고 종법제는 친족 속에서 위치의 차등질서를 규정한 것이다. 이러한 봉건제 및 종법제는 하나의 중심 내지 정점을 기준으로 위계를 설정하고 있다. 이 위계질서는 한 중심이나 정

---

30) 『孟子』, 「萬章下」, "伯夷, 聖之淸者也, 伊尹, 聖之任者也, 柳下惠, 聖之和者也, 孔子, 聖之時者也."

점을 기준으로 전체를 조직하여 통일시키고 있기 때문에 모든 부분은 그 부분으로서의 역할과 지위에 대한 규정을 포함하고 있다. 임금은 임금답고[君君] 신하는 신하답고[臣臣] 아비는 아비답고[父父] 자식은 자식다워야 한다[子子]는 정명론은 곧 위계질서 속에서 부분이 그 역할[分數]을 올바르게 지켜야 한다는 규범이다.

정명론이 봉건질서 속에서 국가사회 속에 적용되었을 때에는 군주의 한 정점이 최고의 권위로 존중되는 정통론으로 나타났다. 왕통의 변경시킬 수 없는 정당한 기준을 정통이라 한다면, 정통이 이루어진 국가만이 존립의 정당성을 갖게 되는 것이다. 정통을 무시하고 권력집단을 이루었을 때는 그 권력이 아무리 강대하더라도 정당성을 인정하지 않는다. 이처럼 정명론에 기초한 정통론은 사회의 전체적 통일을 정당하게 확보하고 질서를 유지하는 일통(一統)의 규범이 된다.

정통론은 전체의 통일된 질서의 규범으로서 국가에서는 왕통으로, 가족에서는 가통으로, 유교 이념의 공동체에서는 도통으로 인식되어 한 중심이나 정점으로 일통을 확보하며, 천하에 확대 적용되면 대일통론으로 나타난다. 모든 나라는 수평적 병렬관계가 아니라 한 중심으로 통일되어야 정당하다는 대일통론(大一統論)은 춘추공양전(春秋公羊傳)의 기본 이념으로 제기되었다.31) 조선시대 말기까지 유교 이념의 질서 속에서는 중국을 대일통의 중심으로 받아들이고 조선은 중국을 종주로 사대하는 번방의 제후국으로 자족하였다. 그것은 강약의 세력을 넘어서 국제질서의 정통에 대한 승인이라는 규범적 의미를 지닌 것이다.

정통 내지 일통의 위계적 질서는 사회통합의 규범에서 하나의 중요한 원리이지만 전부는 아니다. 의가 선악을 엄격히 분별하지만 인은 사랑으로 전체를 포용하고, 예가 서열과 절차를 엄격히 규정하지만 낙이 조화로 전체를 융합하는 것처럼 정통의 위계적 분별의식과 균평의 전

---

31) 『春秋公羊傳』, 隱公元年, "何言乎王正月, 大一統也."

체적 조화와 통합을 위한 추구가 상보적으로 작용하고 있다.

> 나라를 다스리는 자는 백성이 적은 것을 걱정하지 않고 고르지 못함을 걱정하며, 가난한 것을 걱정하지 않고 안정되지 못함을 걱정한다고 한다. 고르면 가난하지 않고, 화목하면 백성이 적지 않고, 안정되면 기울어질 염려가 없다.[32]

균평·조화·안정은 사회가 위계질서로 얻는 형식적 통일성을 넘어서 내면적 통합력을 확보할 수 있는 원리가 된다. 맹자가 군왕이 독락(獨樂)하는 경우와 여민동락하는 경우를 대조시켜 대중에 뿌리를 내린 여민동락을 강조한 것도 군과 민이 함께 즐거워하는 사회내적 통합력의 중요성을 보여주는 것이다. 세종 때 아악을 정리하면서 「保太平」·「致和平」·「與民樂」 등 악곡을 제작한 정신도 사회내적 통합력이 균평과 조화를 통해 이루어질 수 있다는 인식에서 나타난 것이라 하겠다.

일통의 형식적 통합질서와 균평의 내면적 통합질서가 사회발전과정에서 표현되면 대동론으로 이해될 수 있다. 분별과 통합의 긴장을 더욱 높은 이상으로 지양시켜 통합을 추구한 규범이 대동(大同)이다. 대동의 이념은 『예기』「禮運篇」에서 천하의 공공성을 강조한 이상론이라 할 수 있고 강유위는 대동서(大同書)를 저술하여 유교의 봉건적 질서를 개혁하는 원리로 끌어내기도 하였다. 그러나 대동은 모든 풍토적·관습적·제도적 차이를 넘어서 공공성을 통해 인간사회의 공통된 통합근거를 찾는 원리로 이해될 수 있다. 율곡이 강조한 국가의 원기가 되는 공론[33]도 사회의 공공한 통합원리를 지적하고 있는 것이며, 최한기가 천하의 모든 인간이 일치하는 대동인도(大同人道)[34]도 세계성을 지향

---

32) 『論語』, 「季氏」, "丘也聞, 有國家者, 不患寡而患不均, 不患貧而患不安, 蓋均無貧, 和無寡, 安無傾."
33) 『栗谷全書』, 卷 7, 「代白參贊疏」, "公論者, 有國之元氣也."
34) 崔漢綺, 『人政』 卷 6, 「人道褒貶」, "人生大道, 統合天下人民, 而成其道, 非

하는 공공의 통합원리라 할 수 있다.

일통이 또 다른 일통을 만나서 자신의 정통을 고집하는 폐쇄에 빠지지 않고 소이를 넘어 더욱 높이 통합하는 것이 대동의 원리이다. 또한 균평의 내면적 통합력을 더욱 확장하여 천하의 균평하고 안정됨을 지향하는 평천하의 태평이 대동의 원리이다. 이러한 대동론은 유교적 사회발전의 이상이요, 규범원리로서 받아들여질 수 있는 것이다.

4. 사회변혁의 유교적 방법과 역할

1) 선후론 - 근본과 지말

사회의 문제에 있어서도 유교적 논리는 한 대상의 구조를 뿌리[根本]와 가지[枝末]로 파악하는 본말론에 의해 적용된다. 곧 개인과 가족과 국가와 세계의 다양한 사회적 영역 사이에서 개인이 뿌리가 되고 세계가 가지가 되는 본말의 구조로 정리되고 있다. 『대학』은 이러한 사회의 단계적 영역을 제시하고 그 해결의 순서로 자신의 수양(修身)을 이룬 다음에 가정을 다스리고[齊家], 그리고 나서 나라를 다스리고[治國] 그다음 천하를 평화롭게 한다[平天下]는 차례를 밝혔다. 그것은 유기적 생명체인 식물에서 성장과정이 뿌리로부터 가지로 나아가는 자연적 순서를 사회적 인식에 끌어들인 것이라 할 수 있다. 『대학』에서는 또한 "먼저 할 것과 뒤에 할 것을 알면 도(道)에 가깝다"[知所先後, 則

與一家一國而名人道也, 一襃而天下皆襃, 乃大同人道之襃, 一貶而天下同貶, 乃大同人道之貶."

近道矣] 하여 실행순서의 문제를 도[진리]의 기본양상으로 지적하였다.

사회의 구조를 본말로 파악하고 이를 선후에 따라 해결하려는 것을 정통적으로 선본후말론의 입장을 의미한다. 사회 현상에서 복잡한 문제가 얽혀 있을 때 항상 유교적 해결방법은 근본이 무엇인지 찾는다. 공자가 정치의 조건으로 경제[足食]·국방[足兵]·국민의 신뢰[民信之]를 지적하면서 국민의 신뢰를 근본으로 들고 그다음 경제를 들며 끝으로 국방을 들고 있는 것도 근본을 확인시켜 주는 것이다. 맹자는 백성[民]·국가[社稷] 정부[君]를 경중으로 나누어 민중군경설을 펴고 있는 것도 근본을 백성으로 파악하는 인식을 보여주는 것이다. 여기서 민본사상은 곧 사회구조 속에서 백성을 근본으로 파악하는 것이요, 백성의 생활에서 경제의 근본성을 밝히면서 "백성은 의식(衣食)을 하늘로 삼고, 임금은 백성을 하늘로 삼는다[民以食爲天, 君以民爲天]"는 언명이 나타나게 된다.

백성을 근본으로 인식한 민본의 사회의식 속에서, 백성의 생활이 경제와 도덕 가운데 어느 것을 근본으로 하느냐의 문제는 상당히 어려운 문제가 된다. 인간이 신체와 정신으로 구성되었다고 한다면 유교의 이념은 당연히 정신을 근본으로 파악한다. 형상적(形狀的)인 것을 초월한 도(形而上者)와 형상적인 것으로 나타나는 기(形而下者)의 사이에는 언제나 도가 근본이고 기는 지말이다. 그리고 선본후말론(先本後末論)의 입장에서 설명하면 근본의 도를 다스리면 지말의 기는 저절로 이루어진다고 보며, 도덕과 학문의 근본에 힘쓰면 지말의 정치는 거기에서 이루어지는 것이라 한다.[35]

이러한 근본주의 내지 선본주의의 방법이 현실사회의 문제를 해결하

---

35) 吳光運, 「磻溪隨錄序」, "諸君子之心, 汲汲皇皇於斯道, 而於器則未遑焉, 盖其意以爲道明, 則器自復爾."
『退溪全書』(一), 「戊辰六條疏」, "豈不以學問成德爲治之大本也, 精一執中爲學之大法也, 以大法而立大本, 則天下之政治, 皆自此而出乎."

는 데서 어떠한 기능과 능률을 가졌던가에 대해 유교전통 속에서도 반성이 일어났다. 『서경』 대우모(大禹謨)에서 정덕(正德)·이용(利用)·후생(厚生)을 정치의 기본과제로 제시하였을 때도 정덕이 근본으로 인식되어 이용·후생에 선행하는 것으로 이해되어 왔다. 이러한 근본주의가 유교사회를 도덕적 기초 위에 확립하는 데 뚜렷한 성과를 거둔 것은 사실이지만 도덕 우선의 사회체제 속에서 경제나 기술이 외면되기 쉬웠고, 경제적 빈곤과 기술이 낙후된 상태에서 인간의 도덕성도 안정된 기반을 확보하기 어렵다는 현실적 자각이 제기되었다. 이른바 조선후기의 실학파인 박지원은 "이용(利用)을 이룬 다음에야 후생(厚生)을 할 수 있고, 후생을 이룬 다음에야 정덕(正德)을 할 수 있다"36)라 하여 선말후본론의 방법적 전도를 지키고 있다. 도학의 전통에서도 성리학의 기본명제인 이기불상리설에 따라 도기불상리(道器不相離)를 지적하여 일방적인 근본의 도만을 강조하여 기를 외면한 현상을 극복할 것을 요구하기도 하였다.37)

율곡은 사회변혁의 방법을 근본주의적 입장[從本而言]과 현실주의적 입장[從事而言]으로 분별하였다. 그는 상황에 따라 근본주의적 입장에서도 덕성의 확립으로 문제를 해결하기를 시도할 수도 있고 현실주의적 입장에서 제도와 법제를 개혁하여 문제를 해결할 수 있다는 양면적 방법론을 제시하였던 것이다. 여기서 근본주의[先本主義]는 원칙론적이요, 안정된 시기의 점진적 방법이라 한다면, 현실주의는 실무론적이요, 혼란의 시기에 개혁적 방법이라 본다면 두 가지 방법이 적절하게 시의를 얻어야 효율적일 수 있다고 하겠다.

---

36) 『燕巖集』, 「熱河日記」, "利用然後可以厚生, 厚生然後正其德矣."
37) 吳光運, 「磻溪隨錄序」, "道何嘗離器而獨行哉."

2) 확충론 - 가족과 사회

『대학』의 팔조목도 개인에서 가족·국가·천하로의 확장의 과정을 밝히고 있으며, 인간의 사회적 구성에서도 작은 단위의 기초가 누적되어 큰 단위를 형성한다는 확충론적 이해는 유교의 사회변혁을 위한 방법론으로 도입될 수 있다. 일상생활태도에서도 비근한 데서 고원한 데로 나아가는 누적적 실천이 존중되며, 사회제도에서도 개인과 가족의 친근성을 사회의 기초로 확립하는 것이 유교의 입장이다.

맹자가 "어버이를 친애(親愛)하고[親親], 백성에 인자(仁慈)하며[仁民], 사물을 사랑한다[愛物]"는 단계적 확충론을 보인 것은 인간본성으로서의 사랑[仁]이 가까운 데서 먼 데로 뻗어 가는 성장과정을 보여준다. 곧 인간은 부모와 자식의 사랑[父子有親]을 경험함으로써 이웃과 사회에 대한 사랑[仁民·愛民]이 싹틀 수 있다고 파악하는 것이요, 인간에 대한 사랑을 넓혀가서 사물에 대한 사랑도 성장하게 된다는 것이다. 또한 인간이 자신에 대한 사랑이 없는 자폭·자기의 상태에 놓이면 가족생활을 포함한 모든 사회관계가 정상적으로 이루어질 수 없는 것이다. 여기에 공자가 남에게 보이는 학문[爲人之學]에 앞서 자신을 성숙시키는 학문[爲己之學]을 강조하는 이유가 있고 수기와 치인의 두 강령에서도 수기를 근본으로 삼는 이유가 있다.

유교의 사회질서는 확충론에 근거하여 개인의 도덕성을 개발하는 자기성숙을 가장 강조하고 여기에 기초하는 가족질서로서 가법[가정의 法度]의 확립을 중요시한다. 개인과 가족에 기초하는 국가는 국가의 절대적 우위성을 보장하지 않으므로 가족주의적 한계와 폐단이 지적되는 것은 사실이다. 인간이 사회화하는 과정에서 가족(친족)적 한계를 넘어서는 것은 필연적 현상이지만 가족을 기초로 더욱 넓은 사회 속에 나아가는 사회체제와 가족을 극소화시키고 사회우선을 강조하는 사회체제는 상당한 차이를 보일 수 있다. 유교적 전통은 사회보장이나 사회복지가 확립되지 못한 조건에서도 가족공동체를 통해 안정된 보장을 향유하였고, 국가적 불안이나 혼란에서도 가족안정을 통하여 커다란 충격이나 동요를 극복할 수 있는 기능을 가졌다.

충신은 효자의 가문에서 나온다는 가족의 확장으로서 국가와, 효를 하거나 충을 하거나 선택적으로 요구되는 가족과 유리된 국가의 의식은 사회형성에 유교적 방법과 비유교적 방법의 분기점으로 이해될 수 있다. 가법이 서 있는 가문의 사회인이 불의를 저지를 수 없고 가법이 무너진 가문의 인물은 사회적으로도 믿을 수 없다는 평가는 유교적 사회의식의 기본입장이다. 그것은 가족주의에 빠져 가족적 이익을 우선하면서 사회적 책임을 거부하는 반확충적 입장과 구별되어야 할 것이다.

유교적 사회변혁은 확충론을 통해 개인에서 가족으로 또 국가사회로 확장되는 사회질서의 수립에 성공할 때 건전하게 기능할 수 있고 확충을 이루지 못하여 가족 속에 폐색될 때 역기능으로 비판을 받을 수 있다. 가장을 가군으로 일컫고 군왕을 백성의 부모라 일컫는 가족의 확장으로서 사회의식은 확충론의 한 표현이다. 누구나 이웃의 연장자를 아저씨·아주머니·할아버지·할머니라 부를 수 있는 가족확대로서 사회형성은 유교적 사회의식의 중요한 성취라 할 수 있다.

그러나 현대의 사회변동 속에서 가족의 기능이 유교적 확충론의 정당성을 근본적으로 위협하는 현실적 상황에서 확충론의 기능이 사회형성에 어떤 의미를 갖는 것인가 깊이 음미될 필요가 있을 것이다. 가정이 한 인간의 일정한 성장단계로 남고 사회에서 유리되는 고립된 섬으로서 아무런 사회적 기능이 보장될 수 없다면 유교의 사회제도는 엄청난 불균형으로 기형화할 것이다. 그렇지만 가정이 인간의 올바른 사회화에 기초가 되고 가족과 사회가 유기적으로 결합되는 것이 바람직한 사회상이라 인식된다면 유교의 확충론적 사회변혁방법은 의미 깊은 지혜로 재평가될 수 있을 것이다.

3) 변법론 – 시의(時宜)와 변통(變通)

유교에서는 국가단위에서 사회변동의 단계를 창업·수성·경장의 3
단계로 규정한다.[38] 이러한 변동양상은 순환적 형식이라 볼 수 있을
것이다. 여기서 창업은 혁명을 통해 새로운 국가질서가 제시되는 것이
며, 이 질서는 기준이 되는 법제를 갖추게 된다. 그리고 창업에서 제지
된 법제는 계승되어 실현하는 수성의 단계를 거쳐 정착될 수 있다. 그
러나 수성의 안정기가 지속되면서 관습적으로 타성화되어 모순이 축적
되면 경장의 개혁을 필요로 한다. 경장은 법제를 개혁하는 변법을 통해
모순과 폐단을 해결하여야 하지만 경장이 실패하면 새로운 창업에로
복귀하게 되는 것이다.

역사적 변동과정이 필연적으로 개혁의 변법을 요구하는 것은 자연
질서로서도 이해된다. 『주역』 계사(繫辭)에서는 변화의 질서를 "궁색
(窮塞)하게 되면 변(變)하게 되고, 변(變)하면 통(通)할 수 있으며, 통
(通)하면 오래 지속된다"[易窮則變, 變則通, 通則久] 하여 궁색 → 변화
→ 소통 → 지속 → 궁색으로의 순환형식을 제시하고 있다. 따라서 인간
이 지속적 안정을 희망하지만 지속은 궁색을 가져오고 궁색은 변화시키
고 소통시켜야 다시 지속될 수 있다는 변화의 필연성을 전제하게 된다.

사회제도로서의 법제는 지속성을 요구하지만 그만큼 변법을 통해야 지
속할 수 있다는 것이 현실적 법칙이다. 법제의 성립도 역사적·사회적
현실 속에서 이루어지는 것인 만큼 때가 변하면 법이 바뀌지 않을 수
없다고 하며, 법이 오래 지속하면 폐단이 생기는 것을 기본적으로 인식
하고 있다.[39] 따라서 법은 시대적 적합성[時宜]이 있어야 하며, 시의는

---

38) 『栗谷全書』, 卷 25, 「聖學輯要·識時務章」, "時務不一, 各有攸宜, 撮其大要,
   則創業守成與夫更張三者而已."
39) 『栗谷全書』, 卷 5, 「萬言封事」, "蓋法因時制, 時變則法不同." 같은 책, 卷 6,
   「應旨論事疏」, "時侈事變, 法久弊生."

"시대에 따라 변통을 하는 것으로 법을 제정하여 백성을 구제하는 것이라"40) 하여 변법의 근거로서 시의(時宜)를 제시하기도 한다. 이처럼 변법은 시의를 근거로 하여 변통의 기능을 실현하는 방법이라 할 수 있다.

시의는 사회적 모순이나 폐단이 누적되는 갱장기의 상황에서 변법을 할 수 있는 것이요, 사회적으로 정착이 요구되는 수성기에서는 변법이 아니라 수법이 실현되어야 할 것임을 말한다. 그리고 시의는 사회제도가 그 시대의 현실상황에 적절하게 기능하기 위한 기준이 된다고 할 수 있다. 제도가 시대적 문제를 인식하지 못하면 이미 그 기능을 상실하고 말 것이다. 따라서 변법은 항상 시대의 문제와 현실의 요구를 기준으로 추구되어야 한다.

또한 변법은 시대사회의 문제를 해결하는 과제를 수행하여야 한다. 백성이 고통 받고 있을 때 그 고통을 해소하며 구원하는 기능을 변통이라 할 수 있다. 변통은 한 체계가 인간의 희망을 성취시키지 못하고 장애를 이루고 있을 때 새로운 체계로서 그 희망을 성취시키는 것이다. 막힌 것[塞]이 악이고 거짓이고 물질화이고 죽음이라 한다면 통한다는 것은 선이고 진실이고 정신화이고 생명이라 할 수 있다. 인간은 폐색된 존재가 아니라 통달하는 존재이므로 끊임없이 막힌 것을 넘어서 통하는 길[道]을 지향한다. 변법을 통한 변통은 법제가 인간의 삶을 구속하는 데 본래의 기능이 있는 것이 아니라 인간을 해방시키고 자유롭게 하는 데 본래의 의미가 있는 것으로 제시해 준다.

변법은 제도의 무한정한 변혁이 아니라 상법의 불변성을 전제하고 있다는 사실에 주의할 필요가 있다. 강상의 근본규범이나 본래의 질서를 바꾸도록 허용하지는 않는다. 유교 이념의 근본은 상법으로 제시되는 것이고 변법은 시대적 현실 속에 구체적으로 규정되는 사회제도라 할 수 있다. 그러나 시대사회적 현실법제도 수법(守法)의 필요성과 변

---

40) 같은 책, 卷 5, 「萬言封事」, "夫所謂時宜者, 隨時變通, 設法救民之謂也."

법의 필요성인 시의에 따라 다르게 나타난다. 여기서 율곡은 진덕수의 말을 이끌어 "지켜야 할 때 지키는 것도 계승하는 것이요, 변통해야 할 때 변통하는 것도 계승하는 것이라[41] 하여 시의에 따라 한쪽에로의 집착을 극복할 것을 요구하며, 갱장기에서는 법제의 개혁에서 시의에 맞는 변법은 클수록 이익 됨도 크다고 강조하였다. 이러한 변법론은 유교적 사회구조 속에서 근본이 되는 백성의 삶을 시대적 적합성에 따라 가장 효율적으로 실현시키기 위한 사회 개혁의 방법으로서 중요한 의미를 지니는 것이라 할 수 있다.

5. 유교적 사회통합과 변혁의 과제

우주와 더불어 사회를 변화하는 현상으로 파악하는 유교의 이념에서는 사회변동의 문제가 결코 거부되어야 할 것이 아니라 변동을 통하여 유교 이념이 실현될 수 있는 현실로 받아들인다고 하겠다. 유교는 이러한 변동의 현상을 형식적으로 순환론에 의해 파악하면서도 현실의 무한한 가변성을 인정하고 또한 목적론적 진보성에 대하 인식을 내포하고 있다.

유교가 추구하는 사회변동의 지배원리가 되는 규범체계에서는 천의 주재적 지위에 따른 도덕적 원리와 그 현실적 실현 체계로서의 강상을 뚜렷이 밝히고 있다. 천명의 구현인 강상이 보편적 도덕원리라면 현실적 다양성을 통합하고 조화하여 지양시키는 중용의 규범이 현실원리가 되는 것이다. 그리고 사회적 통합의 원리로서 위계적 질서나 균형과 조

---

41) 같은 책, 卷 7, 「陳時弊疏」, "眞西山曰當持而持守, 固繼述也, 當變通而變通, 亦繼述也, 此眞不易之定論也."

화를 통한 수평적 통합력의 추구가 나타나고 있으며 곧 화평과 통일의 이상인 대동이 제기된다.

현실사회 속에 그 사회변동을 수행하는 방법으로서 본말론적 문제파악과 더불어 선후와 경중의 실천단계가 중요시된다. 또한 사회구조의 근거를 개인과 가족에서 확충해가는 동심원적 확대질서를 추구하는 사회형성의 방법은 오늘날 우리현실에서 비판과 도전을 받고 있다고 하더라도 유교적 기본 구조요 방법인 만큼 그 기능을 주의 깊게 재평가할 필요가 있다. 또한 사회제도의 변혁방법으로서 변법론은 시대적 현실성과 민생에 근본을 두는 적합성을 추구하려는 의지를 지니는 것이며 그 정당성의 기준은 시대적 제약을 넘어서 어느 사회에서나 보편적으로 받아들여져야 할 것으로 생각한다.

문제는 전통사상으로서의 유교가 현대의 산업사회에서 어떻게 기능할 수 있는가 하는 것이다. 그러나 이 문제도 유교의 진정한 이해를 전제하고서 현대사회의 현실 속에 적응하여 실제적인 기능을 검토할 기회가 주어져야 한다. 그것은 물론 유교집단의 과제이겠지만 한국사회가 자신의 전통기반인 유교질서를 어떻게 활용할 것인가에도 걸려 있는 것이라 하겠다.

Ⅳ. 현대 한국사회와 유교의례의 해체

1. 문제의 의미

오늘의 한국사회는 지난 1세기 동안의 근대화 과정을 지나서 근대 문명이 거의 정착되는 단계에 이르렀다. 우리는 근대화 과정에서 우리의 오랜 전통을 스스로 극복하기 위하여 많은 노력을 기울였다. 그동안 전통적 문화형식이나 생활양식을 전근대적이고 낙후한 것으로 규정하고, 서구적인 것을 근대적이고 진보한 것으로 흠모하여 왔다.

오늘날 우리는 서구화하는 데 너무 골몰하다가 마침내 우리의 역사적 내지 문화적 전통을 단절시키고 말았던 사실에 매우 불안감을 느끼기 시작 하였다. 이에 따라 한편으로 전통문화의 재인식과 전통적 가치의 현대적인 이해를 도모하며, 계승의 필요성을 강조하는 데 이르게 되었다. 그러나 다른 한편으로 전통적 관습과 의식을 미처 청산하지 못한 점을 마저 씻어내어 근대화를 완성시켜야 한다는 주장도 여전히 강력하게 제기되고 있다.

유교문화는 전통사상을 대표하는 지위를 누려왔다. 따라서 유교적 규범과 생활양식은 지난 1세기 동안 가장 격심한 비판을 받아왔다. 이제 유교 이념은 지도이념으로서는 거의 외면되고 망각 속에 빠지는 상태가 되었으나, 유교의 구체적 실천 양식이요, 저변적 침투형태인 의례는 사회제도와 행동양식 내지 생활관습 속에 사라지지 않았을 뿐만 아니리 상당한 영향력을 끼치고 있는 것이 사실이다.

우리의 주위에 남아 있는 유교의 규범과 의례의 모습은 근대화 과정에서 심한 파괴를 당하고 난 다음의 일그러진 것임은 당연하다. 그러나 비록 일그러진 모습이나마 다시금 돌이켜 보고 현상을 진단하여야 할 필요가 있다. 이 장에서는 유교적 전통질서가 근대 서양문명의 전례에 따라 어떻게 해체되어 가는가를 역사적 과정에서 확인해 보고, 아울러 오늘의 시대사회 속에서 유교의례가 처한 위치를 검토하면서 가정의례준칙 문제와 가족법 개정론의 문제가 지닌 의미를 해명해 보고자 한다.

2. 유교전통과 서구 근대문명의 도전

유교 이념을 기반으로 하는 조선사회는 서양의 종교인 천주교 신앙이 전래됨으로서 중대한 도전을 받기 시작하였다. 1784년 조선사회에 싹이 텄던 천주교 신앙은 잇달아 1791년 진산(현재의 금산군 진산면)에서 천주교도인 윤지충과 권상연이 제사를 폐지하고 신주를 불사르는 사건으로 커다란 물의를 빚었다. 천주교에서는 유일신인 천주에게만 제사가 드려지고 있다. 조상에게는 제사를 드릴 수 없고, 제사 형태도 유교적인 방법을 인정하지 않는다. 이에 상반하여 유교사회는 제사가 중요한 사회교화 방법이며, 인간이 지켜야 할 기본적 도리로서 엄격한 형식으로 규정하고 있다. 따라서 제사를 거부하는 천주교를 사회질서를 어지럽히는 사교로 규정하고 철저히 억압하였다. 조선시대에 순교 당했던 천주교도들은 "제사는 천주교에서 금하는 것이다. 사대부에게 죄를 얻을지언정 천주에게 죄를 얻을 수는 없다"라고 한결같이 주장하였다.[42] 여기서 유교 전통의례와 천주교의례 가운데 한 가지를 선택하지 않을 수 없는 사실은 유교와 천주교의 대립이지만, 넓은 의미에서 유교 전통과 서양문화의 만남이 양립할 수 없는 대립적 성격임을 보여준다.

1876년 일본의 무력위협으로 문호를 개방하자 잇달아 서양의 근대 문물이 쏟아져 들어왔다. 이 시기에 개화파 인물들은 서양의 근대 문명을 적극적으로 받아들이기를 강력하게 주장하였다. 도덕과 예의를 표방해 온 유교 전통사회가 서양에 비하여 너무나 빈곤하고 무력하다는 현실을 분명히 파악하였기 때문이다. 그러나 개화파의 인물들은 우리의 전통에 서양문명을 그대로 받아들여 첨가할 수 없다는 사실을 깨닫지 않을 수 없었다. 곧 우리의 전통적 사회제도와 생활양식을 변형하여야 할 필요를 느끼게 되었다. 이와 더불어 일본과 서양의 압력이 우리의 의사와 상관없이 강압적으로 변화를 요구해 왔다. 외국의 침략세력들은 우리 사회의 전통을 전혀 존중할 의사가 없었고, 전면적으로 자기의 문화형식에 동화하기를 요구하고 있었다.

일본군의 지원을 얻어 개화당이 일으킨 갑신정변(1884)에서는 "문벌을 폐지하고 인민평등의 권리를 세워서 인재를 등용할 것"을 개혁정책의 중요항목으로 내세웠던 것은 전통의 신분제도를 부정하는 것이었다. 갑신정변은 비록 실패하였지만, 근대적 질서를 지향한 개혁의 방향은 명백하게 제기되었다고 할 수 있다. 이 무렵 서양 여러 나라와 수호통상조약을 체결하게 되자, 조선정부는 이미 자신의 전통 속에 폐쇄되어 있을 수 없고, 이제는 완전히 세계 속에 공개된 사회가 되었다. 이런 상황에서 1894(갑오)년에 동학도의 봉기에 이어 청일전쟁에서 일본이

---

42) 李晩采, 『闢衛編』 권 3, 「全羅監司 鄭民始 以持忠尙然招辭狀啓」 및 같은 책, 권 7, 「上宰相書, 又辭」.

승리하자 우리나라는 일본의 압력에 따라 갑오경장을 시행하게 되었다.

갑오경장을 계기로 관료 제도나 사회체제를 광범하게 개혁하였다. 개혁의 방향은 서양의 근대 문물을 받아들인 일본의 제도를 모방하는 것이다. 1895(을미)년에는 일본이 친일개화파를 앞세워 궁궐을 침입하여 명성황후를 시해하였고, 이때에 단발령을 내려서 임금과 관료 및 군대부터 상투를 자르고 갓을 벗기는 변혁을 시도하였다. 이 무렵의 개혁과정에서는 의복제도를 변경하는 변복령도 내려졌다. 옷과 머리모양의 변경은 우리나라 사람의 외모를 바꾸어 놓는 것이다. 1896년부터는 지금까지 써오던 음력을 양력으로 바꾸는 책력의 개혁을 실시하였다. 음력으로 제사를 드리던 날짜의 이름이 깨뜨려졌을 때 전통의례는 심한 충격을 받게 되었다. 소수의 개화파 지도자들은 당연히 이루어져야 할 과제를 성취한 것이라 할 수 있겠으나, 이러한 변혁은 사회의 가장 기본적인 저변을 흔들어 놓는 것이며 상당히 거센 대중적 저항을 받았다. 개화의 과정이 반민중적인 것은 아니라 할지라도, 외국의 침략세력과 결합하여 대중적 호응도 없이 급격하게 하향적인 변혁을 추구하였을 때, 많은 서민들은, 초기에 격렬한 저항운동에 참여하였다. 이른바 을미의병의 직접적인 원인은 단발령으로 강제에 의하여 전통의 의관을 상실하게 되는 데 따른 저항감에서 폭발한 것이다. 당시에 을미의병을 주도하였던 한말 척사위정론을 주장하던 도학자들은 옷과 머리모양을 바꾸는 것이 전통의 질서에 얼마나 위험한 것인가를 절실하게 자각하고 항의하였다.[43]

---

43) 을미의병을 일으킨 도학자의 한 사람인 柳麟錫은 '衣髮重制'를 강조하면서 "의발은 유교의 도리가 형대로 나타난 것이라" 지적하였고(『의암집』 권 51, 「宇宙問答」), 을사의병을 일으켰던 崔益鉉은 변복령에 대해 "유교문화를 표현해 주는 의복이 바뀌면 수천 년 문화전통이 단절된다"고 강조하였다. (『면암집』 권 4, 「請討逆 復衣制疏」).

* 수구파 도학자 가운데서도 寒洲學派의 郭鐘錫과 그 門下에서는 '大韓' 또는 '韓國'으로 正統國號를 받아들였던 것을 볼 수 있다.

1897년 10월 12일 고종은 원구단(圜丘壇)에서 황제즉위식을 갖고 국호를 대한제국이라 하며, 연호를 광무 원년으로 썼다. 이것은 사실상 중국을 종주국으로 받들어 온 속국으로서의 위치에서 벗어나서 명목에서나 실질에서 중국과 동일한 위치로서 독립을 선언하는 것이다. 황제의 즉위장소로서 원구단은 하늘에 대한 제단으로서 유교전통의 의례에 따르면 황제만이 하늘에 제사드릴 수 있는 권리와 자격이 있으므로 독립국의 상징으로서 중요한 의미를 갖는다. 그러나 침략자인 일본은 우리의 독립국가로서의 상징을 파괴해 나갔다. 개화파의 인물들도 전통의례로서의 하늘에 대한 제단에 관심을 보이지 않았고, 수구파 도학자들의 대부분은 봉건적 관념의 전통적 관습에 얽매어서 조선이 황제를 칭하는 것 자체가 외람된 것이라 하여 외면하고 있는 형편이었다. 결국 이 시대의 제도는 국민적 항의도 얻지 못했고, 민족문화의 정통성도 확보하지 못하였다. 이 때문에 어떠한 제도개혁도 따르는 사람들과 반대하는 사람들의 분열만 심화시키는 양상을 보여주었다.

을사보호조약(1905)과 한일합병(1910) 이후 일본의 제국주의적 식민지 지배가 확립되면서 우리 사회는 새 학문을 배워 우리도 힘을 길러 독립을 얻겠다는 계몽사상이 개화파를 이어서 활발하게 일어났다. 이들 가운데는 개신교에 입교하여 서양의 기독교문화를 통한 세계화를 확보하고 서양문명을 신속히 받아들여 역량을 배양하자는 자들도 있었다. 이들의 애국계몽은 일제하에 커다란 희망을 심어준 것은 사실이지만, 동시에 이들의 반전통적 입장은 특히 유교전통에 대하여 철저하게 부정적 입장이다. 친족 중심의 혈연공동체로부터 교회중심의 신앙공동체로 변하였고, 신분적 차별을 폐지하고 인간의 평등을 강조하였고, 부녀자들을 가정에 가두어 두지 않고 사회에 나와 활동하도록 끌어내었다. 개신교도들은 생활관습이 되어 있는 술과 담배를 금하며, 동시에 조상에 대한 제사도 신앙적 계율로서 금지시켰다. 그들은 전통의 관습을 깨뜨리는 데 조금도 사정을 두지 않는 과감한 태도를 보여준다. 마치 제국주의적 침략세력이 피정복지역을 짓밟듯이 당시의 개신교는 전통사회의 가치와 의례를 부정해갔다.

한말 일제시기의 전통 도학자들은 처음에는 외국의 침략세력인 서양과 일본에 항거하였지만, 뒤따라 전통질서에 대한 급진적 개혁론을 추구하는 개화파에 대해 수구파의 입장에서 항의하였다. 또한 그들은 일본의 식민지통치에 저항하여 산속으로 이사하거나 사회와의 교류를 끊고 옛 제도로서 옷과 머리 모양을 보존하는 전통적 생활을 고수하였다. 일본의 식민지치하에서 삭발을 강요하는 것도 거부하고, 창씨개명을 강요하거나 조선말 사용을 금지하는 일본의 요구에 저항하여 민족정신의 지조를 지켰으나, 일반대중과 사회로부터 유리되었던 것이다. 계몽주의와 도학자들은 민족 독립을 추구하는 데는 공통된 입장이었지만, 근대문명을 받아들이는 태도에서는 전혀 상반된 입장에 놓여 있었다. 이에 따라 전통문화는 계몽주의자나 일본식민지 지배자 양쪽으로부터 적대시 당하였다. 성균관과 향교는 교육기관으로서의 역할이 폐쇄당하고 새로 설치된 신학교에 가서 전통과는 전혀 다른 서양의 학문 체계에 따른 지식을 배워야 하였다. 성균관과 향교에 제사기능은 남겨져 있었으나, 교육기능이 없는 제사기능은 후손이 끊어진 제사나 다름이 없었다. 일본의 식민지 교육정책은 민족말살의 방법으로 우리 언어를 사용하지 못하게 강압하였다. 우리의 문자인 한글에 대해서는 전통사회의 도학자들이 전혀 존중하지 않았다. 한글은 한문의 음을 달고 토를 붙이는 데 이용했을 뿐이다. 결국 우리의 유교전통문화는 우리 언어의 문자인 한글과 결합되지 못한 치명적 한계를 지니게 되었다.

해방이 되자 남북이 갈리고 남한에 미국군이 들어와서 군정을 실시하자, 새로운 외국세력이 우리 사회를 이끌어 가는 영향력을 행사하게 되었다. 군정시절 통역관의 역할, 미국 원조물자의 위력, 미국유학생의 출세 등의 일들은 일본의 강압에 대신하여 우리 사회에 미국식의 모방을 유행하게 하였다. 6 · 25로 다시 미국인들이 우리를 도우러 와서 우

리 땅을 누비고 다니게 되자, 우리의 옷과 머리모양뿐만 아니라 음식과
언어 및 행동에 이르기까지 미국식의 유행이 온 나라 안을 휩쓸어 갔
다. 전통의 의례는 이제 사방에서 이마를 찌푸리고 손가락질하는 꼴이
되었다. 유교전통은 전근대적이고 이제는 과거의 기억일 뿐 현재적 기
능은 끝났다는 사형선고를 내리는 사람까지도 나오고 있다.

3. 유교의례의 전통적 기반과 해체과정

유교사회는 사회통치의 기본방법으로 의례·음악·형벌·정치를 들
고 있다. 형벌과 정치로 다스리는 법치주의가 아니라, 인간의 도덕적
성품을 계발하여 사회를 인간답게 하려는 덕치주의에 의해 예의를 존
중하는 사회이었다. 의례는 이러한 인간적인 사회를 보다 질서 있게 조
화를 이룰 수 있도록 구성하고 있는 실천 체계이다. 전통사회는 신분적
계층으로 사회질서의 기초를 형성하고 신분에 따른 의례가 차등을 이
루고 있다. 친족 간에도 친밀하고 소원한 정도의 차이가 있으며, 의례
는 이러한 계층적 차이를 선명하게 규정짓는 역할을 하고 있다. 또한
전통의례는 그 시대에 맞는 적응성을 존중하기보다는 신성한 규범으로
받아들여 지속적인 계승을 존중하는 경향이 강하다.

이러한 전통의례는 우리 역사의 근대화 과정에서 자신의 전통성을
유지하지 못하고 점차 쇠퇴하고 붕괴하여 마침내 의례 체계의 일관성
내지 유기성을 상실하는 해체단계에 이른 것이 사실이다. 유교의례의
해체형상은 먼저 그 요인으로 내적요인과 외적 요인을 들 수 있다. 유
교사회는 한말에 이르러 그 사회의 내부적 이질성을 조화하고 결속시

키는 데 기여하지 못하고, 오히려 사회의 계층적·당파적 불화를 가중시키는 현상을 빚었던 것이다. 서원의 제사에 제수를 마련하기 위해 서민들에게 재물을 강징하는 일은 이미 제사가 신분 체계에 사로잡힌 사실을 보여준다. 관·혼·상·제의 기본의례도 신분적 지위에 따라 규모가 현격하게 달라졌다. 곧 의례가 경건한 마음으로 신과 만나는 행위로서보다도, 다른 인간에 대한 지위나 세력의 과시에 치우치는 현상이 뚜렷하게 되었다. 의례가 인간의 정결하고 겸허한 마음이 아니라 탐욕스러움에 의해 지배되면 의례 자체가 타락하게 된다. 유교전통의 내면에서는 사회가 부패하고 인간의 욕망이 절제를 받지 못하면서 의례도 타락하게 되었던 것이다. 내면적으로 조선 말기의 유교의례는 경건성이 쇠퇴하게 되자, 외부적으로 침략세력인 서양인이나 독단적 신앙 체계로서 기독교는 유교제사가 신에 대한 관계도 분명하지 않은 미신적 행위로 비난을 해왔다. 기독교의 교세가 날로 성장해 가고, 더군다나 사회에서 가장 활동적이고 생산적인 지도자들이 기독교에 가담하여 제사를 지내지 않게 되자, 제사는 지내도 되고 안지내도 되는 상대적 지위에 떨어졌다.

조선시대를 통하여 지켜져 왔던 가정의례의 기준이었던 『주자가례』에서 가장 먼저 거쳐야 하는 관례와 혼례는 점차 소멸되는 단계로 접어들었다. 관례는 단발령으로 머리를 깎여서 상투를 틀 수가 없으니 행하기가 어려워졌다. 또한 혼례도 관례가 없어지면서 벌써 균형을 잃었다. 전통적인 혼례의 번거로움을 기피하거나 여건이 갖추어지지 않아서 일반 예식장에서 혼인식을 하기 시작하여 급속히 퍼지면서 전통혼례의 부분적 형식이 관습으로 남아있을 뿐, 여러 가지가 뒤섞여 절충형이 되고 전통적 혼례식은 급격히 쇠퇴하였다.

상례와 제사에서는 비교적 전통의 형식이 좀 더 오랫동안 보존되는 상태라 할 수 있는 경우이다. 죽음의 문제나 돌아가신 조상의 문제는 살아 있는 인간의 문제인 관례나 혼례보다 훨씬 신중하게 여겨졌던 것이 사실이다. 그렇지만 상례의 경우에도 기독교식 장례절차는 일단 전통의 상례형식을 배제하고 있는 경우라 할 수 있다. 한 종파적 전통 속에서 의미 있는 것이 다른 종파에서는 무의미한 경우가 된다. 또한 가족제도가 대가족 생활에서 핵가족화하고 친족의 범위도 도시화하면서 점점 좁아지게 되었다. 따라서 상례에 전통의 형식대로 거상한다는 것은 사실상 어렵게 되었다. 전통사회에서는 상례를 행하기 위하여 상주는 사실상 모든 관직이나 공적 활동을 중지하고 거상을 한다. 그러나 현대사회에서는 상례를 위하여 짧은 휴가를 줄 뿐, 거상기간에도 직장에 근무하여야 한다. 따라서 거상기간이 지켜지기 힘들게 되었다. 현대사회의 생활환경에서는 유교전통의 상례를 지내는 것이 필연적인 정당성으로서 의미를 확인하기 어렵게 되었다. 다만 다른 대체방법을 선택할 수 없기 때문에 관습으로만 남아 있는 경우도 많이 있다. 상례가 전통 규범과 절차를 제대로 지키지 않기 시작하면서 점차 엄숙성을 잃어 가게 되었다. 상례에 관한 권위 있는 지식을 가진 인물도 드물고, 모든 절차가 상업화된 장의사에 맡겨져 있다. 그 권위는 상례의 원리에 맞기 때문이 아니라 여러 사람들이 그렇게 하고 있고, 전에도 이렇게 해왔다는 소극적인 이유에 근거한다.

전통의 제사의례에서는 가묘가 세워지고 조상의 신주가 4대까지 모셔져 있다. 사실상 사당에 계신 조상도 후손과 한 울타리 안에서 함께 살고 있다 해도 지나치지 않는다. 이에 비하여 사당은 농촌에서까지 급속도로 사라졌고, 이제는 제사 때 지방이나 사진으로 조상신을 모시고 있다. 제수가 갖추어지고 형식이 다 갖추어져 있다 할지라도, 전통사회에서처럼 우선 조상신의 존재에 대한 신앙심이 결핍되었으며, 따라서 제사에 앞서 재계를 지키는 등 제사에 정성이 따르지 못하고 엄숙성이 상실되었다. 제사의 날짜에 양력을 쓰기도 하며 음력을 쓰기도 하고, 제사의 시간이 참례자의 편의에 따라 쉽게 변경되기도 한다. 여기서 제사가 조상과 후손의 만남이요, 후손이 정성과 제물로 조상을 위로하고,

조상은 후손에게 복을 내려주는 정신적 의미가 빠져나간 형태로만 남아 있는 모습을 보여준다.

유교의 전통의례가 해체되는 과정에는 몇 가지 중요한 요인을 찾아볼 수 있다. 먼저 전통의 유교의례는 국가의례로서 권위와 보호를 받아왔으며, 오늘날은 국가로부터 외면당한 전통의례는 개인의 차원에 머물게 되었다. 따라서 유교조직은 국가기관으로서 누리던 권위를 상실하였을 뿐 아니라, 변화하는 현실에 적응하여 의례의 의미를 재해석하고 의례형식을 새롭게 제시해줄 수 있는 권위를 확보하지 못하고 있는 상황에 놓여 있다. 현재까지의 유림 조직은 기구의 유지와 관리에도 벅찰 만큼 활동력이 미약하여 사회적 지도기능을 상실하였다. 해방 이후에도 여러 가지 사회적 조건의 변화가 유림 조직에 모두 불리한 작용을 하였지만 가장 중요한 장애요인은 유교적 지식 체계를 표현하고 전달하는 수단인 문자가 아직도 한문에 의존하고 있다는 사실이다. 오늘날 한글을 통한 대중교육이 수행되고 있으며, 교육과 문화생활 전반에서 한문이 소외되는 상태에 놓였다. 이제 한문 경전은 호고적인 특수한 사람이 즐기는 수단이요, 대중들은 한문을 모르는 한글시대에 왔다. 경전은 더러 번역이 있으니 관심 있는 소수의 사람들이 읽는다 하더라도, 그 많은 의례에 관한 토론과 규정들이 거의 번역되지 않은 것은 사실이다. 의례의 행동 절차를 지시하는 '홀기'(笏記)와 신에게 말씀 올리는 '축문' 등은 한문으로 그대로 남아 사실상 참례자들이 극소수의 지식 있는 인물을 빼고는 전혀 무슨 말인지 알아들을 수가 없는 상태이다.

전통의 사회기반이 동요되고, 전통의 생활습관이 파괴되었으며, 권위도 변질되었고, 의사소통을 하는 언어조차도 변하였다. 이제 전통 유교의례는 우리 사회의 온전한 모습으로 남아 있는 경우가 별로 없다. 극히 드물게 전통의 예법을 절차대로 지킨다 하더라도 이제는 그 의례의 정신이 쇠퇴하여 껍질만 남은 형식에 불과하게 된다. 전통의례는 변형을 겪고 일그러져 이제는 잔존의 파편이라 할 정도이다. 이러한 전통의례의 해체현상은 그 원인이 기본적으로 시대의 변화에 능동적으로 변화해가고, 변화를 이끌어갈 수 있는 지도적 기능이 결핍된 데 있다. 우리는 자주적인 역사 경험이 단절되었다. 그것은 침략적인 외국의 압력 속에서 항거하다가 극단의 보수적 저항에 빠져 버리거나, 자신의 무력감에 좌절하여 서양문명을 능동적으로 수용하지 못하고 모방하는 것을 근대화의 방법으로 추구하였던 우리 역사의 왜곡에 따라 일어난 현상이라 할 수 있다.

이제는 우리 시대의 문제에 대한 유림지도자들의 대처방법을 반성적으로 검토하면서, 우리 사회 속에서 전통사상으로서 유교가 취할 행동의 방향을 생각해 볼 위치에 놓이게 되었다.

4. 가정의례준칙과 가족법 개정문제

해방 이후 유림들은 자신의 조직으로서 재단법인 성균관을 설립하여 성균관과 향교를 운영하였고, 사단법인 유도회 총본부를 설립하여 전국규모로 유림을 조직화하였다. 그러나 유림 조직이 사회변화에 적극적 개혁방법을 성공적으로 성취할 수 없었던 것은 내부의 의견을 통합할 수 없었기 때문이다. 사실상 해방 후 초기의 유도회와 성균관은 여러 가지 개혁안을 지도하였던 것으로 보인다. 김창숙옹이 성균관장으로서 1949년 대성전 안에 모셔진 중국 유현 가운데 공자와 사성(四聖)(안자·증자·자사·맹자)과 십철(十哲)(공자의 대표적 제자 10인) 및 송조 육현(宋朝 六賢)(주렴계·장횡거·정명도·정이천·소강절·주회암)을 남겨 놓고 나머지는 전부 철거하여 매안(埋安)하였다. 이때 지방유림들 가운데서는 선유의 신수를 함부로 훼철(毀撤)하였다고 격심한 반대가 일어났다. 이처럼 유림 내부에는 진보적인 의견을 갖는 사람들이 있더라도 보수적인 반대세력들의 항의를 받아 통합된 개혁방안을 제시할 수 없었으며, 고식적인 답습으로 유지되어 왔다. 이러한 상황에서 유교의 전통의례는 거의 의미를 잃고 형식화하여, 이른바 '허례허식' 또는 '번문욕례'로 비난의 대상이 되었다.

유림 조직 자체가 의례에 관한 능동적인 개혁을 할 수 없고, 전통의례는 대중 속에서 관습으로 남으면서 많은 폐단을 가져다주고 있다. 이때 정부가 사회개혁의 차원에서 가정의례에 관한 개혁안을 제시하고 법제화하는 데 이르렀다. 정부는 1968년부터 관혼상제의 의례를 간소화하는 방안을 의례규범으로 계몽하다가 1969년 3월 '가정의례준칙'을 제정하였다. 이 '가정의례준칙'의 제정취지는 우리의 가정의례가 구습을 답습하거나 서구풍조를 따라 재래식을 경시하거나 폐지하여 가정의례의 기준이 모호해지고 무질서해진 점을 들고, 사회가 발전하고 생활환경이 변천되면 예법도 바뀌어야 하는 사실을 지적하며, 후진국의 종교의례에 따른 비용지출이 국민소득의 10%나 차지한다는 현실에서 번거로운 의례를 합리적으로 조절하여 낭비를 없애야 한다는 점을 들고 있다. 그리고 제정된 준칙의 특징으로서, 국민 누구나 실천할 수 있는 간편하고 정중한 것이며, 지역·씨족·종파의 차이에 따른 각양각색의 형식에 기준이 될 수 있는 것이며, 경건함을 상실하지 않을 정도의 범위로 간소화를 억제하고 있는 점 등을 들었다. 이러한 가정의례준칙이 생활 속에 뿌리를 깊이 박고 있는 관습을 쉽사리 순화하기 어려운 것은 당연하다. 더구나 불교나 기독교 등 기존 종파가 별로 귀를 기울이지 않았고, 유교조직 안에서도 준칙이 아무런 구속력이 없는 또 하나의 시안으로 여기거나 전통적인 기초가 너무 무시된 것으로 외면하는 데까지 이르렀다.

이런 사정 속에서 정부는 가정의례의 개혁을 기필코 성취하기를 추구하였다. 1969년 제정하였던 '가정의례준칙'에 관한 법률이 권고규정이었던 것을 1973년 '가정의례에 관한 법률'의 강제규정으로 개정하였다. 여기서 금지규정을 설정하고 이에 따른 벌칙도 제정되었다. 이때 이 가정의례에 관한 금지사항으로서는 인쇄물에 의한 청첩장·부고장 등 개별고지의 금지, 답례품의 증여 및 주류와 음식물의 접대금지, 굴건제복의 착용과 만장의 사용금지 등이 들어 있다. 이 가정의례에서는 장례도 3일장을 기준으로 하고 100일 탈상을 원칙으로 규정하고 있다. 물론 이에 대하여 '가정의례에 관한 법률 시행령' 안에는 허용범위가 규정되어 있지만, 전통의례를 범법으로 만들어 놓은 결과가 되었다. 1973년 4월, 성균관 임원회에서 제시한 건의문에 의하면, "국민생활에서 허례허식 행위를 금지하고 낭비를 억제하려는 가정의례법 취지를 적극 찬성한다."고 하여 취지에 동의하였다. 그러나 이어서 "(1) 강제규정보다 자율적으로 시행하는 것이 효과적이다. (2) 한낱 낭비와 허식이라는 이유만으로 졸속한 변태는 정상이 아니다. (3) 관·혼·상·제의 의식은 가족 상호 간의 단합 협동정신의 근원적 역할을 한다. (4) 의례의 지나친 간소화나 도에 넘치는 처벌규정은 가족 간에서도 친자의 정을 더욱 각박하게 만들 것이고, 사회적으로는 무례·폐례의 만행을 자행하는 구실이 될 것이다."라는 점을 열거하여, 사실상 가정의례준칙을 전면적으로 반대하는 입장을 밝혔다. 이어서 유림으로서 최소한의 요구로서 (1) 상기를 1년으로 할 것 (2) 기제는 조부모·부모·배우자에 국한한다는 제한을 풀어줄 것 (3) 상복은 상주의 경우 굴건제복 대신에 두건·중단의 착용을 용인할 것 (4) 시제나 성묘 때에 간소한 주과포의 제수를 허용할 것 (5) 혼례·회갑연에 가정에서 음식물을 대접할 때 축하주 교배 정도는 허용할 것을 건의하고 있다.44) 당시의 가정의례준칙도 유신정권에서나 가능한 무리한 것이지만, 사실 당시 사회의 폐단도

---

44) 『유림월보』 제49호(1973. 4. 25), 「가정의례법에 대한 건의문」.

심각하다고 할 만하였다. 유림 조직이 의례의 타락과 폐단에 대해 능동적으로 이끌어 가지 못하였을 때, 마침내 정부의 강제력으로 유교의례가 파괴되는 위기를 당하게 되자, 체계적인 원칙도 없이 부분적인 관용을 청원하는 모습을 보여주었다. 결국 그해 6월부터 시행하게 된 가정의례준칙은 강제규정을 완화하여 이행사항으로 바뀌게 되자, 비록 유교 전통의례를 거의 부정하는 것이지만 유림들도 잠잠하게 되었다. 이러한 가정의례준칙은 마침내 사문서화하고 말았으며, 유림 조직에서도 정부의 간섭이 없으면 관습의 답습으로 안주하고, 의례에 관한 논의를 할 엄두도 내지 못하고 있는 실정이었다.

가정의례는 유교가 형성해 온 의례의 기본이요, 그만큼 유교조직 안에서 현대적인 표준안을 제시하여야 한다. 쉽사리 결정할 수 없으며 오랜 시간을 두고 많은 유림이 토론을 벌여서 나가야 할 방향을 찾아야 한다. 의례를 주도하지 못한 때 유림 조직은 사회 내에 있는 다수의 유교전통을 존중하는 저변을 상실하고 말 것이다.

사회의 발전과 변천은 매우 급속도로 진행됨으로, 유교의 관념과 현실 사회의 의식관계에서 일어난 충돌이 가족법 문제이다. 전통적인 종법 제도에 근거한 호주 제도의 가족법을 현대의 평등원리에 따라 아들과 딸 사이의 차별을 없애기 위하여 호주 제도를 폐지하자는 것이요, 전통적 친족개념에 따라 동성동본의 혼인을 금지하던 것을 일정한 범위 밖에서는 동성동본의 금혼법을 풀어 놓자는 것이다. 마침내 1974년 9월 정기국회에 가족법 개정안이 제출될 상황에 이르자, 유림들은 전통적 가족윤리를 부인하는 악법이라 보고 이른바 '가족법 개정안 통과저지운동'을 전개하게 되었다. 성균관에서는 그것을 '개정안'이 아니라 개악법안(改惡法案)이라 규정하여 '가족제도 개악법안 반대투쟁선언'을 하였고, '가족법개정 저지 범국민협의회'를 구성하여 전국적으로 반대활동을 하였다.[45] '범 여성가족법 개정 촉진회'의 여성들은 여성의 권리를 신장하고 사회의 기본제도 속에서 여성의 지위를 확보하기 위하여 전통의 남녀 불평등 질서를 개혁하려고 가족법 제정안의 통과를 추진하였던 것이다. 이에 따라 유림들은 가족법 제정안을 유교규범에 대한 최악의 도전으로 받아들여 철저한 반대투쟁을 하였다.

가족법 개정안은 기존의 가족규범을 극도로 축소시키고 여성의 권리를 확장하는 데 관심을 둔 것이다. 곧 친족의 범위를 부계와 모계의 4촌 이내의 혈족으로 하고, 인척(姻戚)은 3촌 이내로 하며, 8촌 이내의 부계혈족이나 4촌 이내의 모계혈족만을 혼인금지 대상으로 하고 있다. 또한 호주 제도는 전면적으로 폐지하고 상속도 남녀가 균등하게 분할한다. 그리고 이혼 배우자의 재산에 대하여 재산분할 청구권을 설정하였다. 이러한 가족법 개정안에 대해서 유림의 반대입장은 친족의 범위를 극도로 좁혀서 기존의 친족유대를 파괴한다는 비판을 제기하였다. 이에 대하여 현대사회에서는 개인의 능력에 따른 사회의 합리적 결합을 중요시하고 친족중심적 의식이 사회의 합리화에 장애가 된다고 비판해 온 것이 현실이다.

동성동본의 혼인을 금하는 조항을 고치자는 주장은 현실적으로 많은 동성동본 혼인자들이 이 낡은 관념의 법규 때문에 혼인신고도 못하고 온갖 고통을 당하고 있다는 인도적 입장에서 제기되었다. 그러나 전통사회에서는 윤리의 가장 기초가 되는 성윤리의 보호를 위하여서도 가장 강력하게 금지하던 조건이었다. 유교가 가정의 의례를 중심으로 구성되고 유지되어 왔다는 사실을 되돌아본다면, 가족질서의 재편성은 유교적 전통의 최후의 기반을 허물어뜨리는 작업이라 할 수 있다. 호주 제도에 따른 장자상속권은 재산권의 문제라기보다는 제사권의 상속을 의미하는 종법 제도이다. 여기에 남녀의 차이를 폐지하여 여자에게도 남자와 똑같이 상속권을 부여하면 씨족적 계승의 질서가 완전히 무너지고 개인별 계승만이 가능해진다. 전통에서 보면 반드시 부계중심이 요구되며, 우리

---

45) 『유림월보』 제64호(1974, 7, 25), 「성명서」 및 같은 신문 제76호(1975. 7. 25) 「가족제도 개악법안 반대투쟁선언」.

의 생활양식이 모두 부계를 전제로 이루어진 것이 현실이다.

그러나 오늘날 개인주의가 극도로 발달하고 여성의 지위에 대한 요구가 활발하게 제기되고 있는 현실에서, 여성을 부계질서 안에 언제까지 묶어 둘 수 있을지는 매우 불안한 것도 사실이다. 더구나 현대 산업사회 안에서 여성의 사회적 지위도 날로 높아가고 여성의 사회적 역할이 점점 증대함에 따라서 사실상 여성에게 일정한 권리를 보장해 주는 장치는 필수적으로 따르지 않을 수 없다. 아직은 호주 제도의 폐지와 가족범위의 축소가 받아들어지지 않았고, 동성동본 혼인문제도 법률적으로 허용되지 않고 있는 것은 그 합리성에 따른 결정보다는 사회전통의 관습적인 저항이 크기 때문이라 할 수 있다. 실제로 동성동본 혼인상태에 있는 사람들은 임시조치법으로 구제해주는 선에서 결정된 것은 유림들의 의도대로 가족법 개정안이 저지되었던 것임을 말해 준다. 그러나 유림이 사회제도를 현대사회의 변화 앞에서 앞장서서 끌고 가지 못하고 변화의 방향에 저항하는 역할에 그치고 있다면 여전히 문제점이 남게 된다. 가족법 개정론자들은 전통사회의 기반을 거부하고 급격히 서양적 질서로 개혁하자는 것이요, 이에 대하여 유림 조직에서는 근대적 변화의 조건을 외면하고 전통의 유지만을 고수하고 만다면 이것은 한말에서 개화파와 수구파의 제각기 민족을 위한 길이라고 주장하면서도 서로의 조화를 상실하였던 역사적 실패의 경험을 되풀이 할 위험이 있다. 사실상 자녀의 생산이 급격히 줄어들어 아들이 없는 가정이 많아지는 현상에서, 가부장제 질서가 얼마나 많은 사람에게 합리적으로 비쳐질 것인가. 이미 전통의 유교의례는 광범하게 붕괴되고 해체된 상태에 놓여 있다. 따라서 이제는 새로운 시대적·사회적 조건에 맞는 유교의례를 유림 조직이 스스로 또 능동적으로 제시하여야 할 때가 왔다고 하겠다.

5. 전통의례의 성찰과 현대적 재창조

서양의 선진국을 모방하는 현대화의 과정은 우리에게 많은 새로운 가치를 제공하겠지만, 동시에 역사 속에서 자기 상실의 공허한 소외감을 우리에게 가져올 수도 있다. 우리는 역사의 주인으로서 능동적으로 현대적 조건들을 취사선택하고, 단순한 모방이 아니라 창조적 작업을 수행할 책임이 있다. 따라서 우리의 현대사회에서 의례의 문제는 전통의 면에서 먼저 문제해결의 실마리를 찾아보고자 한다.

첫째로, 전통의례는 현실 속에서 반성적으로 성찰되어야 한다. 유교전통은 기준의례가 오늘의 현실에서 적합할 수가 없다는 사실과 형식화하고 이미 사문화한 전통의례를 고수하는 것으로서는 아무런 기능이 없다는 사실을 인식하는 것이 급선무이다. 모든 창조는 자기부정을 통하여서만 가능하다. 진실로 전통정신이 현대사회 속에서 자신의 역할을 발휘하고자 한다면, 기존 형식의 부적합함을 과감하게 능동적으로 제기하고 성찰하여야 한다.

둘째로, 의례의 현대적 재창조가 우선할 필요가 있다. 변동하는 것이 역사요, 사회라는 인식은 유교의 기본적인 세계관인 만큼 오늘의 변화하는 현실 속에서 전통의례에 대하여 능동적으로 보태기도 하고 빼기도 하는 변화와 적응의 작업이 절실히 필요하다. 가정의례준칙이 100일 탈상을 요구할 때에 와서 1년 탈상을 청원하기보다는, 유림의 능동적인 의례지침이 부단히 제기되어야 할 것이다. 의례의 경건하고 긴장된 수행을 위해서는 번거롭거나 옛 방법의 답습이 되지 말아야 한다. 문화제행사로서는 고대적 형태를 그대로 유지하여야 하지만, 살아 있는 종교적 내지 도덕적 의례로서는 자신의 현실생활에 절실할 수 있어야 한다. 그것은 유교조직 자체에 현실적인 사고가 요구되고 있음을 말한다. 젊은 참례자들이 전혀 알아들을 수 없는 한문으로 된 홀기, 위엄과 경건성을 잃은 의례의 진행을 의미 있고 경건한 형식으로 개혁하는 것이 중요하다.

셋째로, 의례 개혁의 주체는 결속되고 확고한 신념의 유림 조직이다. 전통의례를 현대 속에서 창조적으로 되살리는 임무는 결국 유림 조직의 책임에 맡겨져 있는 것이다. 또한 유교의례가 우리 시대에도 우리 민족의 전통규범으로서 존중되고 의미를 가질 수 있게 제시할 수 있는 주체는 유림 조직이다. 유림에게 의례는 손발과 같아서 의례 없는 도덕이란 관념에 빠지는 것임을 직시하고, 유림 조직의 책임 있는 대처방안을 기대해 본다.

1. 유교의 사회관

유교는 수기(修己) 치인(治人), 명명덕(明明德)과 친민(親民), 내성 (內聖)과 외왕(外王) 등 짝을 이루어 표현되는 기본과제를 가지고 있 다. 이것은 자신의 인격성을 수양하는 일과 사회의 질서를 정립하는 일 을 가리킨다. 그리고 이 두 가지 과제가 개인내면의 문제와 사회공동체 의 문제로 분별되고 갈라지는 것이 아니라 서로 뿌리와 가지[本末] 또 는 겉과 속[表裏]의 일관된 상관성으로 파악되고 있다는 점에 유교적 인식의 기본특징이 있음을 전제하에야 할 것이다.

유교의 기본덕목인 '仁'의 개념에 대한 이해에서도 한편으로 "인은 사람됨이다"[仁也者, 人也. 『孟子』]라거나 "인은 마음의 덕이고 사랑의 이치이다."(朱子, 『孟子集註』 「梁惠王上」)라 하여 인간내면의 본성으 로 해명하기도 하며, 다른 한편으로 "사람과 사람이 만나서 그 본분을 다하는 것을 인이라 하니, 인은 두 사람의 관계다."(丁若鏞, 『大學公議』) 라 하여 인간의 사회적 관계로 해명하기도 한다.46) 이것은 유교가 얼

---

46) 梁啓超는 "仁者人也"의 구절을 해석하면서 鄭玄의 注에 따라 "仁은 서로 사 람이 만나는 것"[仁, 相人偶也]이라는 의미에서 人格도 二人 이상이 서로 사

마나 인간의 사회적 조건을 중요시하고 있는지를 엿볼 수 있게 해주는 것이다.

공자는 "새나 짐승들하고 함께 떼 지어 살 수 없으니 내가 이 사람들과 더불어 살지 않고서 누구와 더불어 살겠는가?"(『논어』·「微子」)라 하여 더불어 살아야 할 인간공동체로서의 사회를 지향하는 입장을 밝혔고, "이 세상에 도가 있다면 내가 구태여 고치려고 애쓰지 않을 것이다"라 하여 사회의 바람직한 표준을 제시하며 이 표준을 추구하여 개혁하려는 의지를 밝히고 있다.

도가 실현되고 있는 세상, 다스려진 세상은 유교의 이상적 사회상이 될 것이다. 여기서 이 세상에 실현되어야 할 도 곧 치도의 내용과 성격을 먼저 파악하여야 할 필요가 있다. 『중용』(제20장)에서는 천하와 국가를 다스리는 데 필요한 아홉 가지 기본과제(곧 九經)로서 수신·존현 / 친친 / 경대신·체군신 / 자서민·내백공 / 유원인(修身·尊賢 / 親親 / 敬大臣·體群臣 / 子庶民·來百工 / 柔遠人)을 제시하였다. 이 9경을 통하여 첫째 유교에서 사회의 이상적 목표를 실현하는 모든 과제가 인간관계의 문제로 일관하고 있음을 지적할 수 있으며, 둘째 자신을 근본의 출발점으로 하여 가정으로 조정(政府)으로 국가로 천하로 점점 확장되어 가는 단계적인 과정을 중요시한다는 사실을 지적할 수 있다.[47]

이러한 단계적 확장과정은 『대학』(經1장)에서 제지된 치도에서도 뚜렷하게 나타난다. 곧 수신·제가·치국·평천하의 과정은 자신을 중심의 근본으로 삼아 단계적 순서로 확장되고 있는 것이다. 또한 『대학』에서도 수·제·치·평의 활동은 인간의 근원적 도덕성[明德]을 밝힌다는 하나의 공통된 근본과제에 연관되고 있다는 사실에서 유교의 사회

이에 同類意識을 갖는 데서 비로소 나타나는 것이라 언급하고 있다. 『先秦政治思想史』, 台北, 1936, p.68.)

47) 『中庸』 9經으로 儒教的 統治 原理를 체계화시키고 있는 업적으로 晦齋 李彦迪의 『中庸九經衍義』가 있다.

적 이상이 인간의 도덕성에 기반을 두고 있음을 확인할 수 있다.48)

　여기서 유교의 사회에 관한 인식을 다음과 같이 요약해 볼 수 있을 것이다.

　① 사회는 자기자신(主體的 人格存在)과 더불어 유교 이념의 가장 기본적인 두 가지 대상영역을 이루고 있다.

　② 개체인 자기자신은 사회가 발생하고 성립하는 근원일 뿐 아니라 전개하고 실현되는 중심축을 이룬다. 따라서 인격 주체인 자기존재 없이는 사회가 맹목적이 될 것이다.

　③ 사회는 자기자신을 성장시키고 확대시키면서 실현한다. 껍질에 싸여 굳어진 조직이 아니라 인간의 성숙과 비례하여 확장되고 충실화하는 과정에서 여러 단계를 보여준다. 그리고 이러한 사회적 확장단계들에서 앞의 단계와 다음 단계 사이는 대립이나 극복의 관계가 아니라 배양의 기초를 제공해 주는 관계라 할 수 있다. 또한 사회 없이는 인격주체도 허망한 것이 될 것이다.

　④ 인간이 사회적 존재인 만큼 사회도 인격적 존재로서 개체와 사회는 상호 침투되어 있다. 따라서 인간은 인간관계의 사회성에서 인식되어야 하는 것처럼, 사회도 인격적 생명체로서 또는 도덕성 속에서 인식되어야 하는 것으로 이해될 수 있다.

2. 유교사회의 이상과 발전

　"나라와 백성을 다스리는 사람은 백성이 적은 것을 근심하지 않고 소득이 고르지 못함을 근심하며, 가난한 것을 근심하지 않고 상하가 편

---

48) 『大學』을 통치원리로 체계화시킨 저술로서 西山眞德秀의 『大學衍義』가 있다.

안하지 못함을 근심한다"라는 말은 공자가 인용하여 치도의 한 원리로 제시한 것이다. 이어서 "소득이 고르면 가난하지 않은 것이오, 나라가 화평하면 백성이 적지 않을 것이오, 상하가 편안하면 국정이 기울어지지 않을 것이다"(논어·季氏)라고 하여 균배와 화평과 안정을 이루게 된다면 평화롭고 안정된 이상적 상태를 획득하였다고 말할 수 있을 것이다. 그러나 균형과 조화의 안정은 성장이나 발전이라는 말이 지닌 동적 성격에 비해서 너무 정적이라 할 수도 있다. 유교의 사회적 목표요 이상이 어쩌면 발전과 상당히 거리가 먼 것으로 보이기도 한다.

균형은 유교가 추구해야 하는 기본적인 사회적 목표가 되고 있다. 제가[가정을 다스림]는 곧 균제하게 하여 차별과 불균형에서 오는 갈등을 해소시키는 것이다. 사회의 현상을 가리키는 풍속은 쉽사리 동요되고 어지러워진다. 이러한 풍속을 균제하게 하는 것은 사회를 안정시키는 방법이요, 또한 갈등을 해소함으로써 결속하여 통일시키는 방법이 되기도 한다.

균형은 저울대의 평형에서 잘 나타난다. 어느 쪽이 불리하거나 손해를 입지 않는 공정함이 균형의 의미가 된다.

유교정신에 비추어 보면 권리의 본래 뜻도 개인이 자의적으로 행사하는 강제력이 아니라 사회 속에 이해관계가 서로 다른 요소들 사이에 균형을 이룰 수 있게 하는 평형의 유지능력을 의미하는 것으로 이해할 수 있다. 이러한 균형은 곧 공정과 정의의 원리에 연결될 수 있으며, 그것은 사회를 정당화시켜 주는 원칙으로서 작용할 수 있는 것이다.

조화를 이루는 것은 사회의 구성요소가 지닌 다양한 개별성을 부정하는 것이 아니다. 동화는 획일화시키는 뜻이 있지만 조화는 각각의 개별성이 발휘되어 전체가 이루는 어울림이다. 전체주의와 구별되는 민주사회의 기본원칙은 조화에서 찾아질 수 있을 것이다. 자기와 다른 입장을 서로 용납하고 이해하며 협력할 수 있는 사회관계의 형성과 수행은 조화를 통하여 실현될 수 있으며, 이 조화는 유교사회의 이상을 지시해

주고 있다. 또한 조화는 감정적 유대감을 넘어서 원리를 지키고 일치한다(中節)는 의미에서 보편적 기준을 내포하고 있는 것이다.

균형과 조화를 이루면 안정의 지속성도 확보된다. 안정은 동요와 불안을 벗어난 휴식의 평화로움이요, 정착한 편안함이다. 따라서 안정은 고요하고 평화롭고 안락함이 지속되는 상태라고 할 수 있을 것이다. 이러한 안정은 사회의 이상적 장태를 보여주는 것이라 할 수는 있겠지만 사회의 발전을 의미하기는 어려운 것으로 보인다.

발전은 균형이 깨뜨려지면서 잠재적 가능성이 새롭게 실현되어 가는 것이거나 강한 욕망의 추진력과 함께 결핍된 것이 증가되어 팽창하거나 성장하는 것으로 생각할 수 있다. 정치의 새로운 제도가 도입되거나 문화의 새로운 양상이 나타날 때 또는 경제력이 증대하거나 기술개혁으로 더욱 높은 생산능률을 올릴 때 발전을 실감하게 된다. 발전은 인간이나 생명체가 성장하듯이 사회에 있어서도 필수적인 조건이요, 과정이라 할 수 있다. 그러나 사람도 계속 성장만 하기 어려운 것처럼 사회도 발전만 하고 있는 것은 가능하지도 않을 뿐더러 바람직하지도 못하다.

역사의 변천단계에 창업이 있으면 수성이 이어져야 하며, 사회의 변천과정에서도 발전은 안정의 기초 위에 있어야 하고 안정에 귀착되어야 할 것이다. 동(動)과 정(靜)은 태극의 전체에 내포된 두 가지 형식[兩儀]인 것처럼 발전과 안정은 음과 양의 관계에 유비될 수 있는 상호 근거적이고 상호 작용적이라 할 수 있다. 유교는 사회의 발전에 전적인 가치를 부여하는 것이 아니라 안정에 근본과 기준의 의미를 부여하고 있으며, 성장과 발전도 항상 보다 높은 기준에 의해 정당화되기를 요구한다.

"백성들이 넉넉하게 살도록 해야 한다"하고 그런 다음에 "도리를 가르쳐야 한다"(『논어』·「子路」)고 언급한 공자의 뜻에는 경제적 성장과 도덕적 성숙의 사회발전을 지시하고 있음을 확인할 수 있다. 그러나 또한 끝없는 경제성장이 인간사회의 목표가 될 수 없으며 물질적 기반에 더하여 정신적 가치를 부여하는 균형의 추구를 보여주는 것이며, 여기에서 발전의 정당근거도 확보될 수 있는 것이다.

3. 유교의 사회적 역할과 공죄론

실질적으로 유교는 조선시대를 통하여 통치이념으로서 오랜 동안 사회의 지도기능을 담당해왔다. "법이 오래되면 폐단이 생긴다."는 고전적 격언에서처럼 조선조 후반기에 유교집단의 타락과 사회적 폐단이 축적되어 그 극치에서 나라가 멸망하는 비운을 겪었다. 따라서 유교가 전통사회 속에서 수행하였던 사회적 역할에 대해서는 유교바깥에서 비난하는 지탄을 받고 있을 뿐만 아니라 유학자 자신에 의해서도 절실한 반성적 지적이 제기되었다.

한말에 개혁주의적 유학자이었던 동산 유인식은 태식록(太息錄)을 지어 망국의 원인이 정부와 유림의 부패에 있었음을 강조하였다. 그는 정부의 부패현상으로 군권의 태중, 당론, 사대주의 등 10조를 들었고, 유림의 부패현상으로 경학가·숭배유현·유원 등 8조에서 부패상황을 들고 있다. 여기서 그는 한말의 유교사회가 총론적으로 모든 사회현상이 허위에 가득 찬 것이었음을 조목별로 분석하고 나아가 망국의 민족적 책임이 전적으로 유림에 있음을 통렬하게 지적하였다.[49] 망국직후 책임을 지는 사람은 없고 수구파는 개화파에게 개화파는 수구파에게 서로 상대편을 비난하여 책임을 전가하고 있는 분위기 속에서 진실하

---

49) 『東山全集』下, pp.87−110, 「東山文稿, 雜著, 太息錄」.

고 양식 있는 유학자의 반성적 자세를 엿볼 수 있다.

유교에 의한 사회적 역할이 원리적으로 어떤 의미와 가치를 갖느냐 하는 문제에 대한 모든 긍정적 주장도 역사적으로는 정반대로 역작용할 수 있다는 사실을 인정하여야 할 것이다. 그것은 유교원리 속에서 이미 사회적 역할의 유교적 성격은 근본적으로 인간에 의해 결정되는 인간행위요, 인간관계라는 사실에 특징이 있다. 그만큼 제도의 객관적 체제나 구조에 결정적 역할을 맡겨두지 않는 것이고 인격주체의 역할과 책임을 부여하는 것이다. 유인식이 망국의 책임을 유림이 져야 한다고 주장한 것은 유교의 사회적 역할에서 가장 중요한 요소가 인격주체임을 통찰한 것이다. 한말의 망국이 경제력 또는 군사력의 차이 때문이거나 일본의 침략성 때문이 아니라 유림의 부패와 허위 때문임을 인식하는 태도가 곧 사회문제에 관한 '유교적 역할'에 대하여 실질적으로 유교적인 이해를 수행할 것이라 할 수 있다.

해방 이후 유교의 역할에 관한 공죄론(功罪論)의 평가가 있었고 이에 대한 재평가의 논의가 제시되어 한층 깊은 성찰의 기회가 제공되었던 일이 있다. 현상윤(玄相允)은 조선유학사(朝鮮儒學史)(1949) 서론의 제2절 「조선나학의 조선사상사에 급(及)한 영향」에서, 공(功)으로는 군자학(君子學)의 면려(勉勵), 인륜도덕의 숭상, 청렴절도(淸廉節度)의 존중이라는 3조목을 열거하고, 죄로는 모화사상(慕華思想), 당쟁, 가족주의의 폐해, 계급사상, 문약(文弱), 산업능력의 저하, 상명주의(尙名主義), 복구사상이라는 8조목을 열거하였다.

현상윤의 공죄론은 체계적으로 공(功)과 죄(罪)를 구분하여 객관적으로 성찰하는 입장을 제시하였던 점에서 의의가 크다. 여기서 현상윤의 평가내용을 다시 음미해 보면, 공의 요소는 도덕의식을 가리킨 것이고, 죄의 요소는 민족의식, 사회의식, 경제의식, 시벌의식 등 근대적 가치의식들을 가리킨 것이다. 그만큼 유교는 도덕의식을 제외한다면 근대적 가치체계에는 역행하는 것이고 다시 말하면 역사적 발전과정에 장애적 역할밖에 하지 못하였던 것으로 지적하고 있다.

이러한 현상윤의 입장은 해방 직후 새로운 사회건절과 서구적 근대화를 추진하는 시대조류의 대세를 긍정한다면 지극히 당연한 귀결이라 할 수 있다. 그리고 이러한 자책이 있음으로써 유교가 그 고루함을 조금이라도 견제 받을 수 있을 것이라 생각한다면 현상윤의 공죄론에도 깊은 뜻이 깃들어 있다고 하겠다.

여기서 현상윤의 공죄론을 재검토한 것은 이상은의 「유교의 이념과 한국의 근대화문제」이다.50) 이상은은 이 공죄론을 평가하는 기준으로서 '본질(本質)과 응용(應用)을 엄격히 구별'하는 것으로 제시하고 본질과 응용을 서로 혼동하거나 오인하는 데서 탈피한 올바른 평가태도를 추구하였다. 이러한 평가기준에 따라서 현상윤이 죄로 지적한 항목을 검토하였을 때 많은 부분에서 응용의 과오를 본질의 결함과 혼동하고 있는 사실을 드러내 주었다. 따라서 유교의 본질은 무죄하나 특정시대의 특정 인물들에 의해 잘못 응용되었을 뿐이라 해명하고 있는 것이다.

이상은의 공죄론재검토(功罪論再檢討)는 유교를 지탄의 수렁에서 건져내어 그 진정한 가치를 새롭게 인식하도록 촉구하는 데 기여한 것이라 할 수 있다. 사실상 전통에 대한 적대감과 파괴의 격류가 다소 가라앉게 되자 전통문화의 가치에 대한 관심이 다시 싹트는 시기에서 적절한 논의를 제지한 것이라 하겠다. 그러나 본질과 응용을 엄격히 구별하는 것을 유교의 본질적 입장이라 할 수는 없다. 응용의 과오에 본질이 책임 없다고 외면할 수 있는 일이 아니다. 응용에 따라서 본질이 책임을 질 때에 본질의 올바른 재해석을 추구할 수 있게 된다. 본질은 보편적이고 응용은 특정시대와 사회 속에 한정되는 특수적인 것이라 하더라도, 본질도 새롭게 재해석될 때에 사회발전에 앞서 유교사상의

---

50) 이 論文은 1966년 11월 東國大學校 開校 60주년 기념학술 심포지움에서 발표되었고, 同 심포지움 論文集인 『韓國近代化의 理念과 方向』(1967)에 수록되었으며, 그 후 李柜殷著 『儒學과 東洋文化』(1975)에 轉載되어 있다.

자기발전을 가능하게 할 수 있을 것이다.

현상윤의 공죄론은 무엇보다 유교사상이 우리 시대의 어떤 문제에 대답해야 할 것인가에 대한 문제점을 명확히 지적해 주었고, 이상은은 그 문제 해결을 적극적 가능성에서 탐색하여 제시하려고 하였다. 이제 오늘의 시점에서 다시 돌이켜 본다면 유교는 각 시대에서 사회발전에 나름대로의 독자적 역할을 해 오다가 최근세의 근대화 과정에서 아무런 역할을 못하였던 한계에 부딪혀 있는 것으로 보인다. 그러나 유교적 사회인식에 따르면 사회는 유교 그 자체의 기본요소를 이루고 있다. 그러므로 사회가 변화되면 유교의 변화도 요구될 것이고, 유교의 성장만큼 사회의 성장이 이루어질 것이며, 유교자체의 발전 없이 유교가 사회발전에 기여할 수 있는 역할이 없다는 사실의 통찰이 필요할 것이다.

4. 사회발전과 유교발전

유교와 사회가 발전의 문제에 있어서 서로 연관된 가장 일반적 조건을 들어본다면, 유교가 시대와 사회적 현실 속에서 문제점을 자각하고 반성을 통하여 스스로 진실화하는 만큼 사회를 진실화하는 데 기여할 수 있다는 사실이다. 일일신(日日新)하는 자기혁신이나 항상 천명을 새롭게 발휘하는 유신(維新)의 의미도 자기반성과 개혁과 정화를 통하여 진실화하는 것을 뜻한다.

유교와 사회의 관계에서는 때로 유교가 사회를 개혁하고 이끌어 간다거나 사회변화에 따라 유교도 변해야 한다고 말할 수 있다. 그러나 보다 본질적 의미에서는 유교는 인격주체와 더불어 사회를 통하여 자신을 드러내는 것이므로 인격주체와 사회를 떠난 유교 이념의 설정이란 추상적 관념에 불과하다고 할 수 있다. 마치 지와 행의 관계나 도와 기의 관계에 관한 유교의 논의처럼 서로 분리시키는 것이 인식론적 입장에서 가능하지만 실제의 존재에서는 분리될 수 없는 일관성을 이해해야 할 필요가 있다.

사회발전의 유교적 의미를 검토해 본다면 다음의 조건들을 생각해 볼 수 있다.

① 사회발전의 내용이 무엇이든 발전을 바람직한 향상의 뜻으로 받아들인다 하더라도 사회발전에는 유교적 발전과 비유교적 발전의 차이가 있을 것이다. 곧 유교의 가치의식에서 본다면 물량적 증대나 능률적 합리화가 거부되지는 않겠지만 그것을 발전의 기준으로 삼지는 않을 것이다. 빈곤에 안주하면서 도를 즐거워한다[安貧樂道]는 생활원리처럼 가치의 기준을 도의 정신적 원리에 두고 있음을 간과할 수 없다. 모든 물질적 제도적 구체적 사회문제들이 언제나 의와 도에 짝을 이루어야 한다[配義與道]거나 의를 생각해야 한다[見得思義]는 의식의 경우처럼 근본적으로 도덕성 내지 정당성에 기초하거나 승인되기를 요구하는 것이 사실이다. 그러나 여기서도 무엇이 도덕이고 의인가에 대한 내용의 부여에서는 사회의 현실적 조건이 직접적으로 관여할 수 있을 것이다.

② 유교적 사회의식에 비추어보면 사회는 인간만큼이나 유기적 생명체의 성격을 지녔다고 볼 수 있다. 따라서 인간의 성장과 더불어 사회의 성장도 이루어진다고도 이해될 수 있으며, 사회도 생장성쇠의 생명체가 지닌 단계적 변화를 겪는다고 하겠다. 여기서 사회발전의 생명체의 성장과 생존에 견주어 이해할 때 가장 중요한 문제는 개체의 성장과 사회의 발전이 항상 개체나 사회의 자기 통제력 속에 있어야 하고 그때그때의 상황에 적절한 규모가 있다는 점에 류의할 필요가 있다. 너무 비만하거나 너무 수척한 것은 균형 있는 성장에 배치될 것이다. 그리고 가장 중요한 것은 성장이나 발전의 척도를 외형의 물량으로 계량

적 평가를 할 것이 아니라 내면의 생명력이 얼마나 건강하고 활력적인가를 판단하는 데 있다. "왕도를 펴는 데는 나라가 커야 할 필요가 없다"[王不待大]라는 맹자의 말처럼 외형적 발전보다 내면적 건전성과 생명력의 발전을 근본으로 중요시하고 있는 것이다.

③ 인간이 사회를 구성하며 사회 속에서 살고 있는 만큼 유교는 사회를 사회자체의 체제나 법칙으로서보다 인간에 의해 규정되고 실현되는 것으로 강조한다. 이점은 한편으로 사회의 기계적 제도화를 견제하여 인간화를 실현한다는 점에서 유교의 본질적 입장을 밝혀주는 것이고 보편적 가치를 지닌다고 할 수 있다. 그러나 다른 한편 유교의 사회질서는 인격의 성숙 없이 또는 인격적 퇴폐화 속에서는 엄청난 혼란을 막을 수 없다는 사실과 유교적 인격이 철저하고 진정한 존양과 성찰을 통한 자기 혁신과 자기발전을 토대로 한다는 사실을 말해준다.

끝으로 우리의 현실에서 사회발전의 문제에 대한 유교의 역할을 재음미한다면, 유교는 상당히 오랜 세월 동안 그리고 상당히 깊은 정도로 시대적 현실과 사회적 상황에 감각을 잃고 있는 것이 사실이다. 그것은 또한 유교가 자기 존재의 본질에 대한 의식을 충분히 회복하지 못하고 있다는 일종의 혼수상태 내지 마비상태의 현실을 말해주는 것이다. 마비에서 깨어나 손발이 자신의 의지대로 움직이고 이 의지가 사회 환경에 적응할 수 있을 때 유교가 한국사회 속에서 자기발전이요 동시에 사회발전을 구현할 수 있을 것으로 생각한다.

여기서 유교적 인격체에 위한 유교정신의 자기각성이 이루어지면 우리의 전통이 지닌 역사와 사회와 문화의 뿌리가 다시 토양에서 영양소의 흡수를 시작할 것이겠지만, 이러한 마비가 오래되면 유교가 우리역사나 사회의 현재와 미래에 별다른 역할이 없는 과거적 환물(還物)이나 잔재에 머무르고 말 수도 있을 것이다.

VI. 한국유교의 정신문화계발적 과제와 역할

1. 사회변화와 유교의 역할

오늘의 한국사회가 당면하고 있는 정신문화적 상황을 인식하고 내일의 정신문화를 계발한다는 것은 우리 시대가 지닌 절실한 문제라 할 수 있다. 사실상 근대화·산업화를 추진하면서 상당히 급속한 경제적 성장을 이루었다. 이에 따라 한편으로 우리 사회가 활력을 얻기도 하였지만 다른 한편으로는 새로운 갈등과 문제점을 일으키게 되었다. 경제성장과 더불어 발생한 사회문제들은 경제적 추구에 치우친 데 따라 정신문화의 성숙이 균형을 잃은 데서 오는 것이라 보는 것이 적절할 것 같다. 따라서 오늘의 우리 사회에서는 정신문화의 계발이 시급하며 정신문화가 경제적 사회적 체제와 조화를 잃는다면 엄청난 불행을 초래할 수도 있다는 사실을 유의할 필요가 있다. 지난 세기말에서 우리 사회의 위기는 경제적 기술적 낙후에 결정적 원인을 찾을 수 있다면, 오늘날의 가장 큰 위기는 정신문화적 피폐화라 할 수 있다.

유교는 지난날의 민족문화적 전통에서는 중추를 이루었던 것이라 하더라도 오늘날에서는 그 체제가 전면적으로 붕괴됨에 따라 사회지도기능을 상실하고 관습적 형식으로 명맥을 유지하거나 학문적 연구대상으로서 객관적 평가와 이해의 대상이 되고 있는 형편이다. 그러나 유교 이념이 우리의 의식구조 속에 살아 있고 유교적 문화형식들이 우리의 생활 저변에 광범하게 작용하고 있는 사실을 자각한다면, 우리는 유교를 현재에서뿐만 아니라 미래에서도 우리의 정신문화영역에서 제거할 수가 없다. 개항 이후 점차적으로 시대조류에서 탈락하게 된 유교는 이제 그 관념과 의례의 전통형식을 대부분 파괴당함으로써 훨씬 본질적 이념을 확인하기가 쉬워진 것 같다. 유교의 본질이 전통적 형식으로부터 유리되어 추상화하면서 유교 이념은 이제 합리성의 원리에 따라 그 형식을 전통 속에서 취하든 서구적 양식에서 취하든 그 양자 사이에서 절충하거나 창조하든 자유롭다.

오늘의 유교조직의 일부에서는 유교의 새로운 활력을 찾기 위해 한층 더 적극적으로 활동하는 여러 가지 시도를 엿볼 수 있다. 유교가 장래의 우리 문화 속에서 갖는 역할의 하나는 유교조직이 현실에 적응하여 능동적 역할을 담당할 수 있을 경우이고, 다른 하나는 비록 유교조직이 다시 적극적인 기능을 할 수 없더라도 유교문화가 전통문화로서 의식저변에서 작용하는 경우이다. 이 장에서는 먼저 유교가 그 이념의 원리와 현실적 양식의 통합을 이룰 수 있는 근거와 그 의미를 확인하며, 다음으로 인간의 내면성에 근거한 정서적 표현의 세계를 살펴보고, 사회적인 도덕규범의 형식과 발휘양상을 검토하며, 끝으로 유교가 우리의 민족문화적 전통성과 민족적 자주성에 기여할 수 있는 가능성을 찾아보고자 한다.

2. 근원성과 현실성의 재통합

유교에서 어떤 문제를 이해할 때에도 구체적 사실이나 추상적 관념의 어느 한쪽에 치우치는 것을 거부한다. 언제나 구체적 사실에 대해서는 그 근원의 원리를 찾고 동시에 보편적 원리에 대해서는 그 현실적 구현양식을 제시하고 있다. 근본과 지말의 관계가 일체로서 파악되고, 본체와 작용의 관계가 일원으로 통합되며, 드러난 현상과 숨겨진 이치 사이에 간격의 빈틈이 없음을 강조한다.

유교의 '道'는 일상생활에서 쓰이는 먹고 마시는 일이나 남녀가 만나는 일에 있음을 강조한다. 『중용』에서 인용한 공자의 말씀에 따르더라도 '도'는 사람으로부터 멀리 떨어져 있지 않으니, 사람이 보통 사람으로부터 그 고원한 것을 '도'라 하는 것은 '도'가 될 수 없다"라 하여 일상성 속에 있음을 확인하였다. 그렇지만 유교의 범위는 비근한 일장생활 속에 빠지는 것이 아니라, '下學而上達'하여 마침내는 근원의 통일된 원리나 하늘의 명령에 통달하고 있다. 언제나 변화하는 구체적 현실과 불변의 보편적 근원이 상호 작용을 하면서 유교 이념이 실현되었다. 불변의 진리를 간직한 '경전'은 시대적 변화의 과정인 '역사' 속에서 실현되는 사실을 강조하여 '경경위사'(經經緯史)의 원리를 제시하고 있다. 성리학에서도 시간과 공간 속에서 변화하는 음양 또는 기(氣)의 세계와 불변의 원리인 이(理)의 세계가 서로 떠날 수도, 혼동할 수도 없는 관계라는 입장을 밝힌다. 그것은 유교가 변화하는 현실을 등지고 고립된 세계에서 존립할 수 없음을 밝혀주는 것이다.

오늘날 유교는 사회적 변화에 거의 감각을 상실한 것은 사실이다. 새로운 사회양상은 너무 생소하고 전통의 양상을 고집할 명분도 불분명하다. 그저 묵묵히 앉아서 과거를 회상하거나 미래를 궁리할 뿐이다.

이런 의미에서 유교는 현재의 종교가 아니라 할 수도 있다. 과거의 종교요 미래의 가능성일 것이다. 유교가 다시 현실의 문제들과 이념을 확고하게 통합시키기 위해서는 유교 이념의 근원적 의미를 재인식하여야 한다. 이러한 재통합은 전통적 체제 안에서 드러나는 유교 이념으로서는 불충분하다. 오히려 현실적 요구와 문제의식에서 경전적 이념을 재해석하는 작업이 요구된다. 그것은 공자와 맹자 이후의 모든 유교적 유산을 모두 버리고 오직 공맹으로만 돌아가자는 것이 아니다. 지금까지의 모든 유교적 전통을 존중하면서 다만 오늘의 현실에서 제기되는 문제의식을 통하여 경전의 의미를 재해석하자는 것이다. 그것은 마치 한당의 고주(古註)에 대한 송대의 신주(新註)가 등장하듯이 기존의 주석체계를 넘어서 새로운 경학이 출현하여야 할 것을 요청하는 것이기도 하다. 유교적 신념의 원동력은 어느 시대나 경전을 통해서 나올 수밖에 없는 것이라 하겠다.

우리 시대의 현실과 경전이 다시 만났을 때는 현실의 문제들이 경전의 새로운 의미를 비치고 드러낼 수 있을 것이다. 이와 더불어 경전의 새로운 의미는 이 시대의 현실이 지닌 맹목성을 깨뜨리고 미래에 나가야 할 방향을 제시할 수 있다. 경전의 새로운 의미로서 유교 이념의 재인식이 시대의 문제에 적응하며 현실 속에 새로운 질서를 제기하고 시대사회를 이끌어 갈 수 있는 영향력을 발휘할 수 있게 된다. 이러한 유교의 재정립은 인간의 개인적 의식과 행동양상에도 더욱 깊은 의미를 부여해 줄 수 있을 것이다. 동시에 새로운 이념은 낡은 전통의 형식이든 새로 받아들인 형식이든 새로운 의미 속에서 통합된 질서를 이룰 것이다.

3. 인간성품의 발현과 정서적 순화

유교의 이념 체계에서 그 정점에는 하늘이 있지만 모든 문제의 출발점은 인간에게서 찾는다. 인간의 심성문제는 성리학의 전통을 넘어서 오늘날에도 인간이 지닌 근원적 가능성을 이해하는 데 의미 있는 문제이다. 또한 선과 악이 갈라지는 계기가 되는 인간의 의지를 성실하게 하는 수양의 문제는 앞으로 더욱 계발되어야 할 시급한 문제일 것이다.

유교는 인간의 감정적 표현형식을 매우 섬세하게 규정하고 연마해왔다. 희로애락의 온갖 감정들이 절도에 맞게 표현되어 조화를 이루도록 추구하였다. 여기서 감정을 절도에 맞게 표현하기 위해서는 절도의 내용이 밝혀져야 한다. 공자는 ‘仁’의 실천조목으로서 보고 듣고 말하고 행동하는 데 ‘禮’를 어기지 말도록 요구하는 ‘사물’(四勿)을 제시하였다. 여기서 기준이 되는 ‘예’는 고정된 형식이 아니라 시대사회 속에서 구체적으로 규정되는 절도라 할 수 있다. 감정의 절도로서 ‘예’는 원리의 구체화로서 감정의 표현에 기준을 제공하는 것이면서 동시에 구체적 감정의 표현에 적응되고 있는 것이다.

유교는 ‘예교’라고도 일컬어질 만큼 예법을 통하여 인간의 본성을 발현하고 감정의 표현을 절도에 맞도록 규제한다. 전통사회가 근대사회로 전환하는 과정에서 가장 심한 파괴를 당한 것은 유교의 예법 체계라 할 수 있다. 이제는 유교의 전통예법을 체계적으로 실천하는 것이 불가능할 만큼 현대생활 속의 감정표현으로부터 이질화되었다. 따라서 현대인의 감정적 표현을 절도 있게 하고 조화시킬 수 있는 유교적 예법의 재규정이 필요하게 되었다. 예법의 재정립은 인간 본성을 의미 있게 재인식하고 감정이 본성에 따라 현실성 있게 표현될 수 있도록 절도를 제시할 수 있을 때 가능하다. 새로 정립될 유교예법은 전통예법을 개혁하기도 하고 계승하기도 하면서 유교를 살아 있는 종교로서 인간본성을 발현하고 감정의 표현을 정서적으로 순화시키는 역할을 수행할 수 있어야 한다.

유교의 예법은 인간의 감정에 절도를 제시함으로써 조화의 기초를 마련하지만, 감정의 조화는 예법에 앞서서 음악을 통하여 실현된다. 음악의 조화는 예법의 절도를 전제로 하는 것이며, 예법의 절도는 음악적 조화를 통하여 완성되는 것이다. 유교의 예악을 통한 인간성품의 실현방법은 유교적 문화 체계를 형성할 수 있으며, 개인의 심성에서부터 사회질서에 이르기까지 절도와 조화의 상관관계적 문화 체계를 정립할 수 있게 한다. 예법에 기울어지면 형식적이고 엄숙주의적 분위기가 지배하기 쉽고 음악에 치우치면 정감적이고 향락주의적 분위기가 융성하기 쉽다. 앞으로 우리문화가 예법과 음악의 균형을 통한 인간본성과 감정의 순화를 성취한다면 유교적 정신문화의 중요한 특성을 발휘할 수 있을 것이다.

4. 도덕규범의 정립과 사회적 균형

유교 이념은 인간성품에 근본을 두면서 인간관계의 사회적 확장을 통하여 제시된다. 여기서 개인 내면에서 사회체제에 이르기까지 일관된 원리는 인간행위의 당위규범이라 할 수 있다. 유교는 도덕규범을 통하여 인간의 개체와 사회질서를 실현하도록 추구한다. 유교 이념은 사회가 내포한 다양성을 인정하면서 그 다양성을 통합하는 원리로서 기준을 중요시한다. 사회적 다양성의 통합원리는 정당성으로서 정의[義理]

와 균형의 중심점으로서 중용을 지적해볼 수 있다.

정당성의 원리는 의리라 할 수 있지만 그 사회적 표현으로 강상의 규범을 들 수 있다. 이른바 삼강오륜의 일반적 규범형식은 전통사회에서는 불변적인 최고의 규범으로 인정하여 왔지만 오늘날에는 부분적으로 효력을 상실한 규범들도 있다. 특히 '삼강'을 수직적 지배윤리로 비판하며, '오륜' 가운데서도 '군신유의'는 이미 군주시대가 아닌 만큼 무의미한 규범으로 보며, '부부유별'도 남녀평등원칙에 위배되는 것으로 지적한다. 오늘날의 강상으로는 '삼강오륜'의 재해석이 필연적이며 동시에 '삼강오륜'을 존중한다 하더라도 이 형식으로만 사회도덕규범을 확인하기에는 불충분하다. 현대사회의 구조에 적합한 사회적 규범이 제시될 필요가 있다.

유교적 의리론에 근거한 사회정의는 오늘날 사회의 실리주의적 태도에서 도덕성을 소홀히 하기 쉬운 점을 견제할 것이다. 다만 전통적 의리론에서처럼 이익을 억제하고 의리만 강조하는 입장이 아니라 이익과 의리가 조화를 이룬 의리를 정의로 삼을 것이다. 이익과 의리가 조화하는 사회도덕원리에 따르면 이익은 의리와 결합함으로써 더욱 확고한 기반을 확보하며, 의리는 이익과 결합함으로써 더욱 생산적인 역할을 할 수 있을 것이다. 그것은 『주역』에서 "이익은 의리의 조화이다"라 규정하고 있는 유교 이념이다. 의리는 이익을 균등하게 분배함으로써 이익과 조화를 이룰 수 있다. 그것은 물질적 분배에 도덕적 가치를 부여하는 것이며 경제를 도덕과 조화시키는 것이다. 경제적 이해관계의 대립이 도덕적 균형화를 통하여 통합을 성취할 수 있다.

사회적 다양성을 통합하는 또 하나의 방법은 '중용'에 의한 조화의 중심점을 제공하는 것이다. 중용은 양극적 다양성과 모든 대립적 형식을 포함하여 통합의 계기를 제공해 준다. 유교의 사회체제는 더 이상 신분적 또는 지배적 권위를 인정하는 것이 용납되지 않는다. 사회의 대중적 다양성이 존중되고 그 전체적 조화를 통하여 사회통합을 추구하는 것이어야 한다. "군자는 조화하나 동일하지 않고, 소인은 동화하나 조화하지는 못한다"는 공자의 언급처럼 사회의 획일화가 아니라 다양성의 조화를 이상으로 확인 할 수 있다.

유교는 지배자중심의 억압 체계가 아니라 백성을 근본으로 하는 민본사상을 기본 이념으로 하고 있다. 군주주의 제도 안에서 민본이념이 시대적 제약을 받았다면, 민주주의 제도를 민본정신으로 배양한다면, 민본이념도 더욱 성장할 수 있을 것이다. 민본정신은 민주주의에 있어서 권력소유에 따른 상호 견제적 기능의 긴장을 보존하면서도 상호 조화적 질서로서 풍성하게 성장시킬 수 있을 것으로 기대해 볼 수 있다. 유교적 도덕규범은 언제나 인간내면에 근본을 두면서 사회질서 속에 나타나 실현되는 것이기에 사회를 도덕화하고 인간화할 수 있는 역할을 갖고 있는 것이다.

5. 문화전통의 계승과 민족주체의 각성

전통사회의 문화적 유산에는 유교적 요소가 엄청난 양으로 주어져 있다. 이러한 문화유산을 불필요한 폐기물이라 판단한다면 많으면 많을수록 고통스러운 짐이 될 것이요, 소중한 보물이라 판단한다면 많을수록 더욱 큰 힘이 될 수 있다. 어떤 문화도 과거의 전통이 없다면 현재의 창조가 불가능해진다. 그동안 우리가 전통문화를 낙후한 것으로 규정하고 외래문화를 도입하여 문화발전을 추구하였지만 자신의 문화전통에 기반이 없이 외래문화를 수용하면 문화적으로 예속상태에 빠지는 것을 절실하게 경험하였다. 이제는 문화적으로 우리 자신의 자기 확인이 언제나 요구되고 있는 사실을 주의할 필요가 있다.

　　미국문화의 끝없는 모방을 벗어나 문화적 자주성을 자각한다면 전통문화의 가치를 폐기물이 아니라 보물로서 재평가해야 할 것이다. 전통문화가 그대로 오늘날 의미 있게 경험될 수 있는 것은 아니다. 언제나 문화의 새로운 창조와 성숙은 전통유산을 재인식하는 데서 시작한다 할 수 있다. ‘옛것을 익혀서 새로운 것을 안다’라 하거나 ‘지난 성인을 계승하고 다가오는 학문을 열어 간다’[繼往聖 開來學]라 하는 것도 전통을 발판으로 미래의 새로운 창조적 업적을 성취할 것을 가르친다. 한 민족의 정신문화는 그 민족의 역사를 통하여 축척되고 성장되는 것이다. 우리 민족이 유교문화를 전통의 한 줄기를 삼고 있었던 만큼 전통의 이해가 중요한 과제이다. 그러나 전통의 이해는 오늘날에 의미 있는 문화형식을 창조하는 데 필요한 기반을 확보하는 것이지 전통문화에 대한 호고적 취미에 빠지거나 복고적 자세에 고착되는 것은 전통의 진실한 가치를 왜곡시킬 수 있게 한다.

　　어떠한 전통문화도 그 당시에는 시대문화로 역할하였다는 사실에 주목하여야 한다. 각 시대사회 속에서 지녔던 역할과 의미를 이해할 때 전통문화는 모두 가장 창의적 활력을 드러내며, 이러한 창의적 정신은 오늘의 우리 시대에서 우리 자신의 문화창조에 가장 진지한 모범을 보여주는 것이기도 하다. 민족사를 통한 문화창조의 활동에 연속성을 발견함으로써 우리는 민족을 민족문화의 주체로서 확인할 수 있고 자신이 그 주체에 참여할 수 있는 가능성을 얻게 될 것이다. 유교문화의 전통을 오늘의 현재에 연결시키고 또 내일로 계승시키는 작업은 민족정신의 연속성과 생명적 활력을 확보하는 일이 될 수 있다.

　　정신문화의 역사적 연속성과 민족적 주체성을 확인하는 것은 결코 폐쇄된 입장에 빠지는 것은 아니다. 민족문화가 성장하는 데는 외래문화의 수용이 중요한 요소임을 거듭 강조할 수 있다. 그렇지만 언제나 정신문화의 주체는 민족사의 전통성에서 찾아야 한다. 외래문화도 자신의 주체성 속에 수용되어 자기문화가 될 수 있지만 그 주체성을 상실하면 외래문화 속에 자기문화가 흡수되거나 해체되는 것을 경험하는 경우도 얼마든지 있다. 이와 더불어 한 시대에서 정신문화의 창조적 활동은 자율적이어야 한다. 어떤 목적의식 속에 의도된 작업은 창조라기보다는 응용이요, 목적의식에 예속된 왜곡일 수도 있다. 어떤 경우에도 건전한 양식과 자율성 속에서 수행된 정신문화의 업적이라야 그 시대를 이끌어 가는 역할도 할 수 있을 것이다.

6. 한국 유교가 지닌 앞으로의 과제

유교가 미래의 한국사회에서 정신문화를 계발하는 데 역할한다는 것은 먼저 유교자체의 자기 개혁을 통한 유교 이념과 조직의 활성화를 전제하여야 한다. 그것은 아직 등장하지 않은 새로 태어날 유교조직의 주체를 의미하는 것일 수도 있다. 그러나 지난 1세기 동안 계속된 침체와 붕괴의 늪에 빠져 있던 유교조직이 이제 마치 동지를 지난 햇빛처럼 아직도 날씨는 여전히 추우나 해의 길이는 명백히 길어지고 있는 것처럼 새로운 활력의 움직임과 성장이 뚜렷해지고 있다. 앞으로 훨씬 많은 역할을 유교에 기대할 수 있는 여건이 마련될 수 있을 것으로 기대한다.

이러한 유교의 살아 있는 조직이 다시 등장할 것을 기대하면서 유교가 계발할 수 있는 정신문화적 과제를 몇 가지 특징적으로 요약해 볼 수 있을 것이다.

첫째는 유교가 전통문화로서 현재와 미래에 기능하기 위하여서는 유교의 이념과 현실적 실천 양식이 재해석되고 재통합되어야 한다. 그러기 위해서는 경학 해석에서 새로운 이해 체계가 정립되어야 할 것으로 보인다.

둘째는 유교적 문화계발은 유교 이념의 성격에 따라 인간내면적 근거를 확립하여야 하며 인간성품과 감정의 조화 있는 발현을 위해서는 예법의 절도와 음악의 조화가 상호 보완적으로 계발될 때 한국의 독특한 정신문화를 형성할 수 있을 것이다.

셋째는 유교 이념의 사회통합적 역할은 의리론의 정당성과 중용적 균형의 조화를 통하여 확보할 수 있을 것이며, 경제적 분배의 기초에 있어서 의리의 정당성과 사회체제에 근거한 민본정신은 유교적 정신문화의 사회규범으로 두드러질 수 있다.

넷째는 민족문화는 전통과 미래가 연결되어야 하고 민족주체성의 각성을 전제로 외래문화도 적극적으로 수입하며 문화창조의 자율성이 존중되어야 한다.

1. 조직과 활동

1) 교화조직의 변천

유교의 이념을 사회에 실현하려는 노력은 삼국시대 이래 국가의 기본정책을 이루어 왔다. 군왕의 시정(施政)이 유교의 왕도이념을 펴는 것이었으며, 특히 교육기관은 대중의 교화를 위하여 중심적인 활동을 하는 조직을 이루어 왔던 것이다. 유교경전을 중심으로 한 교육기관은 국가의 지도층을 배출하였고, 학술뿐만 아니라 지역사회의 풍속과 의식 예법을 유교적으로 확립하는 데 기여하였다. 정부의 문교(文敎)를 담당한 부서인 예조도 그 명칭에서 보이는 것처럼 국가의 예속을 바로잡는 임무를 담당하고 있다. 이처럼 교육은 지식의 전달에서만이 아니라 행위규범과 예법의 시행에 관심을 기울임으로써 유교의 교화활동을 주도하였던 것이다.

중앙에는 관서로서 예조와, 학교로서 성균관 및 사학이 있고, 지방에는 향교와 서원이 있어서 이들 학교에서는 경전의 강론과 더불어 문묘에 제사하는 것을 기본 임무로 하고 있다. 문묘는 공자 및 유교 성현의 신위를 모시고 이에 제사를 드려 존숭함으로써 유교정신의 계승과 전파의 핵심을 미루고 있는 것으로서 교회 내지 성전의 성격을 갖는다. 명륜당을 중심으로 하는 학교와 대성전을 중심으로 하는 문묘가 유교의 교화기관이라 할 수 있으며, 교화활동의 주체적 역할은 관료와 유림이 담당하였다. 교육의 기회와 문묘제자의 참례는 사대부계급의 특권을 이루어 민중에 개방된 것은 아니고, 교육기관에서 배울 수 있던 계층인 관료나 지방의 유림은 그들의 행위가 대중의 표양(表樣)이 됨으로써 풍속과 예법을 대중에게 교화시켰던 것이다.

교육기관이 국가에 의하여만 운영된 것이 아니라 조선 후기에 서원이 발달하면서 명유들의 문도들이 성균관이나 향교에서보다 서원 등 사설교육기관에서 배출되어 활동하는 경우가 많았다. 따라서 교화활동은 관료적인 임무로만 부여된 것이 아니라 유림의 전국적인 조직에 의하여 더욱 큰 영향이 발휘되었음을 볼 수 있다. 이러한 교화주체의 이원적 구조로 말미암아 국가의 세력이나 정세가 불안정할 때에도 교화활동은 단절 없이 지속되었고 확고한 기반을 형성하여 왔던 것이다.

조선조 말기에 서양의 세력과 문물이 수입되어 천주교의 수난과 같은 사상적인 갈등이 사회문제로 크게 대두되었으나, 조선조의 유교적 기반이 쉽게 동요되지는 않았다. 그러나 서양의 우세한 물질적·군사적·정치적 압력이 격증되어 국가의 위기를 초래하였을 때에는 사회적 동요와 함께 교육기관의 안정된 교화기능이 쇠퇴하였다. 명종 때 소수서원이 사액된 이래 선유를 봉제(奉祭)하고 강도(講道) 수업(修業)하는 교화기능으로서 크게 번성하였던 서원은 유생들의 타락한 풍속으로 사회적인 폐단을 일으켜 민원을 낳았고, 대원군의 집정기간에 650개소 이상의 기존 서원을 정리하여 47개소 이외의 서원이 철폐되었다. 조선조 말에 국가의 정책으로 대부분의 서원이 파괴되어 성균관이나 서원을 중심으로 하는 유림의 공론인 유통(儒通)이 억압되면서 정치세력에 의하여 유림의 기능이 전반적으로 제약되었고, 따라서 교화기능이 급격히 쇠퇴하게 되었던 것이다.

고종 20년(1883)에 문렬공 조헌과 문경공 김집이 문묘에 종향(從享)된 것을 끝으로 문묘에 새 인물이 배향되지 않았다. 성균관의 쇠퇴한 학풍을 부활시키기 위하여 동 24년(1887)에는 성균관에 경학원을 설치하였으나 별다른 효과를 거두지는 못하였다. 갑오경장의 이듬해인 고종 32년(1895)에는 칙령 제136호에 의하여 성균관에 경학과를 설치하고 문묘봉사와 경전학습의 역할을 규정하였으나, 이미 국가의 문교정책으로도 서양문명에 대한 지식의 요구가 급박하여 고종 18년(1881)에 신사유람단을 일본에 파견하고, 병기제조를 습득하기 위한 학생들을 청나라에 유학시키며, 동 23년(1886) 육영공원(育英公院)을 세워 영어를 가르치는 등 관심이 유교의 교화를 떠나 있었던 것이다. 경학과는 근대적 학제에 따라 개혁된 제도로 교과목으로서 삼경과 사서 및 그 언해와 강목 등 경사에 관한 것 이외에 작문·역사·지지·산술 등이 부여되어 있었지만, 경학과에서 수업한 자가 사회적으로 받는 우대나 활동영역은 거의 보장된 것이 없었다. 중앙의 성균관이 쇠퇴하는 것과 동시에 지방의 향교도 학풍을 잃고 개혁의 방향조차 찾지 못하여 급속히 황폐해 가는 길을 밟았던 것이다. 고종 32년의 교육제도 개혁 이후 성균관과 향교는 실질적인 국민교화의 주축이 되는 지위를 잃었고 문묘봉사의 의전기능에서 명맥을 유지하는 형편에 놓였다.

일본이 경술년 한국을 병합한 이듬해(1911)에 성균관을 폐지하고 경학원을 설치하였으며 그 후 명륜전문학원으로 고쳤다. 일제치하에서는 유림의 저항적인 세력을 엄격히 탄압하는 정책이 계속되어 유림의 활동은 거의 괴감되는 데 이르렀다. 향교도 향사(享祀)만 허용되고 교육은 각급 학교에서 전담하였고, 서당을 통해 경전교육의 명맥이 남아 있었으나 공인된 자격을 얻을 수 없었다. 다만 일제시대에 명륜전문학원 출신을 도청의 교화주사로 임명하는 사례가 있었을 뿐이다. 일제 말기에는 명륜전문학원마저 폐지되고 명륜연성소로 개편되어 잔존되었던 것이다.

해방과 더불어 김창숙 씨를 중심으로 하여 명륜연성소재단에 육영기관이었던 학린사재직의 희사를 받아 재단법인 성균관대학의 설립이 추진되어 1946년 9월, 철정과(哲政科)와 경사과(經史科)의 전문학생을 모집함으로써 교육기관으로 재출발하였다. 그러나 일제의 명륜전문학원 이후로 국가기관으로서가 아니라 재단법인의 형태로 유림의 사설단체가 되었으며, 유교정신이 국가 이념 내지 정책과는 직접적인 관계를 갖지 못하게 되었다. 재단법인 성균관대학은 유림에 의하여 운영되는 교육기관으로서 1946년 철정과와 경사과로 설립되었지만, 그 이듬해 문학부 정경학부로 나뉘고, 문학부 5개 학과 가운데 유교와 직접적 연관을 맺는 것으로 동양철학과의 명칭이 설정되었다. 그 밖의 학과는 일반대학과 다름이 없었으나 유학을 필수과목으로 부과하는 학교였다. 성균관 안에 교화조직으로서 유도회총본부가 설치되었고, 지방의 각 도와 군에 유도회지부가 결성되어, 향교를 중심으로 미약하나마 활동이 시작되었다. 특히 성균관재단의 권력쟁탈을 위한 내분이 장기간 계속되자 마침내 성균관대학교가 유림재단의 관할에서 벗어났고 유도회도 그 활동이 마비상태에 빠져 있었다. 이러한 분규의 혼란기를 지나서 성균관과 향교는 활동력이 거의 상실된 상태에서 안정을 되찾았다. 그러나 1965년 이후 성균관대학교의 운영권이 타 재단에 넘어가고, 유교 이념에 의한 설립 정신이 약화되어 전 학년에 부과하던 유학교육도 일년으로 축소되었으며, 양현재를 통한 유학의 특수교육도 극히 위축되어 장학(獎學)기구로서 잔존되고 있는 상태이다. 다만 새로운 변화로서 동양철학과라는 명칭을 더욱 구체적으로 유교의 특수성을 밝혀 유학과로 개칭하고 유학대학에 속하게 하여 유학전문의 단과대학이 1967년 12월에 설치되었으며, 1981년 3월부터 유학대학은 유교학과(뒤에 다시 儒學科로 고침)·한국철학과·동양철학과로 분할·확장되었던 것을 찾아볼 수 있다.

2) 조직과 활동의 현황

오늘날 한국유교의 기본조직은 「재단법인 성균관」과 「(재단법인 성균관)유도회」로 나누어 볼 수 있다.

재단법인 성균관은 유교를 대표하는 단체로서, 그 목적을 정관 제1조[51])에서 유도정신에 기하여 ⅰ) 도의의 천명, ⅱ) 윤리의 부식(扶植), ⅲ) 문화의 발전, ⅳ) 공덕(公德)의 작흥(作興)으로 규정하고 있다. 성균관재단은 서울의 성균관과 지방의 향교를 통할관리하며, 사무소를 서울시 종로구 명륜동 3가 53번지에 있는 성균관 안에 두고 있다. 성균관재단은 임원으로 17인의 이사(중앙 9인, 지방 8인)와 2인의 감사(중앙 1인, 지방 1인)를 두고(정관 제13조), 성균관총회가 있으나 이사회가 최고의결기관의 임무를 수행한다. 이사 및 감사의 선출대상은 ⅰ) 성균관장, ⅱ) 성균관대학교총장, ⅲ) 유도회총본부 위원장, ⅳ) 각 도 향교재단 대표자, ⅴ) 본 재단에 다액의 재산을 기부한 자, ⅵ) 유림중 학식·명망이 有하고 본 재단사업에 찬조하는 자로 규정하고 지방이사 8인과 감사 1인은 성균관총회에서 각 도별로 2인을 선정 추천하여 이사회가 선출하도록 하였다(정관 제14조).

성균관재단의 기본사업은 ⅰ) 문묘향사, ⅱ) 성균관 및 지방향교의 통할관리, ⅲ) 교화 및 사회사업의 경영 및 보조, ⅳ) 학술 및 문예의 연구 및 보급, ⅴ) 기타 유도 진흥에 필요한 사업의 다섯 조목으로 제시되고 있다(정관 제2조). 문묘향사는 유교의 정통을 계승하기 위한 의례로서 가장 기본적인 임무로 중요시되어 지켜왔다. 또한 재단의 산하 실행기구로서 서울의 성균관과 지방의 향교가 있다. 그러나 성균관과 향교는 명령계통이라기보다는 자치적인 활동영역이 크며, 재정과 인사에 있어서 성균관재단이 향교를 실제로 장악하는 것은 아니다.

---

51) 재단법인 성균관 정관(1967년 10월 11일 改正).

서울의 성균관은 성균관총회를 최고의결기관으로 한다(성균관직제 제13조).[52] 성균관의 임원으로는 관장 1인, 부관장 3인(중앙 1인, 지방 2인), 전의(典儀) 약간인, 전학(典學) 27인(중앙 10인, 지방 각 道 2인 및 濟州道 1인, 사의(司儀) 약간인)이 있고, 유림조직분과위원회, 유도연구분과위원회, 유도교화분과위원회의 3개 분과위원회에 각 7인 이내의 위원을 두고 있다. 총회의 참석대표로서 성균관사업수행에 위배되는 유림단체나 또는 이교단체에 가입한 자는 참석자격이 없는 것으로 규정하여 유교의 정통성을 강조하고 있음을 확인할 수 있다(성균관직제 제20조).

향교는 조선시대에 각 주군에 설립되어 그 수가 360에 이르렀으나 해방 후 남한에는 231개의 향교가 시군에 남아 있다. 향교의 조직은 구역 내의 유림총회를 의결기관으로 하여 향교를 대표하는 전교(典校) 1인과 의전·교화·총무·조직·재정·선전의 부서를 맡을 장의(掌議)를 각 읍면별로 3인 이내씩 선출하여 추천하면 성균관장이 이를 임명한다(성균관직제 제18조, 향교직제 제2조·제5조).[53] 향교에 소속된 재산인 막대한 토지가 해방 후 토지개혁령으로 손실되어 향교의 활동은 극도로 위축되었고, 건물이 쇠락하여도 보수조차 제대로 못하는 실정이다. 더구나 교육기관으로서의 기능이 각급학교로 넘어간 뒤에는 문묘향사가 기본 임무로 남아 있을 뿐이다. 향교에 따라서는 교화활동으로 효자, 열녀·선행 등의 표창을 하고 한시백일장을 열거나 경전강론 및 유도강연회를 간혹 열고 있는 정도에 그친다. 대부분의 향교에서는 청년층의 활동이 없이 한학에 친숙한 노인층에만 의존하고 있으므로 새로운 개혁이나 활동의 다양화가 미약하고 저변층이 빈약하여 전반적인 침체를 면하지 못하고 있어 많은 문제점을 안고 있다. 최근에 와서 향교에는 충효교실 등을 열어 학생층의 도덕교육활동을 비교적 활발히

---

52) 성균관직제(1971년 12월 6일부터 改正 施行).
53) 향교직제(1969년 3월 1일 改正).

시행하고 있다. 향교의 문묘향사에 지방행정관이 삼례를 하거나 또 향교보수비의 일부를 시와 군에서 지원하는 경우도 있으나 거의 형식적인 데 그치고, 행정관청에서 지원하는 것은 문화재로서의 향교에 불과하다. 교화기능에 대하여는 구체제가 개혁되지 않는다면 기대하기 어려운 현실이라 하겠다. 그러나 성균관의 사업으로 전국향교의 유림들을 해마다 서울에서 훈련시키고 있는 것도 체질개선을 위한 움직임의 하나로 보인다.

유도회의 설립은 그 취지가 유교 이념을 대중에 교화하는 데 있으며, 성균관 및 향교의 행정 체제와 병행하면서 대중적인 조직을 강화하는 데 있다. 유도회의 목적을 유도정신에 입각하여 ⅰ) 도의의 천명과 윤리의 부식(扶植)을 실천하여, ⅱ) 수제치평(修齊治平)의 대도를 선양하여, ⅲ) 사회질서를 순화함(유도회헌장 제3조)54)에 있다 하고, 그 사업으로 ⅰ) 성균관대학교 및 지방향교와 유림기관의 발전육성에 관한 사항, ⅱ) 경전 및 학술의 연구발표에 관한 사항, ⅲ) 정치·경제의 연구발표에 관한 사항, ⅳ) 교화 및 사회복지사업에 관한 사항, ⅴ) 기타 본회 목적달성에 필요한 사항을 규정하고 있다(同 헌장 제4조). 유도회의 총본부를 성균관 안에 두고, 서울·부산 및 각 도에 본부와 구·시·군의 향교단위에 지부를 두며, 통·리·동단위에 분회를 두도록 하였다(同 헌장 제2조). 그러나 시·도의 본부는 1969년에 결성이 완료되었지만 지부는 결정되어도 활동을 않고 있는 곳도 많으며, 분회는 아직 체계적인 조직단계에 들어가지 못하고 있는 실정이다. 유도회의 총본부 기구와 임원으로는 위원장 1인과 부위원장 3인이 있으며, 중앙위원회·상임위원회·검찰위원회의 기구와 최고의결기구로서 유도회총회가 있다. 중앙위원회는 40인 이상 60인 이내로 구성하고 서울과 지방에서 각각 반씩을 뽑아야 한다(同 헌장 제16조). 사무총장을 두고 총무·조직·

---

54) 유도회헌장(1971년 4월 刊行).

재무·정경·교화·선전·청년·부녀의 7부서를 통하여 사무를 집행한다(同 헌장 제13조). 상임위원의 수는 14인 이상 20인 이내로 규정하고 있다(同 헌장 제16조). 검찰위원회는 7인 이상 10인 이내이며 의장은 위원회에서 호선한다(同 헌장 제15조·제16조).

성균관과 향교의 체제나 유도회의 전국적 조직이 오늘날 한국 유교의 외형적 기구를 이루고 있는 것은 공인되고 있다. 그러나 활동을 활발히 할 수 없는 현실적 여건의 불리함을 극복하고 체제를 현재까지 유지해 오는 임원들은 거의가 봉사적인 사명감을 갖고 있으며, 끊임없이 새롭게 유교를 중흥시킬 방책을 모색하여 왔다. 1969년 4월에 창간되어 매월 1회 발행하고 있는 유림월보(儒林月報)는 유교의 유일한 기관지로서 재정적인 곤란 속에서 발행을 계속하여 유림 내에 유교의 현황을 보도하고 의식의 근대화를 위한 계몽에 많은 기여를 해왔던 것이다. 1987년 5월(제217호)부터는 유교신보(儒敎新報)라고 제호를 바꾸고 매월 2회 발행하는 발전을 보이고 있다. 성균관과 유도회의 교화활동을 위한 노력으로 전국에서 도의선양대회를 벌이고,55) 1973년 8월에 윤리선언을 발표하는 등56)의 움직임이 있었다. 그러나 유교단체의 활동이 사회적인 큰 반향을 일으키거나 영향을 미치지는 못하고 있어서 아직도 침체기를 제대로 벗어나지 못한 것은 사실이라 하겠다.

성균관의 교육 및 학술기능은 성균관대학교가 담당하여 왔다. 성균관대학교는 유림에 의하여 유교의 이념에 입각한 교육기관으로 설립되었던 것이다. 학교법인 성균관대학은 '유도정신 및 대한민국교육의 근본이념에 기하여 도의(道義)의 천명(闡明), 윤리의 부식(扶植), 문화의 발전 및 공덕의 작흥을 목적으로 한다'(학교법인 성균관대학 정관 제1조)고 규정하였으며, 성균관대학교도 '학술의 심오한 이론과 응용방법을 교수·연구하는 동시에 유교정신을 바탕으로 한 민주교육 이념을 원만

---

55) 『儒林月報』, 第32號(1971년 11월 25일 字).
56) 同上, 第54號(1973년 9월 25일 字).

히 실천할 인격을 도야하여 국가에 이바지할 지도적 인재의 육성을 목적으로 한다'(학칙 제1조)고 밝히고 있다. 현재 유학의 연구와 교육은 유학대학의 유학과가 중심이 되고, 연구소로서 대동문화연구원이 부설되어 활동을 하여 왔다.

유학과는 유교경전과 한국 및 중국유학사를 중심으로 교과과정이 편성되어 있으며, 입학자에게 신앙의 제한이나 졸업 후 활동에 대한 의무 등의 조건이 없이 자유로운 수학을 하도록 하였다. 유학대학의 재학생을 위한 지원기구로 양현재는 고려 때부터의 전통이 있는 것이다. 전에는 성균관의 동재와 서재에 유생들이 기숙하던 전통에 따라 유학대학 재학생 가운데서 재생을 선발하여 학비와 숙식을 제공하고 학업에 열중하게 하며, 경학·문학·사학·철학에 관한 특강이 상설되어 전문교육을 강화하여 왔다. 근래에 와서 성균관건물의 관리권이 문화재관리국에 소속되자 재생들의 기숙 제도가 없어졌고, 양현재의 장학대상도 대폭 축소되었다. 그러나 유학과는 유학을 전문으로 하는 독립학과로서 국내뿐만 아니라 일본이나 중국에도 없는 유일한 학과이며, 유학사상을 현대화하는 데 중심적 역할을 하고 있다. 학문의 방법과 체계가 현재에 완전히 확립된 것은 아니지만 끊임없는 노력으로 유학을 체계화하는 연구가 진행되고 있다.

'유학사상을 중심으로 한 한국 및 동양문화를 연구하여 민족문화를 천명하고 국제적 문화교류와 상호 이해의 증진을 도모함'을 목적으로 설립된(대동문화 연구원 규정, 제2조) 대동문화연구원에서는 경전과 한국유학자들의 문집 등을 번역 또는 영인하여 출판하였으며 유학 및 국학관계 자료와 저술을 발행하는 등 많은 활동을 해왔다.

전반적으로 보아 오늘날 유교의 교화활동은 미약하고 침체된 상태에 놓여 있으나 상당한 기간 격변하는 현실에 적응하고 개혁하려는 자체 내의 움직임이 계속되어 왔고, 또한 내적 정비가 이루어지면 대외적으로 활동을 확대할 수 있는 긍정적인 여건도 갖고 있는 것이다. 특히

1985년 유교학회가 창립되어 활발한 활동을 벌이면서 유교의 장래는 매우 고무적으로 보인다. 따라서 앞으로의 유교활동이 어떠한 형태로 추진되고 전개될 것인가에 기대를 할 필요가 있겠다.

3) 유교의 교세

유교의 교세를 계수적(計數的)으로 제시한다는 것은 유교자체의 특성에 있어서나 한국의 현실에 있어서 사실상 불가능하다고 할 수 있다. 조선조 사회에서도 출가승려를 제외하고는 모두가 유교의 예속을 따랐고 일부 불교나 도교 또는 무속의 의식을 행하는 사람도 유교에 저항하는 것이 아니라 양쪽을 겸행하는 것이었다. 기독교가 동양사회에 들어오기 전에는 여러 전통의 종교들이 이념에 있어서 서로 대립양상을 보여주었지만 생활 속에서는 서로의 한계를 엄격히 구분하지 않았고 대중들도 관용과 조화의 태도로 살아 왔다. 그러나 기독교의 유일의식과 교회조직을 통하여 신도의 공동체를 이루면서부터 교도를 대중에서 구별하였고, 불교도 교도를 따로 계산하며, 그 밖에 군소 신앙단체도 교도수를 확대하여 독립된 조직을 이루게 되었다. 이때에 유교의 교도를 계산한다는 것은 종교단체로서의 자기의식이 철저하지 않는 만큼 그 기준이 매우 애매하다고 하겠다. 성균관과 향교의 체제가 성립한 것은 국민교육과 교화의 배경에서이며, 이미 국가가 유교정신을 입국이념으로 하지 않는 만큼 국민전체를 유교도로 보는 것은 의미가 없다. 다만, 한국의 오랜 유교적 전통에 따라 공자나 유교의 이념에 대한 이해가 별로 없더라도 생활풍속이 유교의식으로 젖어 있으므로 다른 종교단체에 속하지 않는 국민대중이 조상숭배의식이나 유교적 도덕관념에 익숙하고 제사의례에서 유교적인 의례를 지키고 있다는 사실에서 이들을 유교인으로 일컬을 수 있다면 본인들의 의사는 묻지 않고 유교도의 범위에 넣어 교도수를 계산할 수 있을 것이다.

유도회를 통한 조직이 철저하다면 유도회회원을 유림으로 보는 것이 합리적인 방법이 되겠지만, 유도회가 실질적으로 철저한 유교도마저 완전히 조직화하고 있지 못한 실정이므로 유교도의 통계를 산출하는 것은 현재로서 불가능할 뿐 아니라 그 통계도 한정된 의미를 가질 수밖에 없다. 성균관은 유교를 종교단체라고 스스로 확신하지 못하고 사회교화와 도덕운동을 위한 단체로 이해하는 입장도 있지만, 문공부나 다른 종교단체가 유교를 하나의 종교로 취급하고 있는 것에 대하여 확고한 반대 의견도 표시하지 않는 다소 애매한 입장을 취해 왔다. 유교단체의 성격이 앞으로 점차 명확하게 드러나게 되겠지만 현재로는 성균관과 유도회가 유교의 대표단체이고 문공부의 입장이 유교를 종교로 취급하고 있다. 유교단체에서 제공한 자료에 의해 문공부가 『종교법인 및 종교단체현황』에서 집계한 통계에 따른 유교의 교세를 보면 1981년도에 유교인의 수는 5,182,902명이고 1982년에는 6,909,960명으로 나타났다. 여기서 1981년도 통계를 예시해 보면, 통계의 산출근거에 대한 이해가 필요하다. 향교 수는 서울의 성균관 1개소를 포함한 전국 향교 수이며, 교직자 수는 성균관임원과 향교의 교전·장의 수이다. 교직자 수의 변동이 얼마나 잘 파악되고 있는지는 다소 의심스러우나 대체적인 수로는 근거가 있다. 유림 수는 타 종교에 소속하지 않은 국민을 전부 유림으로 보고 그 수의 3/5을 미성년자로 보아 이를 빼고 나머지 수를 유림의 실수로 보았다. 따라서 여기서 유림수의 통계는 어디까지나 추산한 것인 만큼 실제와 얼마나 근사한 것인지는 확인되기 어렵다. 또한 산출법 자체의 타당성도 문제가 없는 것은 아니다. 유림의 수를 계산하는 데 앞서서 유림의 개념을 확실하게 한정하지 않는다면 객관적 확실성을 찾기가 어렵다고 할 것이다. 1983년 10월 1일 시행된 정부의 전국 상주인구조사에서는 유교인의 수가 786,955명으로 나타났다. 이 통계숫자도 유교의 종교적 자기 확인의 현실을 보여주는 것으로서 의미 있는 숫자라 보아야 할 것이다.

〈유교교세 통계표〉

연도	향교 수	신도 수(교직자 포함)			교직자 수			비 고
		남	녀	계	남	녀	계	
1981	232	4,018,413	1,182,776	5,201,189	11,343	607	11,950	문공부 통계 1982. 1. 1
1982	232			6,909,960				문공부 통계 1982. 12. 31
1983	232			786,955			12,013	전국 상주인구 조사 1983. 10. 1

2. 한국유교의 현실과 전망

조선조의 봉건 체제가 무너지고 서양문물과 함께 전개된 근대화과정에서 유교는 전통의 봉건질서 속에 갇힌 것으로 표현되어 구체제의 폐단이 모두 유교의 약점 내지 과오로 이해되어 왔다. 사실상 유교의 이념이 구체제의 형식에 담겨 있었다면 구체제가 붕괴함과 더불어 그 이념을 새롭게 전개하지 못한 유교도의 책임이 전혀 없었던 것은 아니다. 그러나 외세에 의한 급격한 개혁이 진행되었을 때 전통질서를 보존하려는 유교도의 의지가 전혀 비역사적이거나 비현실적인 것으로 비판되기만 할 것은 아니다. 이념과 전통을 무시하고 맹목적으로 새로운 형식의 제도를 수입하는 데 기울어짐으로써 우리 민족의 현대사가 보여준 온갖 모순과 혼란은 더욱 비극적인 측면을 가져왔던 사실도 간과할 수 없는 것이다.

　현재의 시점에서 유교는 그 자체의 초역사적인 이념을 인식하고 현실 속에서 이 이념을 표현할 구체적인 체제를 확인하여야 한다는 이중적인 과제를 안고 있다. 이 과제를 해결하기 위해서는 먼저 유교가 처한 현실의 상황을 긍정적인 면이나 부정적인 면이나 객관적으로 파악하여야 할 것이다.

　구체제의 변동은 엄청난 양상임을 직시하지 않을 수 없다. 봉건체제 군주국이 민주체제의 공화국으로 바뀐 사실에서부터 계급질서가 평등주의로, 더 나아가 대가족제도에서 개인중심의 사회로 바뀌는 데 이르기까지 사회변동은 이미 돌이킬 수 없는 역사의 방향이다. 유교 이념을 구질서의 형식 속에서 이해하려는 사고방법은 너무나 안이한 복고적 태도이다. 구체제와 유교 이념을 철저히 분리시킬 수 있는 유교 이념에 대한 재해석이 나오지 않는다면 끝내 구각(舊殻) 속에서 질식될 위험이 있다. 충·효의 덕목이 새로운 사회체제에 선도적인 윤리가 되지 못한다면 충·효가 버려지지 않을 수 없으며, 새 체제에 적합하기 위해서는 새로운 의미부여가 이루어지거나 그 정신을 담은 새로운 언어가 창조되어야 할 것이다.

　전통의 유교 이념과 형식이 모두 한문 속에 담겨왔다. 그러나 오늘날 한글문화 속에 유교 이념을 새롭게 한글화시킬 창조의 의지와 재능이 없이는 한문문화의 고수만이 사멸의 속도를 늦추는 고식적 수단으로 남게 된다. 언어의 변천은 사유방법·내용을 전체적으로 뒤흔들어 놓는 것임을 인식한다면 한시백일장을 베풀고 교화사업이라 생각하는 자세는 지극히 위태롭게 보인다. 고전이나 경전의 국역이 사상의 전승을 위한 기본적 수단이 되는 것이지만 번역이 정신의 재창조에 기여할 수 있는 범위의 한계를 인식하고 넘어서지 않으면 안 될 것이다.

　1969년 가정의례준칙이 발표된 이래 전통적인 유교의례가 정부에 의하여 억제되었다. 의례의 변혁이 유교정신의 생활화에 미치는 영향이 얼마나 큰 것인가를 안다면 그 개혁을 유교의 지도자가 할 수 없었다는 사실은 유교의 불행한 현실이다. 가정의례가 유교의례의 기간이 되고 있다면 그 의례가 유교 이념을 어떻게 담을 수 있는지 충분한 의미부여를 하지 못한다면 이미 모든 의례가 유교의례로 공인될 수 있는 근거를 잃게 되고 말 것이다. 문묘향사도 한문홀기에 따라 진행될 때 회중의 참여도가 점차 낮아질 것이요, 문묘건물뿐만 아니라 제사까지도 문화재적 의미를 지니는 것으로 추락할 위험이 있다.

한국유교가 처하고 있는 현실은 유교내부에서보다도 외부에서 더욱 긍정적이고 밝은 요소를 보여준다. 근대화의 방법이 서구화 또는 미국화로 치닫던 데서 일어난 불합리와 모순은 전반적인 반성을 불러일으켰고, 민족의 주체정신을 살려야 한다는 요구에서 전통문화에 대한 관심이 다시 일어나게 되었다. 민족역사에 대한 관심은 전통을 새롭게 긍정적으로 볼 수 있는 사관을 대두시켰으며, 사회윤리의 확립을 위해 가치관의 반성과 더불어 전통적 도덕관념을 다시 음미하고 있다. 문화에 있어서도 동양예술의 깊은 세계가 다시 평가되어 보호되고 육성시키려는 국가적인 노력이 나타나고 있는 것이다. 철학과 사상의 분야에서도 유학에 대한 새로운 관심이 일어나 서양철학의 한계를 동양사상으로 극복하려는 움직임이 세계적인 관심의 하나가 되고 있는 것이다. 유교가 오늘날 당면하고 있는 과제는 유교 내에서 만의 문제가 아니라 민족의 현실문제이며 역사의 문제로 유교인에게 그 대답을 요구하는 소리가 이미 높다고 하겠다.

오늘날 한국의 유교는 중국과 일본을 능가하는 시대의 과제를 부여받고 있는 것으로 보인다. 유교의 이념이 전통정신으로 순수하게 계승되어 온 민족은 한국뿐이라 생각할 수 있다. 더구나 공산주의와 이념적 대립을 하고 있는 한국의 현실에서 이념의 배경을 자본주의에서 찾을 수는 없는 것이다. 민족정신의 고양이 요구될 때 한국유교의 2천 년 전통이 발휘할 수 있는 영향력은 실로 막대한 것이라 할 수 있다. 그러나 이러한 시대적·사회적 요청에 응할 수 있기 위해서는 유교의 자기 개혁이 더욱 절실한 것이다.

한국유교의 장래는 상당히 밝은 전망을 안고 있다. 특히 유교의 특성이 모든 대립을 포괄하고 조화하여 중용을 실현한다는 이념으로 나타나고, 그 형식이 교조적인 구애에 사로잡히지 않는 데서 찾아진다면 현실의 복잡한 사상적 구성을 집약할 수 있는 체계는 유교처럼 적절한 경우를 찾기가 어려울 것이다. 이러한 큰 임무를 감당하기 위하여서는 유교 자체로서 부담하게 되는 책임도 무겁다고 생각된다. 유교 이념이 수천 년 동안 추구해 온 개인의 인격완성과 사회정의의 실현을 위한 인도정신의 발휘를 위하여서는 유교정신을 재창조하는 위대한 인물이 등장하여야 할 것이며, 도(眞理)를 위해 불의와 싸우며 서민대중 위에 군림하는 것이 아니라 봉사할 수 있고 이를 위해 자기를 바치는 용기와 희생의 길을 열어 나아가야 할 것이다.

색 인

[다]

다원화 사회 ; 238
다처제(多妻制) ; 192
단계적 확장과정 ; 298
단군신화 ; 172
단발령 ; 169, 282, 286
담사동(譚嗣同) ; 52
당률(唐律) ; 181
당쟁 ; 112, 129, 303
대간(臺諫) ; 96, 99, 125
대과(大科) ; 202
대단(大端) ; 136
대동론(大同論) ; 266
대동문화연구원 ; 329
대동법(大同法) ; 194
대동서(大同書) ; 268
대동인도(大同人道) ; 268
대명률(大明律) ; 181, 182
대방목패(大方木牌) ; 184
대사간(大司諫) ; 177
대사성(大司成) ; 94
대사헌(大司憲) ; 100, 177
대성전(大成殿) ; 91
대승불교 ; 67
대야성(大耶城) ; 118
대원군 ; 200, 322

대의론(大義論) ; 122
대의멸친(大義滅親) ; 120
대인(聖人) ; 260
대일통론(大一統論) ; 267
대전회통 ; 174
대학(大學) ; 45
대학교육사 ; 89
대한제국 ; 283
덕(德) ; 23, 66
덕치주의(德治主義) ; 58, 285
덕행과 의리 ; 113
도(道) ; 22, 54, 66, 67, 70, 269
도기불상리(道器不相離) ; 271
도덕(道德) ; 59, 61, 63, 66, 67,
         69, 73, 120, 125, 127,
         139, 160, 217, 226, 270,
         271, 281, 296, 306, 315
도덕(道德)과 재화(財貨) ; 217
도덕규범 ; 25, 67, 70, 71, 86,
         125, 134, 201, 213, 226,
         227, 228, 229, 236, 237,
         238, 240, 242, 243, 245,
         262, 310, 314, 316
도리(道理) ; 25, 47, 49, 61, 82,
         94, 100, 154, 155, 156,
         157, 158, 159, 163, 166,
         253, 254, 280, 301

범절(凡節) ; 247, 248
법(法) ; 58, 73, 90, 124, 142, 169, 181, 186, 191, 226, 227, 244, 245, 274, 275
법가(法家) ; 48
법제(法制) ; 31, 32, 64, 73, 183, 271, 274, 275, 276
법치주의(法治主義) ; 58, 285
벼슬[爵] ; 242
벽돌의 이용방법 ; 143
벽사변증(闢邪辨證) ; 163
벽이단론(闢異端論) ; 162, 164
변법론(變法論) ; 274, 276, 277
변역(變易) ; 30
변통(變通) ; 274
변혁 ; 30, 32, 51, 215, 275, 276, 282, 333
별(別) ; 23
별시(別試) ; 202
병인양요 ; 160, 162, 163, 165
병자호란 ; 117, 119, 121, 129, 137, 145, 167, 180
병조(兵曹) ; 173
보문각(寶文閣) ; 197
보살정신 ; 67
보유론(補儒論) ; 146
복수의리론 ; 142

복시(覆試) ; 202
본관(本貫) ; 189, 191
본래(本來) ; 75, 76, 111, 275, 300
본성과 욕망 ; 209, 210, 211, 213, 214, 215, 226, 228, 229, 232, 233
봉강질서(鳳岡疾書) ; 163
봉건제 ; 266
봉상왕(烽上王) ; 108
봉선사 ; 96
봉은사 ; 96
부(富) ; 216
부계가족제도 ; 188
부관육시(剖棺戮屍) ; 190
부국강병 ; 194
부동심 ; 157
부모와 자녀 ; 23, 245
부부유별 ; 315
부여(夫餘) ; 14, 17, 26, 40, 42, 44, 60, 61, 63, 71, 72, 83, 110, 111, 116, 127, 147, 172, 202, 204, 209, 224, 247, 263, 293, 301, 302, 303, 306, 312, 315, 322, 323, 334
부자관계 ; 25, 74

[자]

자(慈) ; 262
자기애(自己愛) ; 239, 240, 241
자기혁신 ; 305
자리(自利) ; 67
자막(子莫) ; 265
자애 ; 187, 240
자연 ; 18, 22, 44, 50, 53, 54,
　　　 66, 68, 104, 134, 139,
　　　 213, 219, 226, 237, 248,
　　　 249, 253, 254, 255, 258
자유 ; 51, 52, 57, 58, 59, 77,
　　　 183, 187, 225, 226, 227,
　　　 228
자율성 ; 57, 58, 226, 228, 236,
　　　 318, 319
자주의식 ; 35, 137, 144, 180
자천시지(自天視之) ; 137
자치통감강목 ; 159
자하(子夏) ; 82
잡과(醫·卜科 등) ; 201
장군 ; 185
장례 ; 291
장악서(掌樂署) ; 205
장유유서 ; 74
장례원(掌隷院) ; 187

장의(掌議) ; 92, 326
장자(長子) ; 16
장자상속 ; 190
장자(長子)·중자(衆子) ; 16
장횡거 ; 17, 49, 289
재단법인 성균관 ; 324
재단법인 성균관대학 ; 324
재단법인 성균관정관 ; 325
재물지리(在物之理) ; 154
재사(才士) ; 114
재산상속권 ; 191
재승덕박(才勝德薄) ; 224
재아지의(在我之義) ; 154
재인(才人) ; 186
적종자(嫡宗子) ; 187
전교(典校) ; 326
전시 ; 202
전악서(典樂署) ; 205
전의(典儀) ; 326
전정(田政) ; 194
전제(田制)개혁 ; 194
전조(銓曹) ; 190
전주이씨 족보 ; 189
전지왕(腆支王) ; 179
전통의례 ; 281, 282, 283, 285,
　　　 288, 290, 291, 292, 295,
　　　 296

[차]

금 장 태

- 1943년 부산 출생.
- 서울대 종교학과, 성균관대 대학원 동양철학과, 철학박사. 동덕여대·성균관대 교수 역임.
- 현재 서울대학교 종교학과 교수.

● 저 서 ●

『퇴계의 삶과 철학』
『동서교섭과 근대한국사상』
『다산 실학탐구』
『한국실학 사상연구』
외 다수.

본 도서는 한국학술정보(주)와 저작자 간에 전송권 및 출판권 계약이 체결된 도서로서, 당사와의 계약에 의해 이 도서를 구매한 도서관은 대학(동일 캠퍼스) 내에서 정당한 이용권자(재적학생 및 교직원)에게 전송할 수 있는 권리를 보유하게 됩니다. 그러나 다른 지역으로의 전송과 정당한 이용권자 이외의 이용은 금지되어 있습니다.

유교사상과 한국사회

- 초판 인쇄   2008년 7월 15일
- 초판 발행   2008년 7월 15일

- 지 은 이   금장태
- 펴 낸 이   채종준
- 펴 낸 곳   한국학술정보㈜
            경기도 파주시 교하읍 문발리 513-5
            파주출판문화정보산업단지
            전화   031) 908-3181(대표)·팩스   031) 908-3189
            홈페이지   http://www.kstudy.com
            e-mail(출판사업부)   publish@kstudy.com
- 등   록
- 가   격   34,000원

ISBN   978-89-534-9699-6 93150 (Paper Book)
        978-89-534-9700-9 98150 (e-Book)